教育部人文社科基金项目（21YJC790079）
陕西省社科基金项目（2023D013）

The Impact of Digital Finance Inclusive on Common Prosperty

数字普惠金融
对共同富裕的影响研究

刘希章◎著

·北京·

图书在版编目（CIP）数据

数字普惠金融对共同富裕的影响研究 / 刘希章著. -- 北京：中国经济出版社，2025.6. -- ISBN 978-7-5136-8186-5

Ⅰ. F832-39；F124.7

中国国家版本馆 CIP 数据核字第 2025FJ1419 号

责任编辑	杨元丽
责任印制	李　伟
封面设计	任燕飞

出版发行	中国经济出版社
印 刷 者	北京鑫益晖印刷有限公司
经 销 者	各地新华书店
开　　本	710mm×1000mm　1/16
印　　张	17.75
字　　数	228 千字
版　　次	2025 年 6 月第 1 版
印　　次	2025 年 6 月第 1 次
定　　价	79.00 元

广告经营许可证　京西工商广字第 8179 号

中国经济出版社 网址 http://epc.sinopec.com/epc/ 社址 北京市东城区安定门外大街 58 号 邮编 100011

本版图书如存在印装质量问题，请与本社销售中心联系调换（联系电话：010-57512564）

版权所有　盗版必究（举报电话：010-57512600）
国家版权局反盗版举报中心（举报电话：12390）　　服务热线：010-57512564

序
PREFACE

党的十九大报告指出，现阶段我国的主要矛盾已经由"人民日益增长的物质文化需要同落后的社会生产之间的矛盾"转化为"人民日益增长的美好生活需要和不平衡不充分的发展之间的矛盾"。党的二十大报告明确提出，共同富裕是中国特色社会主义的本质要求，要坚持把实现人民对美好生活的向往作为现代化建设的出发点和落脚点，着力维护和促进社会公平正义，着力促进全体人民共同富裕。

近年来，我国许多学者围绕如何实现全体人民共同富裕这个热点问题进行了广泛、深入的理论探索。知名青年学者、西北大学经济管理学院刘希章博士撰写的《数字普惠金融对共同富裕的影响研究》，独辟蹊径，从一个新的视角（即从数字普惠金融的视角）系统深入地探讨了数字普惠金融对我国实现全体人民共同富裕的影响。该专著的学术贡献主要包括以下几个方面：一是从微观视角的数字普惠金融助力企业效率提升与宏观视角的数字普惠金融助力全体人民共同富裕两个维度，实证分析了数字普惠金融对全体人民共同富裕影响的经济效应；二是利用中介效应模型探究了数字普惠金融助力全体人民共同富裕的作用路径；三是从非线性关系的角度出发，验证了数字普惠金融助力全体人民共同富裕的拐点效应；四是从空间视角出发，进一步分析了数字普惠金融对全体人民共同富裕的空间溢出效应。

刘希章博士这部专著的另一个贡献是在上述研究基础上，提出了数字普惠金融助力全体人民共同富裕的推进路径与创新模式。该专著提出的数字普惠金融助力全体人民共同富裕的推进路径主要有：一是从物质层面，提出了数字普惠金融助力全体人民共同富裕的直接推进路径与间接推进路径；二是从精神层面，提出了数字普惠金融助力全体人民共同富裕的三条推进路径。该专著提出的数字普惠金融助力全体人民共同富裕的创新模式主要有：一是建立"积极创富＋成果共享"的体系模式；二是构建"产业联动＋乡村振兴"的运行模式；三是搭建"两层协同＋三次分配"的保障模式。该专著提出的数字普惠金融助力全体人民共同富裕的推进路径与创新模式，能从我国实际出发，对政府有关部门制定推动数字普惠金融助力全体人民共同富裕目标实现的相关政策具有重要参考价值。

数字普惠金融助力全体人民共同富裕的关系研究是一个新兴的研究领域，相关理论研究尚处于起步阶段。毫无疑问，刘希章博士这部专著的出版，不仅进一步丰富了数字普惠金融助力全体人民共同富裕关系研究方面的内容，而且在一定程度上弥补了数字普惠金融助力全体人民共同富裕关系研究方面的空缺。

我相信，刘希章博士撰写的这部专著，无论是对高校从事相关研究的教师和研究生，还是对政府相关部门的领导和工作人员，都具有一定的参考价值。

西安交通大学文科资深教授：冯根福

2025 年 3 月 10 日

摘 要

党的二十大报告指出，共同富裕是社会主义的本质要求，是中国式现代化的重要特征。虽然我国实现了全面建成小康社会的伟大目标，人民生活水平显著提升，并且在教育、医疗、养老、住房和文化等方面的权益都得到了更充分的保障，但我国仍存在着发展不平衡不充分的问题，区域发展不平衡、城乡收入差距过大、科技创新能力不强等现象依旧突出，实现共同富裕需要全体人民长期的共同奋斗。近年来，随着数字技术的高速发展，数字普惠金融在我国得到了跨越式的发展，数字普惠金融作为一种利用大数据、人工智能以及区块链等数字技术，改善金融产品质量、扩大金融服务的可得性和覆盖面、激发市场主体的创新活力和竞争力的金融服务模式，逐渐成为我国金融服务领域持续发展的重点方向。数字普惠金融的发展对于巩固脱贫攻坚成果、鼓励大众创业、推动经济发展、助力实体经济具有重要的作用，是推动我国实现共同富裕的关键一环。

本书分别从理论和实证两个角度探究了数字普惠金融助力共同富裕的作用路径、拐点效应与空间溢出效应。首先，本书梳理了数字普惠金融发展现状和测度指标体系、共同富裕的发展历程以及数字普惠金融对共同富裕的影响三个方面的相关文献以及数字普惠金融与共同富裕有关的理论，并基于现有研究成果，结合相关理论基础，对数字普惠金融助力共同富裕的直接效应与间接效应、传导路径、数字普惠金融在发展过程中可能会带来数字鸿沟与数字红利以及数字普惠金融对共同富裕的U型拐点效应进行了深入分析。其次，本书参考共同富裕的有关指标体系构建的现有研究成果，基于物质富裕与精神富裕双重视角，从我国发展的均衡性、充分性与全面性出发，对现有的指标体系进行了改进与完善。最后，本书选取2011—2022年我国31个省份（港澳台地区除外）的面板数据进行回归分析，运用中介效应模型探究数字普惠金融对共同富裕的作用路径，在基准模型中引入解释变量的二次项来探究数字普惠金融对共同富裕的非线性影响，运用空间计量模型探究数字普惠金融对共同富裕的空间溢出效应，并进行了稳健性检验，进一步保证了研究结论的稳健性。

　　本书的研究发现：①从微观和宏观两个视角探究了数字普惠金融的经济效应。从微观角度来看：首先，数字普惠金融有助于促进中小企业融资效率提升，但数字普惠金融覆盖广度、使用深度和数字化程度对中小企业融资效率的影响存在差异；其次，数字普惠金融可以通过减少信息不对称、缓解融资约束来提升中小企业融资效率；最后，数字普惠金融对中小企业融资效率的影响存在行业异质性和地域异质性。从宏观视角来看：首先，数字普惠金融能够促进包容性增长，数字普惠金融各维度对包容性增长均存在显著正向影响，但影响强度不同；其次，数字普惠金融对包容性增长存在区域异质性、时间异质性和经济规模异质性的影响；再次，数字普惠金融通过正向影响农村家庭消费支出、产业结构升级和企业培育水平而起到促进包容性增长的作用；最后，数字普惠金融对包容性增长的影响有正向的空间溢出效应。②通过对数字普惠金融促进共同富裕的作用机制的研究发现，在全国层面，数字普惠金融能够通过提高高技术产业聚集水平和农村产业融合发展水平来促进共同富裕，分区域来看：东部地区数字普惠金融能够通过提高高技术产业聚集水平来促进共同富裕，中部地区高技术产业聚集水平在数字普惠金融促进共同富裕的过程中发挥了完全中介效应，但西部地区数字普惠金融对共同富裕的影响不显著。③在数字普惠金融对共同富裕的非线性影响方面，数字普惠金融对共同富裕水平的影响呈现显著的正"U"形特征，具有拐点效应，且存在区域异质性，即虽然东、中、西部三个地区均存在拐点效应，但东部地区的拐点值最高，其次是中部地区，最后是西部地区。④通过探究数字普惠金融对共同富裕的空间溢出效应发现，我国的共同富裕水平与数字普惠金融水平均存在着较强的空间自相关性，数字普惠金融对于本地共同富裕水平的提升具有正向的作用，但对相邻地区存在着负向空间溢出效应。分区域来看，数字普惠金融对共同富裕的空间溢出效应在东部地区最为明显，其次是中部地区，最后是西部地区。⑤提出了数字普惠金融助力共同富裕的推进路径以及模式创新，即数字普惠金融助力物质层面共同富裕的直接推进路径、数字普惠金融助力物质层面共同富裕的间接推进路径、数字普惠金融助力精神层面共同富裕的推进路径等三条推进路径，以及建立"积极创富＋成果共享"的体系模式、构建"产业联动＋乡村振兴"的运行模式、搭建"两层协同＋三次分配"的保障模式等三种模式创新，并依据本书的研究结论针对二者之间的关系提出了针对性的对策建议。

目 录
CONTENTS

1 绪 论 ·· 1
  1.1 研究背景 ·· 1
  1.2 概念界定 ·· 4
    1.2.1 数字普惠金融概念界定 ··································· 4
    1.2.2 共同富裕概念界定 ·· 6
  1.3 研究意义 ·· 7
  1.4 研究方法 ·· 9
  1.5 本书内容与研究框架 ·· 10
    1.5.1 本书内容 ··· 10
    1.5.2 本书的研究框架 ·· 15
  1.6 本书的创新之处 ·· 15

2 文献综述 ·· 17
  2.1 数字普惠金融发展的相关研究 ······························ 17
    2.1.1 数字普惠金融内涵的相关文献 ······················ 17
    2.1.2 数字普惠金融测度的相关文献 ······················ 21
    2.1.3 数字普惠金融发展的经济效应 ······················ 23
  2.2 共同富裕相关研究 ·· 31

2.2.1　共同富裕内涵的相关文献 …………………………………… 31
　　2.2.2　共同富裕测度的相关文献 …………………………………… 34
　　2.2.3　共同富裕影响因素的相关文献 ……………………………… 36
　　2.2.4　共同富裕实现途径的相关文献 ……………………………… 38
　2.3　数字普惠金融与共同富裕关系的相关研究 ………………………… 41
　2.4　文献评述 …………………………………………………………… 44

3　数字普惠金融对共同富裕影响的理论分析 …………………………… 46
　3.1　数字普惠金融相关理论 …………………………………………… 46
　　3.1.1　金融发展理论 ………………………………………………… 46
　　3.1.2　长尾理论 ……………………………………………………… 47
　　3.1.3　金融排斥理论 ………………………………………………… 48
　　3.1.4　包容性增长理论 ……………………………………………… 50
　3.2　共同富裕相关理论 ………………………………………………… 51
　　3.2.1　20世纪50年代的共同富裕理论 …………………………… 52
　　3.2.2　20世纪80—90年代的共同富裕理论 ……………………… 53
　　3.2.3　21世纪初的共同富裕理论 ………………………………… 55
　　3.2.4　新时代的共同富裕理论 ……………………………………… 56
　3.3　数字普惠金融对共同富裕影响的相关理论 ………………………… 58
　3.4　数字普惠金融助力共同富裕影响效应的传导路径分析 …………… 59
　　3.4.1　高技术产业聚集水平 ………………………………………… 59
　　3.4.2　农村产业融合发展水平 ……………………………………… 61
　3.5　数字普惠金融对共同富裕影响的拐点效应分析 …………………… 62
　　3.5.1　数字普惠金融的数字鸿沟 …………………………………… 63
　　3.5.2　数字普惠金融的数字红利 …………………………………… 64
　　3.5.3　数字普惠金融影响共同富裕的拐点效应 …………………… 65

3.6 数字普惠金融对共同富裕影响的研究程序设计 …………… 66
　　3.6.1 研究的理论思路 ……………………………………… 66
　　3.6.2 研究的程序安排 ……………………………………… 67
3.7 本章小结 …………………………………………………… 68

4 数字普惠金融与共同富裕的特定事实 ……………………… 70

4.1 数字普惠金融的规模测度 ………………………………… 70
　　4.1.1 数字普惠金融的主要形式 …………………………… 70
　　4.1.2 数字普惠金融规模测算 ……………………………… 72
　　4.1.3 数字普惠金融规模变动分析 ………………………… 72
4.2 我国共同富裕发展现状及其指数测算 …………………… 80
　　4.2.1 我国共同富裕现状分析 ……………………………… 80
　　4.2.2 我国共同富裕水平指数测量 ………………………… 81
　　4.2.3 我国共同富裕时空演变分析 ………………………… 82
4.3 数字普惠金融与共同富裕发展的灰色关联度分析 ……… 86
　　4.3.1 灰色关联度分析基本原理 …………………………… 86
　　4.3.2 计算结果及分析 ……………………………………… 87
4.4 本章小结 …………………………………………………… 89

5 数字普惠金融影响共同富裕的经济效应实证分析 ………… 91

5.1 数字普惠金融助力企业融资效率提升的实证分析 ……… 91
　　5.1.1 研究由来 ……………………………………………… 91
　　5.1.2 研究假设 ……………………………………………… 93
　　5.1.3 变量选择与模型设定 ………………………………… 96
　　5.1.4 样本选择与数据来源 ………………………………… 98
　　5.1.5 描述性统计 …………………………………………… 103

- 5.1.6 相关性分析 ... 104
- 5.1.7 多重共线性分析 ... 105
- 5.1.8 回归结果分析 ... 106
- 5.1.9 异质性分析 ... 110
- 5.1.10 稳健性检验 ... 112
- 5.2 数字普惠金融影响包容性增长的实证分析 ... 115
  - 5.2.1 研究由来 ... 115
  - 5.2.2 研究假设 ... 117
  - 5.2.3 变量选取及数据说明 ... 121
  - 5.2.4 变量描述性统计 ... 124
  - 5.2.5 数字普惠金融对包容性增长的直接作用分析 ... 125
  - 5.2.6 数字普惠金融对包容性增长的渠道检验 ... 133
  - 5.2.7 数字普惠金融对包容性增长的空间计量分析 ... 138
- 5.3 本章小结 ... 147

6 数字普惠金融影响共同富裕的作用路径实证分析 ... 148
- 6.1 模型设定 ... 148
- 6.2 变量选择及数据来源 ... 150
  - 6.2.1 变量选择 ... 150
  - 6.2.2 数据来源 ... 153
- 6.3 实证分析 ... 153
  - 6.3.1 变量的描述性统计 ... 153
  - 6.3.2 多重共线性检验 ... 155
  - 6.3.3 平稳性检验 ... 156
  - 6.3.4 数字普惠金融对共同富裕影响的中介效应分析 ... 157

  6.3.5 数字普惠金融对共同富裕影响中介效应的

     区域差异分析 ································· 160

 6.4 稳健性检验 ······································· 166

  6.4.1 替换被解释变量 ···························· 166

  6.4.2 改变样本范围 ······························ 169

 6.5 本章小结 ··· 172

7 数字普惠金融对共同富裕影响的拐点效应实证分析 ········ 173

 7.1 变量选择与数据来源 ····························· 173

  7.1.1 变量选择 ·································· 173

  7.1.2 数据来源 ·································· 174

 7.2 模型设定 ··· 175

 7.3 实证分析 ··· 175

  7.3.1 基准回归 ·································· 176

  7.3.2 拐点效应 ·································· 177

  7.3.3 区域异质性分析 ···························· 180

 7.4 稳健性检验 ······································· 182

  7.4.1 缩短样本期 ································ 182

  7.4.2 解释变量滞后一期 ·························· 183

 7.5 本章小结 ··· 185

8 数字普惠金融对共同富裕影响的空间溢出效应分析 ········ 186

 8.1 变量选择与数据来源 ····························· 186

  8.1.1 变量选择 ·································· 186

  8.1.2 数据来源以及描述性统计 ··················· 187

 8.2 空间权重矩阵 ···································· 188

8.3 空间自相关分析·················· 190
　8.3.1 全局空间自相关················ 190
　8.3.2 局部空间自相关················ 191
　8.3.3 空间自相关检验结果············· 191
8.4 实证结果······················ 195
　8.4.1 模型简介··················· 195
　8.4.2 模型选择··················· 197
　8.4.3 模型确定··················· 198
　8.4.4 空间杜宾模型回归·············· 199
　8.4.5 效应分解··················· 203
　8.4.6 区域异质性分析··············· 205
8.5 稳健性检验····················· 207
8.6 本章小结······················ 209

9 数字普惠金融助力共同富裕的推进路径以及模式创新······ 210
9.1 数字普惠金融助力共同富裕推进路径的思路框架······ 210
9.2 数字普惠金融助力共同富裕的推进路径体系········ 211
　9.2.1 数字普惠金融助力物质层面共同富裕的
　　　　直接推进路径················· 212
　9.2.2 数字普惠金融助力物质层面共同富裕的
　　　　间接推进路径················· 214
　9.2.3 数字普惠金融助力精神层面共同富裕的
　　　　推进路径··················· 221
9.3 数字普惠金融助力共同富裕推进路径的模式创新······ 223
　9.3.1 建立"积极创富+成果共享"的体系模式····· 223
　9.3.2 构建"产业联动+乡村振兴"的运行模式····· 225

  9.3.3 搭建"两层协同+三次分配"的保障模式 ………… 226

10 数字普惠金融助力共同富裕的对策建议 ……………………… 228
10.1 全面推动数字普惠金融的进一步发展 ……………………… 228
  10.1.1 强化数字普惠金融的基础设施建设 ……………… 228
  10.1.2 健全多层次的数字普惠金融服务体系 …………… 229
  10.1.3 加强对金融市场的风险监控，增强对系统风险的防范 ……………………………………………………… 231
10.2 疏通数字普惠金融对共同富裕的传导路径 ………………… 232
  10.2.1 缓解弱势群体、中小企业的融资约束 …………… 232
  10.2.2 加强对企业创业和技术创新的支持 ……………… 234
  10.2.3 促进产业结构优化升级 …………………………… 235
  10.2.4 加快金融机构的数字化转型升级 ………………… 236
10.3 数字普惠金融助力共同富裕的长效机制 …………………… 237
  10.3.1 推动区域协调发展 ………………………………… 237
  10.3.2 培育金融素养和学习金融知识 …………………… 238
  10.3.3 加强欠发达地区互联网推广 ……………………… 240
  10.3.4 提高欠发达地区人力资本水平 …………………… 241

参考文献 …………………………………………………………………… 242

后 记 ……………………………………………………………………… 266

1 绪 论

1.1 研究背景

在百年奋斗历程中,中国共产党带领中国人民实现了从站起来、富起来到强起来的伟大飞跃,在中华民族几千年的历史上书写了中国经济发展的奇迹,我国的GDP总量从2010年的41万亿元增长至2022年的120万亿元,稳居世界第二大经济体,人均GDP达到了8.57万元,超过了中等发达国家水平,城乡和区域发展之间的差距不断缩小,人民生活水平显著提升,在教育、医疗、养老、住房和文化等方面的权益都得到了更充分的保障,实现了全面建成小康社会的伟大目标,我国开始迈入全面建设社会主义现代化国家的新征程。尽管近年来我国的建设和发展取得了举世瞩目的成就,但不可否认的是,我国仍处于并将长期处于社会主义初级阶段的基本国情没有变,现阶段的发展仍然存在着不少困难和问题。党的十九大报告指出,现阶段我国的主要矛盾已经转化为人民日益增长的美好生活需要和不平衡不充分的发展之间的矛盾。我国在实现社会公平正义、推进高质量发展等方面还存在着卡点和瓶颈,科技创新能力还不强、城乡区域发展和收入分配差距仍然较大等都在阻碍着我国的经济发展。而共同富裕之路正是新发展阶段解决我国发展主要矛盾、推进经济高质量发展的必由之路。

共同富裕是中国特色社会主义的理想状态,在我国有着深厚的历史渊源。早在儒家经典《礼记》中,就提出了"天下大同"的概念,发出"天下一家、人人平等、友爱互助"的倡导,体现了中华民族对共同富裕社会的向往和期待有着深厚的底蕴。1953年12月,中共中央通过《关于发展农业生产合作社的决议》,提出"使农民能够逐步完全摆脱贫困的状况而取得共同富裕和普遍繁荣的生活",这是中国共产党最早正式提出的关于共同富裕的目标。1978年底党的十一届三中全会召开,邓小平在中央工作会议上发表《解放思想、实事求是、团结一致向前看》的讲话,提出先富带动后富,最终实现全体人民共同富裕的战略构想。党的十八大以来,以习近平同志为核心的党中央把实现共同富裕作为新征程上的重要战略目标,领导人民朝着美好生活前进。党的二十大报告提出了中国式现代化的本质要求:坚持中国共产党的领导,坚持中国特色社会主义,实现高质量发展,发展全过程人民民主,丰富人民精神世界,实现全体人民共同富裕,促进人与自然和谐共生,推动构建人类命运共同体,创造人类文明新形态。党的二十大报告指出:共同富裕是中国特色社会主义的本质要求,也是一个长期的历史过程,要坚持把实现人民对美好生活的向往作为现代化建设的出发点和落脚点,着力维护和促进社会公平正义,着力促进全体人民共同富裕,坚决防止两极分化,这强调了实现共同富裕的长期性、艰巨性、复杂性,也肯定了共同富裕之路对实现中国式现代化、提高人民的物质文明和精神文明水平、走中国特色社会主义道路的重要意义。

2005年,普惠金融的概念首先在联合国"国际小额信贷年"会议上作为解决弱势群体金融可得性问题的方式而被提出。数字技术作为数字普惠金融的主要依托工具,被广泛应用于经济社会的各个方面、各个领域,促进了经济增长和全要素生产率提高。近年来,我国的数字技术发展势头迅猛,其规模和速度都远超世界大部分国家,不但降低了社会交易成本,还推动了资源的优化配置和社会生产力的快速发展。随着数字技术的快速发展,数字普惠金融也得到了跨越式的发展,逐渐成为金融服务领域持续发展的重点方向。数字普惠金融作为一种新型的金融服务模式，通过利用大数据、人工智能以及区块链等数字技术，改善金融产品质量、扩大金融服务的可得性和覆盖面、激发市场主体的创新活力和竞争力。数字普惠金融在我国的发展经过了如下历程：2013年11月，党的十八届三中全会正式提出"发展普惠金融"的理念；2015年12月，国务院出台《推进普惠金融发展规划（2016—2020年）》，并提出积极引导各类普惠金融服务主体借助互联网等现代信息技术手段，降低金融交易成本，延伸服务半径，扩展普惠金融服务的广度和深度；2019年11月，党的十九届四中全会提出"健全具有高度适应性、竞争力、普惠性的现代金融体系"；2020年10月，党的十九届五中全会指出构建金融有效支持实体经济的体制机制，提升金融科技水平，增强金融普惠性；2022年3月，《政府工作报告》提出了扩大普惠金融覆盖面的工作任务；2023年9月，《国务院关于推进普惠金融高质量发展的实施意见》正式印发，旨在提升我国数字普惠金融科技水平、打造健康的数字普惠金融生态以及健康的数字普惠金融监管体系。数字普惠金融的数字性体现在它将大数据、互联网、云计算等新一代信息技术应用于金融领域，普惠性则体现在降低金融服务门槛，让更多被现代金融服务长期排斥在外的人群享受到正规金融服务。正是因为数字普惠金融在服务实体经济、带动弱势地区经济发展等方面与共同富裕伟大目标具有一致性，所以，发展数字普惠金融不仅有助于改善弱势地区（即贫困地区）的金融环境，更是我国实现共同富裕伟大战略目标的重要手段。

综合来看，现有研究大都集中于乡村振兴背景下，数字普惠金融在推动乡村振兴、缩小收入差距方面所发挥的作用，而对数字普惠金融影响共同富裕的逻辑、路径和机制等方面的研究还不够深入。因此，本书首先在理论上对数字普惠金融影响共同富裕的逻辑、机制与路径进行了深度剖析，揭示了数字普惠金融和共同富裕的关系，构建了数字普惠金融助力共同富裕的理论分析框架。其次从供给侧作用过程、拐点效应以及空间溢出等不同视角，实证分析了数字普惠金融影响共同富裕的机制与路径。最后在上述研究基础上，提出了数字普惠金融助力共同富裕的三条推进路径以及三种创新模式，对数字普惠金融助力共同富裕有了更加深刻的认识，并为管理层的政策制定提供了更加精准的政策建议。

1.2 概念界定

1.2.1 数字普惠金融概念界定

数字普惠金融（Digital Inclusion Financial）是普惠金融服务的一种创新模式和发展趋势，是普惠金融与数字技术相结合所形成的一种创新型的金融服务模式。普惠金融的概念在 2005 年首次被提出。联合国在 2005 年的"国际小额信贷年"会议上将普惠金融定义为：一国金融体系以合理的成本，在保证商业可持续发展的前提下，持续地为获得金融服务机会的弱势群体、弱势产业以及弱势区域服务。这意味着普惠金融以有效的方式使金融服务惠及社会的各个阶层。

我国在 2015 年颁布的《推进普惠金融发展规划（2016—2020 年）》对普惠金融的定义如下：基于机会平等要求和商业可持续性原则，用可负担的成本为有金融服务需求的社会各阶层和群体提供适当的、有效的金融服务，其中强调了普惠金融的重点服务对象，即小微企业、农民、城镇低收入群体、老年人等特殊群体。这表明普惠金融不但在传统金融止步的地方扩大了金融市场的规模，还服务了那些被经济增长所忽略的人群，对于我国消除贫困、保障权利、实现平等具有重要意义。

随着互联网、大数据、云计算以及人工智能等数字技术的飞速发展和成熟应用，数字技术与普惠金融相互结合形成了数字普惠金融，即以数字技术驱动的普惠金融实现形式，能够帮助被传统金融排斥的群体更好地获得金融服务,解决了普惠金融"最后一公里"的问题。在2016年的G20杭州峰会上数字普惠金融的概念在我国首次被提出:数字普惠金融是指一切借助于互联网、大数据、人工智能等数字技术,使被长期排斥于传统金融服务之外的弱势群体获得享受正规金融服务的途径。中国的社会结构表现为正三角结构,底层人口居多;然而中国的金融服务结构却是倒三角结构,高端人口或者规模较大的企业等,所获得的金融服务多。社会结构与经济结构不对称的社会状况,使得通过数字普惠金融改变不平衡的数字和金融结构变得尤为重要。数字普惠金融能够在一定范围内降低金融的排斥性,帮助农村低收入群体享受到一定的金融服务和资源,提高金融资源的使用效率,促进社会的公平分配。近年来,随着数字技术在银行、证券以及保险等行业运用次数的增多,传统金融机构传递信息、办理业务等的渠道和手段得到了极大丰富,在降低运营成本的同时有效地扩大了金融服务的覆盖面。此外,数字普惠金融由于其天生的普惠基因,降低了金融服务的门槛,提高了低收入群体以及小规模企业金融服务的可获得性。并且,数字普惠金融依托于海量用户数据,结合地方特点、行业特点以及用户特点等,逐步深挖用户需求,能够提供便捷个性化的金融服务,更好地满足客户的多样化需求。因此,在当代中国,发展数字普惠金融是大势所趋。

基于上述分析,本书借鉴2016年G20杭州峰会对数字普惠金融的定义,将数字普惠金融定义为:借助于包括互联网、大数据、人工智能、网络通信等在内的数字技术,突破传统金融局限,降低交易成本,提高金融服务效率,为被排斥于传统金融服务之外的弱势群体提供金融服务。同时,数字普惠金融并非单方获利,金融机构也可以从中获利,从而实现社会各个群体与金融机构的共同发展、共同富裕。从上述定义中不难得出数字普惠金融相较于传统金融的几个特点:一是降低金融服务的门槛,提高金融的可获得性。二是降低服务成本,保证普惠金融的商业可持续性。三是提供个性化、即时便捷的金融服务，满足不同群体的多样化需求。

1.2.2 共同富裕概念界定

共同富裕是社会主义的本质要求，是构建新发展格局的必然要求，同样也是中国式现代化的重要特征。经过百年奋斗，中国共产党带领全国各族人民在实现共同富裕的道路上砥砺奋进，取得了全面建成小康社会的伟大成就，历史性地解决了困扰中华民族几千年的绝对贫困问题。进入全面建设社会主义现代化国家的新征程后，以习近平同志为核心的党中央从满足人民日益增长的美好生活需要出发，赋予了共同富裕更加深刻、丰富的价值内涵。"共同富裕"的思想在我国有着深厚的历史渊源，是中国人民几千年以来的美好夙愿。儒家文化中的"大同思想"，即"大道之行也，天下为公。选贤与能……是谓大同"，从经济、政治、思想道德和社会治理四个方面阐述了对"共同富裕"的追求，《诗经》中的"民亦劳止，汔可小康"寄托了古代先民对美好社会的追求。

回顾党的百年奋斗历程，中国共产党对共同富裕的认识经历了由表及里，由浅入深的过程。1953年12月16日，"共同富裕"作为经济社会发展的重要任务首次被提出。基于当时的社会环境，如何让广大农民尽快摆脱贫穷和落后以及解决他们的温饱与富裕问题是当时共同富裕目标的主线任务。改革开放后，党中央提出了"让一部分有条件的地区和一部分人先富起来、先富带动后富"的政策，并给出了达到共同富裕的具体途径和方法。1984年，邓小平首次将共同富裕定义为"在社会主义的制度下，可以让一部分地区先富起来，先富带动后富，最终实现共同富裕"。党的十八大以来，以习近平同志为核心的党中央把促进全体人民共同富裕作为为人民谋幸福的着力点，赋予了共同富裕更加丰富的时代内涵。在党的十九大报告中，给出了全面实现共同富裕的具体战略安排：到2035年基本实现社会主义现代化，人民生活更为宽裕，基本公共服务均等化基本实现，全体人民共同富裕迈出坚实步伐；到2050年全体人民共同富裕基本实现，我国人民将享有更加幸福安康的生活。党的二十大报告明确了中国式现代化的本质要求，其中一个关键要求就是"实现全体人民的共同富裕"，并对"扎实推进共同富裕"做出重大部署，强调"增进民生福祉，提高人民生活品质"，同时提出了坚持以人民为中心的发展思想、充分发挥社会主义基本经济制度的优越性、完善有助于推动共同富裕的公共服务政策体系，以及促进农村农民共同富裕的基本路径。

综上所述，本书以邓小平1984年对共同富裕的定义为基础，结合我国当前经济社会的发展现状，将共同富裕的概念范畴进行如下全新的诠释：共同富裕是以总体富裕和共享富裕为基础的、是包含物质与精神两个维度的富裕、是全体人民经过刻苦奋斗和互帮互助最终达到的幸福生活，也是一部分人和一部分地区先富起来，继而帮助和带动后富者，逐步实现共同富裕的过程。共同富裕是社会主义的本质规定和奋斗目标，是中华民族千百年以来的美好夙愿。实现共同富裕，要发挥社会主义制度的优越性，鼓励先富带动后富，使人民在物质层面和精神层面均实现共同富裕，在高质量发展中实现共同富裕。

1.3 研究意义

在理论层面上，共同富裕作为中国特色社会主义的本质要求和中国式现代化的重要特征，受到国内学者的广泛研究，而数字普惠金融作为近年来金融领域助力脱贫攻坚的热点话题，同样受到国内外学者的广泛关注，但却鲜有学者研究数字普惠金融与共同富裕之间的关系与作用机制。基于此，第一，本书从经典的经济学理论与共同富裕理论发展过程出发，探讨了数字普惠金融对共同富裕的影响方向与影响效果，并提出了数字普惠金融助力物质层面共同富裕的直接、间接推进路径以及数字普惠金融助力精神层面共同富裕的推进路径，丰富了本书的理论研究成果。第二，本书将数字普惠金融与共同富裕联系起来，从实证的角度出发，首先，从微观视角的数字普惠金融助力企业效率提升与宏观视角的数字普惠金融助力共同富裕两个维度深度实证分析数字普惠金融对共同富裕影响的经济效应；其次，利用中介效应模型探究数字普惠金融助力共同富裕的作用路径；再次，从非线性关系的角度出发，验证了数字普惠金融助力共同富裕的拐点效应；最后，从空间视角出发，进一步分析了数字普惠金融对共同富裕的空间溢出效应，在一定程度上弥补了相关领域的研究空缺，丰富了共同富裕以及数字普惠金融领域的研究成果，对其他学者的研究也会起到一定的借鉴作用。

在实践层面上，当今是数字普惠金融快速发展的时期，同样也是我国加快推进共同富裕的关键时期。数字普惠金融作为助力弱势地区金融发展的方式，与共同富裕有着相同的本质。因此，本书的实际意义在于，首先，针对数字普惠金融与共同富裕的现状，对其未来发展以及完善提供相关建议，以更好地提高我国数字普惠金融的服务水平、提高经济效率、维护社会公平正义，从而促进共同富裕目标的实现；其次，针对数字普惠金融助力共同富裕的拐点效应以及相关作用机制，提出相应的改进模式和方法思路，让数字普惠金融能够更加充分高效地助力我国的共同富裕目标实现；再次，针对数字普惠金融影响共同富裕的逻辑与机制，提出数字普惠金融助力共同富裕的三条推进路径以及三种创新模式；最后，针对不同地区资源禀赋、发展水平等的差异以及数字普惠金融助力共同富裕的异质性，提出针对性的对策建议，以缩小不同区域之间的收入差距，加快我国共同富裕的进程。

1.4 研究方法

一是文献分析法。通过整理相关领域的文献著作，得出所研究方向的理论成果。本书梳理了我国自改革开放以来关于共同富裕的内涵及其发展的文献著作、关于数字普惠金融发展的相关文献以及关于数字普惠金融助力共同富裕的相关研究成果，发现，在数字普惠金融的相关研究中，现有文献对普惠金融的定义、内涵、指标体系的构建与测度，数字普惠金融的经济效应以及数字普惠金融在促进经济增长、缩小收入差距等方面的重要作用进行了深入的研究，并达成了一些共识；对共同富裕的研究，现有文献主要集中在共同富裕的测度、共同富裕的影响因素以及共同富裕的实现路径等方面；关于数字普惠金融对共同富裕影响的相关研究，现有文献主要集中在收入方面，探究数字普惠金融促进共同富裕的作用机制，但是仍可以从部分文献中发现数字普惠金融可以通过多种途径和变量对共同富裕进程产生影响。除了收入方面的作用机制，其他作用机制或实现途径也同样值得我们关注。因此，本书通过分析现有文献以学习借鉴前人的研究成果，总结出了现有成果的不足之处，进而得出了本书的创新点，形成了本书的研究脉络。

二是综合评价法。将多个变量结合为一个能够反映综合状况的指标来进行相关评价。本书从公平与效率出发，在考虑物质与精神双富裕的基础上，对现有的共同富裕评价指标体系进行了完善，并基于我国2011—2022年31个省份的数据运用客观赋权法中的熵值法确定各指标的权重并计算综合得分，最终得到了我国31个省份的共同富裕水平。

三是比较分析法。通过对比不同来源数据之间的差异，借以了解不同来源地所存在的不同。本书在测度各地区共同富裕水平以及数字普惠金融水平时，对比了不同地区的共同富裕程度差异以及数字普惠金融发展水平差异；在进行空间溢出效应分析时，本书比较了共同富裕与数字普惠金融的不同维度的回归结果、在不同权重矩阵下数字普惠金融对共同富裕的影响程度以及在东、中、西部3个地区数字普惠金融对共同富裕的影响的不同。

四是实证分析法。为保证研究的合理性与准确性，本书采用多种实证方法探究数字普惠金融对共同富裕的影响。首先，使用主成分分析法以及熵权法对我国数字普惠金融指数以及共同富裕指数进行测算，并对数字普惠金融与共同富裕之间进行了灰色关联度分析。其次，通过构建面板数据模型分别从微观和宏观两个视角探究数字普惠金融对共同富裕的影响。再次，通过构建固定效应模型研究了数字普惠金融对共同富裕影响的拐点效应。最后，从空间角度出发，构建空间计量模型，探究数字普惠金融对共同富裕是否存在空间溢出效应。

1.5 本书内容与研究框架

1.5.1 本书内容

本书着眼于我国数字普惠金融发展对共同富裕的影响问题，通过总结梳理国内外有关数字普惠金融和共同富裕两者的本质概念、发展历程与发展现状以及两者相互之间的影响等相关文献，形成了本书的理论研究基础。在实证分析方面，本书从数字普惠金融助力共同富裕的作用路径、拐点效应、空间溢出效应等多重角度出发，通过构建相关计量模型，以期得到数字普惠金融助力共同富裕的作用机制和路径等，并结合我国现阶段发展的实际情况提出针对性的对策建议，大力发展数字普惠金融，更好地通过数字普惠金融助力我国区域经济的协同发展，提升人民的生活水平、早日实现全体人民共同富裕。本书的内容安排如下：

第1章为绪论。主要介绍了本书的研究背景与研究意义，并对数字普惠金融与共同富裕的相关概念及其发展历程进行了详细说明。同时，本章简述了本书进行各项研究所采用的研究方法、逻辑框架以及本书的创新之处。

第 2 章为文献综述。本章从数字普惠金融的发展、共同富裕的发展以及数字普惠金融与共同富裕的相关研究三个方面，梳理了国内外不同学者的相关文献，并得出了以下结论：在有关数字普惠金融的研究方面，现有文献对数字普惠金融的研究主要集中于其定义与内涵、指标体系的构建与测度以及数字普惠金融的经济效应等方面，并达成了一些共识，研究的方法和使用的模型也逐渐趋于成熟；在有关共同富裕的研究方面，现有研究主要集中于共同富裕的测度、影响因素以及实现路径等方面，缺乏相应的定量研究；在有关数字普惠金融助力共同富裕的研究方面，现有文献不多，且不少研究直接将共同富裕等同于国民收入，忽略了共同富裕的丰富内涵。此外，多数学者从作用机制、实现途径等方面来研究数字普惠金融对共同富裕的影响，并且都得出了数字普惠金融能够显著促进共同富裕进程的结论。这些文献为本书在现有研究成果的基础上对数字普惠金融促进共同富裕的作用机理进行进一步深入分析提供了帮助。

第 3 章为数字普惠金融对共同富裕影响的理论分析。从理论角度出发，本章探讨了数字普惠金融是否会对共同富裕水平产生影响，产生何种影响及其作用路径。首先，本章对数字普惠金融与共同富裕的相关理论进行梳理，主要包括金融发展理论、长尾理论、金融排斥理论与包容性增长理论等；其次，本章从理论角度分析了数字普惠金融对共同富裕的影响，包括直接影响与间接影响，直接影响从共同性与富裕度两个方面进行论述，认为数字普惠金融可以促进共同富裕的实现，间接影响从数字普惠金融影响共同富裕的路径进行分析，认为数字普惠金融能够通过扩大高技术产业聚集规模与促进农村产业融合发展进一步助力实现共同富裕；再次，本章进一步从理论角度分析了数字普惠金融发展过程中可能带来的数字鸿沟与数字红利，通过理论分析，认为数字普惠金融对共同富裕的影响效应可能存在"U"形拐点；最后，本章以研究目标为依据，对本书的理论思路做了简要概括，对研究程序进行了简单设计，以期为后文的实证分析提供理论支持和方向指引。

第 4 章为数字普惠金融与共同富裕的特定事实。首先，介绍了我国数字普惠金融的主要形式，对其规模测度进行了简单介绍；其次，分析了我国东、中、西部三个地区的数字普惠金融规模变动趋势，并从数字普惠金融的三个维度，即数字普惠金融的覆盖广度、使用深度和数字化程度进行了考虑，具体分析了我国数字普惠金融的规模变动情况；再次，分析了我国共同富裕的发展现状，在对共同富裕的规模进行测算后，得出了我国各地区的共同富裕水平，并针对共同富裕的时空演变特征进行了相关的分析；最后，针对数字普惠金融与共同富裕进行了灰色关联度分析，以探求两者之间的数值关系。

第 5 章为数字普惠金融影响共同富裕的经济效应实证分析。本章从微观视角的数字普惠金融助力企业融资效率提升与宏观视角的数字普惠金融助力包容性增长两个维度深度实证分析数字普惠金融助力共同富裕的经济效应。一方面，本章采用中介效应模型，利用信息不对称和融资约束两个中介变量研究了数字普惠金融对中小企业融资效率的影响；另一方面，本章采用双向固定效应模型、中介效应模型以及空间计量模型实证研究了数字普惠金融对包容性增长的影响。此外，还发现数字普惠金融对包容性增长存在正向的空间溢出效应。

第 6 章为数字普惠金融影响共同富裕的作用路径实证分析。本章利用中介效应模型探究数字普惠金融助力共同富裕的作用路径，发现，一方面，数字普惠金融能够通过提升高技术产业聚集水平来促进共同富裕水平的提升。另一方面，数字普惠金融能够通过提升农村产业融合发展水平来促进共同富裕水平的提升。此外，本章就数字普惠金融助力共同富裕的作用路径展开了区域差异分析，就东部地区而言，数字普惠金融的发展促进了共同富裕水平的提升，且高技术产业聚集发挥的中介效应显著，农村产业融合发展水平发挥的中介效应不显著；就中部地区而言，数字普惠金融的发展促进了共同富裕水平的提升，且数字普惠金融通过提升高技术产业聚集水平促进共同富裕水平提升的中介渠道显著存在，但数字普惠金融通过提高农村产业融合发展水平来提升共同富裕水平的作用机理不成立；就西部地区而言，数字普惠金融促进共同富裕的作用不显著。

第7章为数字普惠金融对共同富裕影响的拐点效应实证分析。本章利用2011—2022年我国31个省份数字普惠金融发展相关数据，建立面板数据模型，通过实证检验研究数字普惠金融对共同富裕的影响及其影响是否具有拐点效应。首先，进行了固定效应的基准回归，探究数字普惠金融对共同富裕的影响；其次，为了进一步研究数字普惠金融对共同富裕的非线性影响，在原模型中引入了解释变量的二次项进行研究；最后，为保证检验结果的稳健性，本章进一步研究了数字普惠金融对共同富裕的拐点效应在不同地区间的差异。

第8章为数字普惠金融对共同富裕影响的空间溢出效应分析。本章从空间的角度出发，进一步分析了数字普惠金融对共同富裕影响的空间溢出效应。首先，对数字普惠金融指数以及共同富裕水平进行了空间自相关分析，在确保其各自存在空间自相关的基础上，借助LM检验、豪斯曼（Hausman）检验以及LR检验，选择空间杜宾模型，以数字普惠金融总指数及其三个维度为被解释变量，以共同富裕水平为解释变量，借助经济距离矩阵，对数字普惠金融助力共同富裕的空间溢出效应进行实证分析。其次，继续使用求偏微分的方法，对空间杜宾模型解释变量系数和控制变量系数的效应进行分解，分解为直接效应、间接效应与总效应，以进一步探究数字普惠金融助力共同富裕的空间溢出效应。最后，为探索数字普惠金融对各省份的共同富裕可能存在的区域层面上的一致性，本章将全国划分为东部、中部和西部三个地区，分析了数字普惠金融对共同富裕影响的区域异质性。

第9章为数字普惠金融助力共同富裕的推进路径以及模式创新。首先，本章构建了数字普惠金融助力共同富裕的思路框架。其次，本章提出了共同富裕的三条路径：一是涉及提高信贷可得性和拓展投资渠道两个方面数字普惠金融助力物质层面共同富裕的直接推进路径；二是涉及服务实体经济和缩小收入差距的数字普惠金融助力物质层面共同富裕的间接推进路径；三是强调丰富精神生活、提高精神追求的数字普惠金融助力精神层面共同富裕的推进路径。最后，本章提出了建立"积极创富+成果共享"的体系模式、构建"产业联动+乡村振兴"的运行模式和搭建"两层协同+三次分配"的保障模式等三种数字普惠金融助力共同富裕推进路径的创新模式。

第10章为数字普惠金融助力共同富裕的对策建议。本章总结了上文的研究成果，并提出了针对性的政策意见。首先，通过强化数字普惠金融的基础设施建设，健全多层次的数字普惠金融服务体系，加强对金融市场的风险监控、增强对系统性风险的防范三条路径，全面推动数字普惠金融的进一步发展；其次，通过缓解弱势群体、中小企业的融资约束，加强对企业创业和技术创新的支持，促进产业结构优化升级，加快金融机构的数字化转型升级四种措施疏通数字普惠金融对共同富裕的传导路径；最后，借助推动区域协调发展、培育金融素养和学习金融知识、加强欠发达地区互联网推广以及提高欠发达地区人力资本水平四种方法解决数字普惠金融助力共同富裕的长效机制问题。

1.5.2 本书的研究框架

本书的研究框架如图1-1所示。

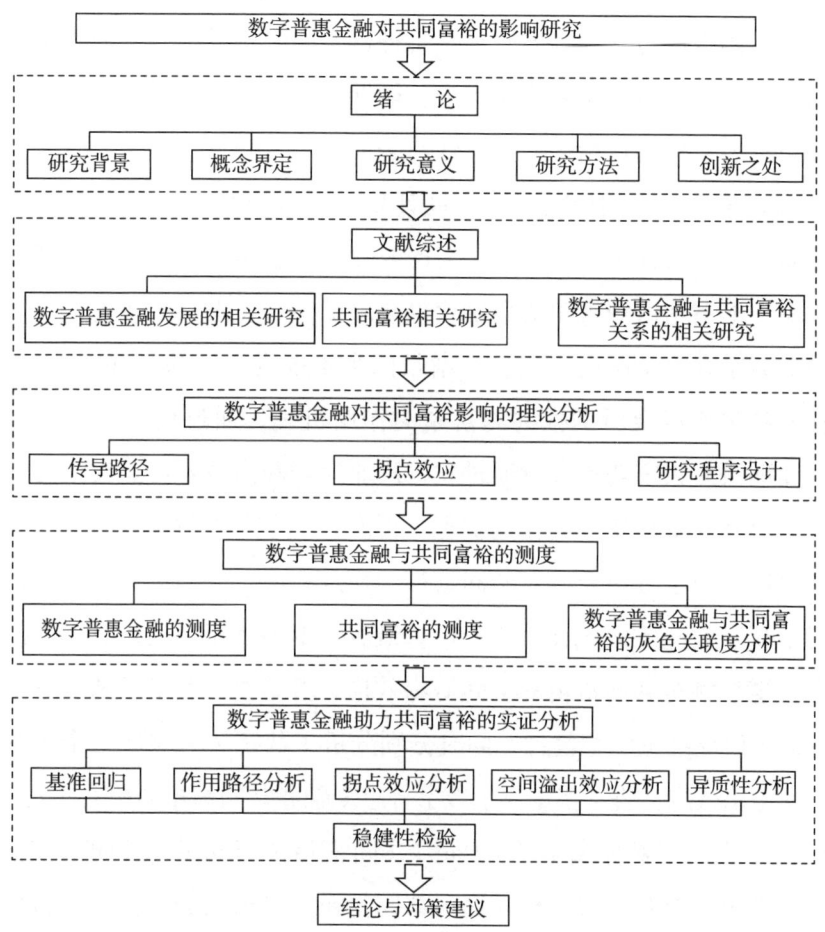

图1-1 本书的研究框架

1.6 本书的创新之处

本书的创新之处主要体现在以下方面：

（1）在现有研究成果的基础上，从共同富裕的物质内涵与精神内涵两个角度出发，对共同富裕指标体系进行了优化。共同富裕水平的衡量需反映公平与效率，不仅有收入的提高，还要有分配的公平性。因此，本书从总体富裕和共享富裕两个维度来测度我国的共同富裕水平，其中，总体富裕包含了物质富裕与精神富裕两个子维度；共享富裕包含了城乡共享和区域共享两个子维度，能够更加充分地体现出我国实现共同富裕发展目标的均衡性、充分性与全面性。

（2）采用中介效应模型和空间计量模型等对数字普惠金融影响共同富裕进行了实证分析。首先，为探究数字普惠金融助力共同富裕的经济效应，本书从微观视角的数字普惠金融助力企业融资效率提升与宏观视角的数字普惠金融助力包容性增长两个维度进行了深入探究。其次，为探究数字普惠金融助推共同富裕的作用机理，通过构建中介效应模型，实证研究数字普惠金融通过农村产业融合和高技术产业聚集两个中介变量对共同富裕影响的作用机理。再次，本书引入数字普惠金融的二次项以探究数字普惠金融对共同富裕的拐点效应，并在区域差异视角下进行了拐点效应的区域异质性分析。最后，本书运用空间计量模型探究数字普惠金融对共同富裕的空间溢出效应，并进行了稳健性检验，进一步保证了研究结论的稳健性，同时分别分析了数字普惠金融三个子维度的空间溢出效应，进一步丰富了数字普惠金融和共同富裕的相关研究。

（3）提出了数字普惠金融助力共同富裕的推进路径和模式创新。本书在理论上对数字普惠金融助力共同富裕的逻辑内涵、作用机制与路径等进行了更加深入的剖析，创新性地提出了数字普惠金融助力共同富裕的三条推进路径，即物质层面的直接推进路径、物质层面的间接推进路径以及精神层面的推进路径，以及数字普惠金融助力共同富裕的三种模式创新，即建立"积极创富＋成果共享"的体系模式、构建"产业联动＋乡村振兴"的运行模式以及搭建"两层协同＋三次分配"的保障模式。构建了更加合理的数字普惠金融助力共同富裕的理论分析框架。

2 文献综述

2.1 数字普惠金融发展的相关研究

2.1.1 数字普惠金融内涵的相关文献

数字普惠金融是在普惠金融的基础上发展起来的，普惠金融是为了解决金融排斥问题而产生的，它强调的是金融的包容性。金融排斥概念由 Leyshon 和 Thrift（1993）提出，具体来说，指的是银行分支机构的倒闭会影响到居民获得金融服务的机会，突出金融排斥的地域倾向。在此基础上，Kempson 和 Whyley（1999）对金融排斥进行了扩展，提出了除地域排斥之外，还包括评价排斥、条件排斥、价格排斥、市场排斥和自身排斥等内容。20世纪90年代之后，学者们对一些特殊群体缺乏现代融资渠道的研究日益增多（Mckillop et al., 2007），并指出金融排斥会对经济和社会都产生很大的伤害。比如，焦瑾璞（2019）认为，金融排斥会导致部分客户去寻求高利贷，从而影响到金融的稳定性，对社会产生不利影响。谭燕芝和李维扬（2016）指出，乡村金融排斥是造成我国城乡二元结构形成的主要因素，危害了农村经济的发展，使城乡收入差距持续扩大。随着普惠金融的兴起，越来越多的研究表明，普惠金融能够有效地拓展金融服务的范围和深度，从而缓解金融排斥现象（Regan and Paxton, 2003；Ivatury, 2006；曹凤岐，2010；肖本华，2011；王曙光、王东宾，2011）。例如，王曙光和王东宾（2011）指出，普惠金融可以拓展金融服务的范围和深度，降低金融服务的成本，另外，也有学者提出普惠金融制度可以使金融体系更加稳定，更好地分配金融资源，实现金融结构的优化，从而推动金融系统的良性发展。同样，肖本华（2011）也认为普惠金融系统可以实现金融资源的优化配置，促进金融体系的稳定。与此同时，郑中华和特日文（2014）认为，构建完善的普惠金融体系，既是当前我国金融体制改革的重大措施，也是未来金融业乃至整个经济繁荣发展的有力支持。华桂宏等（2016）认为，普惠金融的发展更符合当前金融结构优化的现实需求，侧重于弱势地区、行业和群体的发展，这对改善我国的金融结构、促进金融系统的健全起到了积极的推动作用。

金融排斥最早以地域排斥的形式出现，普惠金融最早的定义以"产品接触性"为核心。随着对普惠金融的深入研究，学者多从不同的维度总结普惠金融的概念，但从两个维度分析的占绝大多数。Regan 和 Paxton（2003）拓展了普惠金融的概念，延伸至"需求广度"和"参与深度"两个维度。"广度"是指顾客有机会使用各类基础的金融产品和服务，例如，银行账户、可承受的贷款和保险。所谓"深度"，就是指顾客是否具有使用金融产品和服务的能力与机会。Allen 等（2010）则指出普惠金融分为金融服务的可得性和可用性两个方面，前者依赖于金融产品和服务的提供者，也就是金融机构的营业网点与自动取款机的分布，而后者是由供给与需求两个方面来确定的。在普惠金融的目标群体中，Fernande（2006）提出了普惠金融要以弱势群体，比如低收入人群和失业人群为主要目标。而 Leeladhar（2006）、Sarma（2008）、Charkravarty（2011）认为，普惠金融应当保障每个居民能够在合理价格下平等享有金融商品和服务的权利，而非只面向某一类人。田霖（2013）认为，普惠金融是指个人、团体、企业、组织或区域等主体与金融体系的相互联系和融合的过程及状况。王国红（2015）从供给侧和需求侧提出了普惠金融发展的目标，即既要引导金融机构向消费者提供多元化的金融服务，又要使居民能够在合理的价格下享受到这些金融产品和服务。普惠金融的概念是在 2005 年的联合国"国际小额信贷年"会议上正式提出的，指的是以合理的价格向有金融服务需要的各个部门和群体提供合适的、高效的金融服务。普惠金融一词是一个非常广泛的概念，学术界对它的理解与界定也各不相同。按照 Sarma（2008）的定义，普惠金融是指保证社会各阶层、各群体的成员能够平等且无排斥地获取和利用正规金融服务的一个过程。Nanda（2016）等提出普惠金融的概念，即能够平等地获取金融服务。杜晓山（2006）提出，传统的小额信贷和微型金融都是分散的，普惠金融系统就是将这些分散的金融业态以更科学、更先进的方法重新组合起来，并由此演变成一种系统的、新型的、能为各种社会团体所利用的金融产业。而夏园园（2010）则持不同的观点，她提出普惠金融与小额信贷和微型金融同出一源，都是以满足中低收入人群的支付需求为出发点，以促进金融公平为目标。星焱（2016）提出普惠金融的内涵体现在"5 + 1"的核心特点上，这里的"5"表现为五个性质，即可得性、价格合理性、便利性、安全性和全面性，而"1"即普惠金融面向的是具体的服务对象。如果金融产品或服务满足"5"中的一项，且同时满足"1"，则可归入普惠金融的范畴。

通过对国内外普惠金融研究的梳理，我们可以看出，普惠金融能够有效地缓解金融排斥现象，并对一国的经济和社会发展起到积极的作用。但是，大量的研究表明，普惠金融在迅猛发展的同时，也遇到了一些困难。例如，金融供给不足（田霖，2008）、不对称的信息和高昂的交易费用（朱喜等，2009；马九杰、吴本健，2013）、金融基础设施不健全和风险机制不完善等（杜晓山，2008；曹凤岐，2010）、"最后一公里"建设难度大以及没有很好的商业可持续性（焦瑾璞，2019）。在数字化时代来临之际，已有研究认为，数字普惠金融能够有效解决这些问题，数字普惠金融的发展有着重大的现实意义。贝多广（2017）研究发现，数字普惠金融在降低交易成本，提高服务效率，增强安全性、可推广性等方面具有明显的优势，有助于解决传统普惠金融在发展中遇到的难题。Manyika 等（2016）指出，数字普惠金融有助于解决农村居民缺乏金融产品和服务的难题。郭峰等（2020）也提出，数字普惠金融能够帮助贫困地区"弯道超车"。由此可以看出，数字普惠金融既可以打破普惠金融发展的瓶颈，又可以促进一国或地区经济和社会的良性发展。

目前，学术界对于数字普惠金融内涵进行了大量的探讨，文献颇为丰富，归纳起来就是"数字化"加上"普惠金融"。吕家进（2016）提出，数字普惠金融实质上仍是一种普惠金融，只不过是通过数字化手段来实现的。Peterson（2017）则提出数字普惠金融是普惠金融的一种实践，其目的是通过数字化金融方式来促进发展中国家及新兴经济体的包容性增长。宋晓玲（2017）将数字普惠金融定义为以数字化来实现普惠金融的一种方式，认为中国在电子商务、电子支付等领域处于世界领先地位，具备了发展数字普惠金融的独特优势，能够利用数字化技术引导普惠金融的发展。牛余斌（2018）提出了数字普惠金融是将普惠金融和数字化技术相结合的一种观点。董玉峰和赵晓明（2018）认为，数字普惠金融既具有商业性，又具有社会属性，是普惠金融不断深化的结果。梁双陆等（2018）对数字普惠金融的内涵进行了深度剖析，提出数字普惠金融最重要的特征在于利用数字化技术对传统金融进行变革，并提出数字普惠金融在构建包容性金融发展系统中具有重要意义。郭峰等（2020）将数字普惠金融视为一种多维度的概念，指出利用数字化金融技术进行普惠金融产品与服务创新，进而降低普惠金融的成本，扩大其服务范围。何龙森（2021）提出，数字普惠金融是新一代互联网技术、大数据、云计算、人工智能等数字技术与普惠金融相结合的结果，是对普惠金融的延伸和深化，将极大地提高普惠金融的普惠性和精准性。概括来说，尽管以上学者对数字普惠金融的含义有不同的解读，但其核心含义均与"数字化技术""普惠金融"这两个关键词密不可分。如林玲（2021）指出，数字普惠金融是一个定位清晰的概念，其以普惠为目标、以数字化为手段。数字普惠金融的核心内容就是通过数字化技术来提升普惠金融的能力。

2.1.2 数字普惠金融测度的相关文献

关于数字普惠金融的测度，现有文献从普惠金融的测度开始，随后集中在从国际和国内不同视角展开对数字普惠金融的测度。首先，从数字普惠金融的形成和内涵角度出发，可以看出，数字普惠金融是一种新型的普惠金融形态，它是在传统金融发展的基础上，融合了数字化信息技术和普惠金融发展而形成的。普惠金融的发展是多维度的，Beck等（2007）从地理渗透度、金融服务可及性、产品利用效率三个维度，建立了普惠金融指标体系；Sarma（2008）从银行渗透程度、金融服务可得性及利用程度三个方面建立了普惠金融指标体系。国内学者在普惠金融指标体系的建设上也进行了大量研究：包钧等（2018）、邹伟和凌江怀（2018）均从金融服务可得性、利用程度和服务质量三个维度来构造普惠金融指数；马彧菲等（2017）分别从宏观、银行、保险三个层面建立普惠金融指标；刘亦文等（2018）从渗透性、服务可得性、可利用性和可承受性四个方面，建立普惠金融的评价指标体系。现有文献研究更多集中在对普惠金融指标体系的测度与分析上，而关于数字普惠金融指标测度相关文献的数量较为有限。其次，在国际上，比较典型的是Manyika等（2016）从网络覆盖率、智能手机使用状况、手机拥有率、农村人口占比与3G网络覆盖率的相关性、智能手机和服务套餐的平均售价、身份证注册用户在人口中的比例等角度，对新兴经济体数字普惠金融的发展状况进行测度。2016年,《G20普惠金融指标体系》升级版在完善现有指标体系的基础上,将与数字金融服务度量相关的指标纳入各维度,形成35项指标。在此基础上,Lyman和Lauer(2015)还构建了数字普惠金融数字化的三个关键指标,即数字化交易平台、数字化基础设施运营者和数字化工具。Hasanul和Alam(2021)将移动金融和互联网金融服务纳入传统普惠金融指标体系中,建立了数字普惠金融指数。Updadhyay和Reddy(2021)基于银行账户、贷款、数字化支付以及网络渗透率,建立了印度的数字普惠金融指标体系。Purva等(2021)以普惠金融为研究对象,将数字化维度纳入其中,并对其进行了较为细致的考察,包括覆盖范围、应用深度、电子货币中介等三个一级指标和七项子指标。国外关于数字普惠金融指标的已有研究大多是基于跨国数据层次构建的,考虑到不同国家数据形式及可得性的不同,现有的指标体系大多是以数字普惠金融的供给方指标为基础,只能部分地反映数字普惠金融的覆盖面,难以体现数字普惠金融的实际需求。最后,与此形成鲜明对比的是,国内关于数字普惠金融发展指数更多地关注数字普惠金融的需求状况,研究结果在国际上处于领先地位。在这些研究中,比较有权威性、综合性的是由北京大学数字金融研究中心研究开发的北京大学数字普惠金融指数。这个指数建立在阿里巴巴蚂蚁金服庞大的用户活动数据之上,从2015年开始,它经历了三个阶段,分别是2011—2015年第一阶段指数,2011—2018年第二阶段指数,2011—2020年第三阶段指数(郭峰等,2015,2019,2020)。从整体上讲,三个时期的研究主要有以下几个方面的特征:一是指数体系日趋完善。在考察维度方面,北京大学数字普惠金融指数与传统普惠金融指数相比,增加了对数字化水平的考察,着重突出了它的数字化特性。在具体的指标层次上,从第一阶段的26项具体指标到第二阶段的33项,在数字化维度下的指标得到了进一步的丰富,加入了信用、便利性和离线支付等内容。二是考察内容的立体性。以前普惠金融发展测度的研究多集中于信用贷款发展状况，而这一指数在信用贷款之外，还添加了数字支付、保险、投资、信用服务等方面的研究，从而大大丰富了数字普惠金融的考察水平。三是要确保资料连续、真实。当前，国际上的各大权威机构关于普惠金融数字化水平考察的基本数据都是断断续续的，多为3～5年才进行一次更新，且缺乏连贯性，但北京大学数字普惠金融指数以支付宝账户上的活跃数据为基础，可以随时提取各个时段的数据，以确保数据的连续性。另外，以蚂蚁金服的实际消费情况为基础，能够更好地反映数字普惠金融的发展状况。这将弥补现有普惠金融研究仅从金融机构布局角度考察普惠金融供给的不足，并从用户活跃数据这一研究角度对数字普惠金融的需求进行有效补充，使其测量结果更接近数字普惠金融发展的实际水平。当前，大部分的研究都是以北京大学数字普惠金融指数为基础，也有一些学者对其进行了进一步的改善，从而构建了一套完善的数字普惠金融指数体系。例如，冯兴元等（2021）提出，基于省域、市域两个视角构建的数字普惠金融指数，缺少县域视角及县域特点下的指数测度。为此，在北京大学数字普惠金融指数的基础上，以《中国县域统计年鉴》为依据，根据县域经济特点建立中国县域数字普惠金融指数体系。蒲红霞等（2021）在考察普惠金融传统维度的基础上，引入数字化支付水平、法律遵从度等多个指标，建立"一带一路"数字普惠金融发展指标体系。宋晓玲（2017）同样在北京大学数字普惠金融指数基础上，从互联网金融服务的角度出发，采用其他方法测度了数字普惠金融指数。

2.1.3 数字普惠金融发展的经济效应

目前国内外学术界关于数字普惠金融经济效应的研究主要聚焦在宏观和微观层面上，宏观层面上主要有数字普惠金融对经济增长、城乡收入差距、产业结构以及贫困减缓等方面的研究，而微观层面上主要集中在数字普惠金融对就业创业、居民消费以及缓解信贷约束等方面的研究。

就宏观层面的研究来说，首先，主要是在数字普惠金融与经济增长关系方面，学者提出数字普惠金融能够提升资源配置效率、促进技术创新（薛莹等，2020）和弘扬区域企业家精神（钱海章等，2020），从而有效促进经济增长（郝云平等，2018），进而促进经济高质量发展（姜松、周鑫悦，2021；贺健、张红梅，2020）；尤其是对实体经济而言，数字普惠金融的发展也将起到推动作用（成学真、龚沁宜，2020）。数字普惠金融可以促进科技创新，加速金融机构的转型升级，促进社会投资的扩大，从而影响经济的包容性增长。Itay 等（2019）的研究表明，数字金融对经济增长有正向影响。李柳颖（2019）的研究表明，中国数字普惠金融的发展可以促进经济包容性增长，改善收入分配和促进个体发展机会平等分享。钱海章等（2020）提出，数字普惠金融可以通过促进区域科技创新与区域创业能力的提高，来促进区域经济的可持续发展。滕磊和马德功（2020）的研究结果显示，数字普惠金融对中国经济的高质量发展具有重要的推动作用。

其次，从城乡居民收入差距视角来看，数字普惠金融对不同地区的经济发展水平、不同的数字普惠金融服务种类、不同的人群等，都会产生不同的影响，从而呈现出不确定的效应。周利等（2020）提出，数字普惠金融发展通过提高融资可得性、降低金融服务门槛等途径来缩小城乡居民收入差距。宋晓玲（2017）提出，数字普惠金融借助数字化技术，辅助用户群体与风险管控的耦合效应，可突破普惠金融长期面临的成本与收益失配问题，大幅降低金融服务准入门槛，缓解农村金融排斥，减缓贫困，从而有效缩小城乡居民收入差距。李牧辰等（2020）的研究表明，数字普惠金融的三个维度对城乡居民收入差异的作用存在显著差异，其中，覆盖广度和使用深度对城乡居民收入差异产生了收敛作用，而数字化程度的提高则进一步拉大了二者之间的差距。李连梦和吴青（2021）则进一步认为，数字普惠金融对不同人群的影响是不一样的，数字普惠金融促进了城市低收入人群的收入增长，但对高收入者和低收入者之间的贫富差距产生了负面效应。孙继国和赵俊美（2019）认为，数字普惠金融在城乡居民收入差距上的作用优于传统的普惠金融。在城乡消费差距方面，张彤进与蔡宽宁（2021）提出，数字普惠金融能够通过提高农村居民的支付速率与便利性、扩大信用贷款规模、减少农户储蓄等三个途径来缩小城乡之间的消费差距。高婧和唐宇宙（2021）提出，数字普惠金融能有效减少金融排斥，且具有很强的普惠属性，因此能够有效缩小城乡居民之间的消费差距。关于城市与农村之间的社会福利差距，倪瑶和成春林（2020）认为，普惠金融的数字化与否，对城乡居民的福利差别会产生很大的影响，这是因为农村与城市之间在金融的触及性上存在着较大的差别，在实现数字化之前，农村与城市之间的福利差距在持续拉大。但是，在数字经济时代，这种影响会有很大的变化，会使城乡居民的福利差距明显缩小。金发奇等（2021）提出，数字普惠金融能够调节城乡居民的福利差距，但其调控效果受到技术发展水平的限制。此外，在数字普惠金融影响产业结构的研究中，唐文进等（2019）提出，在数字普惠金融的覆盖广度、使用深度和数字化程度三个维度中，仅覆盖广度对产业结构的提升起到了推动作用，而使用深度和数字化程度对产业结构升级没有明显的线性影响。孙倩和徐璋勇（2021）提出，因自然条件、制度环境、发展阶段等因素的不同，数字普惠金融在不同地区的发展效果不尽相同，且具有较强的异质性，对贫困地区的效果不明显。杜金岷、韦施威和吴文洋（2020）的研究表明，发展数字普惠金融，能够有效地促进产业结构合理化和高级化，并促进行业内部结构的优化。涂强楠和何宜庆（2021）提出，数字普惠金融与制造产业结构优化升级之间存在着非线性的联系，即随着科技创新水平的提高，数字普惠金融能够更好地推动制造行业产业结构的转型升级。

最后，也有对数字普惠金融在减缓贫困方面的研究。Park 和 Mercado（2016）通过实证研究，发现数字普惠金融对缩小城乡居民收入差距，缓解贫困具有显著的效果。Jin（2017）通过对多个国家数据的检验，也证明了数字普惠金融的确具有减贫效果。而马彧菲和杜朝运（2017）以家庭的消费水平为评估指标来检验数字普惠金融的减贫效果，发现数字普惠金融有助于减贫。韩晓宇（2017）通过构建面板向量自回归 PVAR 模型对数字普惠金融扶贫效果进行了实证研究，结果表明，数字普惠金融的减贫效果呈现出动态性。卢盼盼和张长全（2017）通过 GMM 的实证分析，证实了数字普惠金融能够减少贫困的发生。刘锦怡和刘纯阳（2020）提出，数字普惠金融在扶贫过程中既可以通过网络贷款、网络保险等途径直接缓解乡村贫困，也可以通过提高个人就业、民营企业就业等途径间接实现减贫。在国内关于数字金融减贫效果研究中，周利等（2020）也曾经提出这样一个问题，那就是在我国存在城乡收入差距的情况下，数字金融究竟是给我们带来了数字红利，还是数字鸿沟？实证检验表明，通过提高资金的可得性和降低门槛，数字金融的发展能够显著地缩小城乡居民的收入差距，进而产生数字红利。黄倩等（2019）的研究也表明，相比富人，数字金融的发展可以给穷人带来更多的利益，进而缩小居民间的收入差距。方观富和许嘉怡（2020）从居民就业视角进行研究，发现数字化金融的发展不仅提高了城镇居民就业与就业收益，而且对女性、受教育程度较低的、西部地区等传统弱势群体的就业效应更加明显。周利等（2021）还从微观角度深入考察了数字普惠金融的发展对我国居民贫困状况的影响，认为数字金融主要是通过提高信贷可得性、促进收入增长以及缩小收入差距等途径来减轻贫困，其减贫效应呈现出先恶化后改善的效应，并且存在显著的时滞现象。然而，正如 Ozil（2018）所担心的那样，数字化普惠金融扶贫效果的实现需具备特定的条件，如区域基础设施、社会文化环境、居民的教育水平、认知能力等都会对其减贫效果产生影响（周利等，2021；Aziza and Naima，2021）。于江波等（2022）从中国地区经济失衡视角，以胡焕庸线为界线对数字金融及其经济效应进行了研究，分析了数字金融与全要素生产率、经济产出的关系，认为其与全要素生产率、经济产出存在较强的空间关联，理论上可以推动全要素生产率和经济产出超越胡焕庸线，但其具体作用如何，还有待与边界（如西北地区）的市场化水平、数字金融与实体经济的深度融合。

就微观层面的研究来说，首先，数字普惠金融对提高居民就业和创业能力起到了积极的推动作用。方观富和许嘉怡（2020）指出，数字普惠金融的迅速发展，既可以促进居民就业，也可以促进经济收入的增长。马述忠和胡增玺（2022）认为，数字普惠金融通过增加居民的就业机会，从而对地区间的劳动力流动产生影响。冯大威等（2020）则认为，数字普惠金融的发展为居民的创业行为提供了资金和信息支撑，进而提升了居民的创业成功率。张杰（2000）认为，民营企业的金融困境实质上是一种信贷困境，它是在改革进程中产生的，具有内生性，我国就业呈现出由非正规化走向正规化，再走向非正规化的发展趋势，非正规就业将占据相当大的比重，而其中最主要的问题就是融资受限（胡鞍钢、杨韵新，2001）。中国家庭企业创业融资受限，尤其是在乡村，而金融发展能够改善融资约束，从而通过激励农户自主创业来改善城乡居民的收入差异（张龙耀、杨军、张海宁，2013）。江维国和李立清（2015）提出，发展数字普惠金融可以为新型农业经营主体提供资金扶持，拓宽融资途径，促进其自主创业和就业；王子敏、李婵娟和季仁春（2017）的研究表明，投资人对借款人身份存在歧视，且小微企业贷款具有高风险，投资人更愿意扶持工薪阶层，而数字普惠金融可通过信息披露为大众创业提供有效支撑。谢绚丽等（2018）对数字普惠金融与创业行为的关系进行了实证研究，发现数字普惠金融的发展对创业具有明显的积极推动效应，并且在低城市化省份和注册资本规模小的小微企业中这种效应更为明显。何婧和李庆海（2019）进一步分析表明，数字普惠金融在缓解农民信贷约束、提高信息可得性的同时，也通过提升农民的社会信任度，进而推动农民创业并提升其创业绩效。发展数字化普惠金融，提升农户创业能力，缓解农户创业上的困难（杨艳琳、付晨玉，2019），有效支撑农民工创业（曾之明等，2018），提升了农户在非农领域的就业机会，从而提高了农户的收入；杨伟明、粟麟和王明伟（2020）构建了一个中介作用模型，验证了数字普惠金融能够通过促进经济增长与创业活动，从而提升农户收入。黄漫宇和曾凡惠（2021）采用空间计量方法，实证分析了数字普惠金融对企业家活动的影响，并得出了数字普惠金融促进企业创新活动的结论。罗新雨和张林（2021）研究发现，数字普惠金融不仅可以直接促进居民创业，还可以通过间接方式促进居民创业。其直接影响表现在，数字普惠金融可为创业者提供多层次、多样化的金融服务，并能直接推动居民创业；间接影响表现在，发展数字普惠金融可以在某种程度上促进金融的公平和效率，让实体经济走上良性循环，为企业家创造更多的创业机遇和良好的创业环境，间接地推动了居民的创业。Luo 等（2021）从创业企业的角度，研究了创业企业的数字化融资行为，并通过其销售、贷款、投资等方式对公司业绩产生重要的影响。

其次，发展数字普惠金融可以有效地促进居民消费，提高居民消费水平，促进我国居民消费结构的优化。张勋等（2020）研究发现，数字普惠金融促进居民消费的重要路径是通过数字化支付的推广而形成的支付便利化来实现的。何宗樾和宋旭光（2020）研究发现，数字普惠金融对于不同类别的家庭消费具有不同的作用，即对基础型消费产生的促进作用是显著的，而对其他类别的消费却不太显著。Lai 等（2020）认为，发展数字普惠金融有助于平滑居民的消费行为，促进其消费结构升级。Germana 和 Luisa（2017）提出，数字普惠金融能够帮助居民进行长期的投资与消费，数字普惠金融能够为广大家庭（特别是弱势群体）提供公平、价格合理的金融服务，特别是对那些处于不利地位的人来说，能够让他们的消费过程更加顺畅，更好地分配资源，减少风险，提高收入（Corrado，2017）。尹志超和张号栋（2018）研究发现，当传统金融无法触及时，"数字金融"可以降低农户的信用约束，提高对银行的贷款需求。邹新月和王旺（2020）对中国 2011—2018 年各省份的面板数据进行了实证分析，结果表明，数字普惠金融的发展显著促进了居民消费。谢家智和吴静茹（2020）利用 2013 年度 CHFS 面板数据，研究了数字普惠金融在缓解家庭信贷约束、促进消费方面的作用。王刚贞和刘婷婷（2020）研究发现，数字普惠金融可以缓解收入约束、流动性约束以及促进移动支付的平稳运行，从而提高居民的消费水平。数字普惠金融不但对消费者的消费水平产生了作用，还对其消费行为产生影响（邢天才、张夕，2019）。江红莉和蒋鹏程（2020）采用 2011—2017 年的省域面板数据，验证了数字普惠金融在促进居民消费的同时，也促进了消费结构的升级。张李义和涂奔（2017）检验了数字普惠金融对中国家庭消费行为的影响，并得出数字普惠金融对家庭消费结构的优化作用。进一步地，易行健和周利（2018）在微观数据基础上，对中国数字普惠金融发展与消费之间的关系进行了实证研究，结果表明，数字普惠金融对居民消费具有推动作用，尤其是在中西部地区和农村，这一特征反映出数字普惠金融的包容性。发展金融市场，可以提升资金的分配效率，推动经济的发展，提升居民的购买力。庄雷和赵成国（2017）的实证结果表明，数字普惠金融能够通过提升金融机构的融资效率，推动投资与消费，从而对经济发展产生积极的作用。同时，居民消费能力的提升还可以促进资金的配置。信用贷款水平、收入差距对居民消费具有正向和负向的影响，因此，要想改善我国居民的消费水平，缩小城乡收入差距，就必须从改善信贷约束入手，大力发展消费金融（韩立岩、蔡红艳，2002；韩立岩、杜春越，2012）。

最后，数字普惠金融会对传统金融的信贷约束产生影响。吴雨等（2020）认为，数字普惠金融的发展与传统民间信贷存在着明显的替代关系。李政和李鑫（2022）研究发现，数字普惠金融发展极有可能导致居民过度举债，进而导致居民陷入债务陷阱。Fuster 等（2019）通过比较分析按揭市场中金融技术贷款人和传统贷款人的区别，认为金融科技贷款具有更快速、更有效的处理过程以及更高级的风险管理方式，金融科技的资金提供者可以根据市场需要灵活地调节贷款供应量，从而规避由市场不利因素造成的影响，进而提升按揭市场的金融中介效率。丁骋骋和余欢欢（2022）认为，数字普惠金融发展带来的"债务膨胀"效应，导致居民杠杆水平上升，并有诱发债务风险的可能。数字普惠金融对于缓解我国的信贷约束具有重要意义。不管是农村居民，还是小微企业，其融资难最大的原因就是他们自己的资产很少，再加上信息不对称等问题，从而造成了贷款的高风险溢价和金融服务的价格偏高，进而产生金融排斥，中国的商业银行和资本市场都无法满足小微企业的融资需求（李增泉、辛显刚、于旭辉，2008）。邹伟和凌江怀（2018）分别从传统普惠金融与数字普惠金融两个角度对小微企业融资约束进行了实证检验，结果表明，数字普惠金融对小微企业融资能力的提高有更大的促进作用。王馨（2015）认为，数字普惠金融可以填补部分信用缺口，缓解信贷配给，为小微企业提供融资渠道，因此，数字普惠金融在促进小微企业发展方面具有重要意义。通过 P2P、小微借贷、众筹等方式，数字普惠金融对小微企业进行金融扶持，突破了金融排斥，大大提高了小微企业的创新投入与创新的频率，达到了有效地分配借贷资源的目的。刘满凤和赵珑（2019）进一步研究表明，基于数字普惠金融的小微企业融资平台和融资机制可以在某种程度上改善信息不对称，降低贷款市场的交易成本，推动高效贷款市场的建立，提升贷款资源的配置效率。数字普惠金融为小微企业提供了一种全新的融资方式，突破了由不完善的金融系统所造成的金融抑制，在减轻小微企业的信贷约束的同时，也为小微企业提供了创新激励（安宝洋，2014）。万佳彧、周勤和肖义（2020）进一步明晰了数字普惠金融对融资约束的调节效应，提出"数字普惠金融通过减轻小微企业融资约束，进而推动企业创新"的调节作用，并揭示数字普惠金融对中小微企业和民营企业具有更强的创新激励作用。数字普惠金融面向弱势群体提供融资支持，突破了信贷约束，更多地体现了其普惠属性，帮助农民实现了自主创业、实现了增收；张玉明和迟冬梅（2018）通过收集的 1857 家小微企业调研数据以及 202 家 P2P 网贷平台的数据，检验了数字普惠金融对小微企业创新投资与创新效率的提升作用。袁鲲和曾德涛（2020）采用 Python 文本分析方法，研究表明，数字普惠金融在缓解信贷约束方面对欠发达地区和受信贷歧视的民营企业更有效果。任晓怡（2020）也研究了普惠金融对小微企业和高新技术企业的融资约束效果，在银行和资本市场发达程度不高的区域表现出更明显的效果。

2.2 共同富裕相关研究

实现共同富裕，既是全体人民的共同理想，也是社会主义的本质所在。怎样实现共同富裕，这不仅是一个经济和社会的现实问题，也在学术界引发了激烈的讨论。对于共同富裕的基本内涵、指标度量、影响因素以及实现途径，众多学者开展了大量的研究。

2.2.1 共同富裕内涵的相关文献

习近平总书记在 2021 年的《求是》上发表了题为《扎实推动共同

富裕》的文章，文中指出共同富裕是社会主义的本质要求，是中国式现代化的重要特征。我们所说的共同富裕指的是全体人民的共同富裕，包括人民的物质生活和精神生活，不是少数人的富裕，也不是整齐划一的平均主义。现有研究主要从政治、经济、社会三个层面对共同富裕的内涵进行剖析。首先，共同富裕的政治内涵主要是说共同富裕是政治目标，是社会主义的本质要求（莫炳坤、李资源，2017；孙业礼，2010；朱步楼，2001），邱海平（2016）提出，党和国家领导人提出的"共同富裕"，第一个含义并不是说要使全体人民都能过上同样的生活水平，而是要逐渐缩小社会成员间的贫富差距。杨静等（2022）、胡鞍钢和周绍杰（2022）指出共同富裕是新时代中国特色社会主义的本质要求，是中国式现代化的重要特征，是我们党向人民做出的郑重保证（刘培林等，2021）。共同富裕保证了每个人都能平等地成为社会发展的受益者，这就是社会主义和资本主义社会的根本不同之处（王伟光，2012；侯惠勤，2012；刘旭雯，2022）。

其次，共同富裕还是一项实际的经济目标，是全面的富裕（顾光青，2008）。我国的基本经济制度是实现共同富裕的制度保障，所有制形式是实现共同富裕的基础（卫兴华，2013；李松龄，2021），它是全体人民的共同富裕，以人为本，消除两极分化，消除贫困（杨承训、李怡静，2016；檀学文，2020），是人人都能得到全面发展的共同富裕（袁银传、高君，2021；逄锦聚，2021）。杨煌（2021）、黄泰岩和刘宇楷（2021）都认为共同富裕中的富裕体现的是生产力的发展程度，要实现富裕，需要发展、解放和保护生产力。

最后，共同富裕是一个社会目标，是全体人民的富裕（董志勇、秦范，2022；贾磊，2022；李军鹏，2021）。王维国和杨婷（2020）基于社会合作的视角，提出了"共同富裕"是科学的有效分工与合理配置的结合，并认为"共同富裕"是一种以共同体为前提、以公共性维度为基础，不断加强合作自觉性的自然历史进程。联合国公布的《人类发展报告》指出，人的发展必须兼顾多个层面的均衡发展（UNDP，1990），社会发展不仅要关注总量的增长，也要关注提高20%最贫困人口的生存状况（Basu，2000）。共同富裕中的"共同"实质上是生产关系与分配关系的具体表现，也就是要消灭剥削、消除两极分化（王春光，2021；黄承伟，2021；武建奇，2021）。李实和杨一心（2022）指出共同富裕指的是所有人的共同富裕，要实现它，在教育、医疗、养老、就业、住房、育儿等方面都要加强基本公共服务的均衡发展，实现公平正义（张来明、李建伟，2021）。

除了从单个层面理解共同富裕的内涵，多数学者将多个维度结合起来理解共同富裕。朱恒鹏等（2021）认为，"共同富裕"意味着全体人民的共同富裕，也就是人的全面发展，即既要实现物质上的富足，又要实现精神上的富足。这既包括经济上的富裕，也包括政治、文化、社会和生态文明全方位的富裕。刘培林等（2021）提出，共同富裕的含义可以从政治、经济和社会三个层次来理解。政治内涵是指国家强盛、人民共同富裕的社会主义社会契约，经济内涵是全体人民经过共同努力，共同享受越来越丰厚的物质和精神财富，而社会内涵则是以"橄榄型"的分配结构和社会结构为主体，其中，中等收入人群构成了整个社会的主体，人民安居乐业，社会安定有序，生活幸福美满。李毅（2021）指出可以从社会、经济和日常生活三个层面来认识共同富裕。在社会层面上，通过就业、医疗、教育、社会保障等基本公共服务，促进城市拓展和拓展农村公共服务。实现城乡优势互补，须持续提供公共服务。在经济层面上，共同富裕不仅体现在较高的收入水平上，也体现在分配情况上，并能对三次分配之间的协调发展程度进行恰当的体现，促进高质量发展，持续提升居民收入水平，缩小城乡收入差距，使所有人都能充分发挥自己的劳动潜力，用自己的努力和劳动去创造更美好的生活。从日常生活层面看，共同富裕是指生活富裕、生活方式与思想意识的形成。任碧云和刘佳鑫（2021）通过结合三个维度来定义共同富裕的内涵，这三个维度分别是发展性、共享性和可持续性，并认为共同富裕是三个维度的统一。

2.2.2 共同富裕测度的相关文献

关于共同富裕的测度，现有的文献主要集中在共同富裕指标的构建与测度方法上。关于指标的构建与测度，可总结为三个方面，分别采用单一指标、二维指标和三维指标三种不同方法。首先是单一指标，李逸飞和王盈斐（2022）采用"中等收入者比重"这一变量作为衡量"共同富裕"的指标，将"中等收入者比重"作为衡量"共同富裕"的主要标志，这种方法虽然简洁明了，但是很难反映出共同富裕的整体状况。

其次是二维指标，陈正伟和张南林（2013）以 PPP 理论为基础，以我国 31 个省份居民收入、人均储蓄及城市化水平为基础，实现对共同富裕的测度，主要是从富裕度和共同度两个方面进行，通过对不同的变量——贫困、度日、温饱、小康和富裕赋予不同的值来对富裕度进行测量，通过对同一、共同、合理、差别和悬殊赋予不同的值来完成共同度的测量。申云和李京蓉（2020）站在不同的视角，以全面建成小康社会为基础，测算了中国农村居民生活富裕状况，将其分为物质生活富足与精神生活富足两个层面，分别从居民收入水平、生活便利度、生活质量、社会保障能力以及科教文卫服务等五个维度进行测度，发现不同地区的农民生活水平具有较大的差异性。在二维指标上，较多的学者从富裕度和共享度两个维度来测量共同富裕（刘培林等，2021；邹克、倪青山，2021；向云等，2022；杨宜勇等，2021；邓石军、陈晓霞，2022；申云等，2020；郑键壮等，2022；袁惠爱等，2022；郑月明等，2023；周升起，2023；陶章、黄晓月，2022）。刘培林等（2021）提出，

"富裕"是指社会整体的富裕程度与生产力的进步,"共同"是指发展成果的共享,其中包括缩小人群之间的差距、地区之间的差距以及城乡之间的差距。邹克和倪青山(2021)基于人均收入、失业率等指标,分别建立了收入、就业等子系统,并运用耦合协调度模型,对我国31个省份的共同富裕指标进行测度,结果表明,我国共同富裕指数呈现出逐年递增的态势。杨宜勇和王明姬(2021)将富裕度划分为物质富足、精神富足和生活富足三个维度,并将共同度划分为两个维度,分别是"富裕差异"和"富裕分享"。申云等(2022)从"共同"与"富裕"两个角度出发,以共同富裕为切入点,对全国省域内的农民生活质量进行了测算。郭健等(2022)从发展与共享两个角度出发测算共同富裕指数,建立了以生产发展、投资发展、消费发展为主要内容的发展角度指标的测算,以及城乡共享、区域共享和社会服务的共享测度。

最后是三维指标,大多数学者从富裕度、共享度和可持续度3个方面构建共同富裕指数,认为共同富裕既是发展的、共享的,也是可持续的(陈丽君等,2021),并通过建立富裕度、共享度和可持续度3个次级指标实现对共同富裕水平的测度,李金昌和余卫(2022)、万海远和陈基平(2021)、陈丽君等(2021)基于3个方面所构建的测量模型包括14个二级指标以及81个三级指标,可以较为完整地体现共同富裕的各个方面。另外,钞小静、任保平(2022)认为,发展成果由全体人民共享是共同富裕的基本含义,共同富裕必须以整体富裕水平的提升为前提,所以构建了一个包含居民收入与财富、发展能力与民生福祉的测度指标体系,具体而言,是从收入与财富的差异和发展水平、发展能力以及居民福利水平方面入手来构建的。李光亮等(2022)则从经济增长、社会发展、环境治理三大维度选取指标,构建耦合协调度指数,对长三角区域的共同富裕程度进行测算,研究发现,这一区域整体表现为"东高西低",与"先富带动后富"的发展规律相吻合。韩亮亮等

(2022)基于共同富裕的内涵,以省域数据为基础,从可持续、共享和发展3个维度,为测算共同富裕指数选择了三级指标体系,包含3个一级指标、10个二级指标以及21个三级指标,采用熵权法对其赋权,避免了主观赋权带来的缺陷,也避免了多个指标之间的交叉重叠,从而获得各省份的共同富裕发展指标。张金林等(2022)根据马斯洛需求层次理论,把"共同富裕"划分为"物质富裕""精神富裕"和"社会共同富裕"3个层面,并据此计算了"共同富裕"的指标。李金昌、余卫(2022)以"以人民为中心""共享、富裕、可持续"为主线,聚焦"共同"与"富裕",瞄准城乡、区域、收入3个维度,从丰富的精神生活、和谐的社会生活、建设美丽区域、提升经济质量与效率、共享公共服务、均衡发展6个维度,构建由可持续、富裕、共享3个维度构成的"共同富裕"成果评估指标体系。

2.2.3 共同富裕影响因素的相关文献

现有文献对共同富裕影响因素的研究,可以总结为社会制度、信息技术和经济发展几个方面。首先,从社会制度层面看,郭健等(2022)通过实证检验了税收对"共同富裕"的线性效应与非线性效应,提出税收结构的优化能够有效地推动"共同富裕",并且在门槛检验中发现人均生产总值对共同富裕的实现起到门槛作用,并根据这一点进一步检验税收种类对共同富裕的不同效应。翟宛东、唐升(2021)提出,收入分配制度可以通过增加居民的财政支出来缩小城乡之间的收入差距,进而对共同富裕的实现产生明显的作用。高帆(2021)提出,新的"政府—市场"关系将从观念、制度、经济和分配等方面提升内生增长动能,强化收入共享,实现共同富裕的目标。江亚洲等(2021)认为,"第三次分配"对共同富裕的实现具有重要的作用。

其次,从信息技术层面看,向云等(2022)、梁东亮和赖雄麟(2022)、蒋永穆和亢勇杰(2022)、刘儒和张艺伟(2022)、陈岑等

(2022)等都认同数字经济是实现共同富裕的关键因素，但是关于其效果如何，学者有不同的观点。向云（2022）提出了数字经济能够促进共同富裕的观点；梁东亮、赖雄麟（2022）认为数字经济促进共同富裕的原因是数字经济促进了各产业、各区域的均衡发展；蒋永穆、亢勇杰（2022）从共同富裕的实现路径进行思考，认为可以通过提高生产效率、加快产业结构转型升级、完善市场机制以及丰富生活方式来实现共同富裕。然而，刘儒、张艺伟（2022）的研究结果表明，数字经济并没有显著地促进共同富裕；陈岑等（2022）甚至认为数字经济有可能会导致结构性失业、使得收入差距扩大；梁东亮、赖雄麟（2022）研究表明，数字经济会导致数字鸿沟与数字化平台的垄断，阻碍共同富裕的实现。

除数字经济外，数字普惠金融（韩亮亮等，2022；张荣花，2023；李智敏，2023；张金林等，2022）、产业智能化（杨飞、范从来，2020）、电商经济（曹晶晶，2021）、数字金融（宋冬林等，2022；周广肃、丁相元，2023）、绿色发展（郑石明等，2022）、人工智能（罗润东、郭怡笛，2022）以及数字化技术的采用（罗明忠，2022）都将对实现共同富裕产生影响。

最后，从经济发展层面看，万广华等（2022）指出，城镇化既有增长效果，也有分配效果，它能提升劳动生产率，拉动消费，从而推动经济增长，还能通过调整收入分配，缩小城乡居民的收入差距，从而达到共同富裕。孙学涛等（2022）对新型城镇化进行了实证研究，得出了新型城镇化不仅能对共同富裕产生直接的推动作用，而且还能通过改善农户的收入、改善公共服务来间接地推动共同富裕的实现的结论。史琳琰（2021）认为，高质量发展能够促进发展成果的共享，同时进一步提升经济发展的质量。覃成林（2017）、刘国光（2011）研究表明，先富区域能够发挥财政支付转移、对口支援以及区域经济增长的空间溢出效应，从而实现区域共同富裕。文雁兵等（2022）指出完善的交通基础设施、健全的交通运输系统、支持信贷和商业信用等能够通过包容性增长、创新效果、创业效果来实现劳动生产率的提高、生产需求的增加以及资源再分配效率的提升，并以此来推动经济发展，从而缩小居民收入差距，达到共同富裕。苏红键（2022）运用省级和地级市的面板数据，实证检验了要素流动性约束等对区域经济趋同以及推动共同富裕的作用。郭王玥蕊和张伯超（2022）从省级尺度实证检验了要素错配对我国城乡居民收入差异的作用，并得出结论：我国的劳动力资源配置不当将导致城乡居民收入差距进一步拉大，并不利于实现共同富裕。

2.2.4 共同富裕实现途径的相关文献

对于共同富裕的实现途径，学者们分别从不同的视角加以研究，具体来说主要体现在收入分配制度、经济制度、金融政策以及在高质量发展中促进共同富裕等方面。首先，在收入分配制度方面，罗娟和彭伟辉（2022）在面临收入分配差距不断拉大、分配制度存在缺陷的情况下，就第一次分配问题，提出了进一步深化要素市场改革的意见。在再分配中，应发挥税收调节、转移支付功能；在第三次分配中，应采取措施，引导高收入群体进行公益捐助，并对公益活动进行规范化管理。李松龄（2022）指出，劳动者是否享有劳动创造的贡献，决定了收入分配的公平性。他主张把劳动力转换成劳动力资本，建立一种将劳动力资本化为职工股权的制度安排。岳希明和范小海（2022）指出，再分配是解决城乡收入差距问题的最有效途径，而社会保障体系是再分配的核心，所以，要逐渐提高贫困地区的养老金标准，降低中小企业的社会保险费率。江亚洲和郁建兴（2021）对第三次分配进行了探讨，指出这是通过参与慈善活动、志愿服务和捐赠等行为来实现的。他们强调，未来需引导公众更多地参与公益活动，培养慈善意识，提高第三次分配在整体收入分配中的比重，并建立有效的激励和创新机制。戴安林（2011）

提出，共同富裕的核心在于帮助农民脱贫致富，关键在于完善公平的收入分配体系。蔡萌和岳希明（2016）的研究指出，收入分配不合理是导致我国收入差距悬殊的主要原因之一。黄祖辉等（2021）建议，通过推动分配制度的公平性，消除收入不平等的现象，并实现公共服务的均等化，以此可以促进消费，实现共同富裕。陈宗胜（2020）认为，共同富裕的实现关键在于促进分配体系的改革，再完善"葫芦形"的收入分配模式，最终缩小收入差距。蔡昉（2021）根据我国基尼系数的变化趋势，提出应将初次分配与再分配结合起来，通过新的方式构建收入分配结构，这将有助于实现共同富裕。郭晗和任保平（2022）指出，应在高质量发展、全体人民参与、经济协调发展以及再平衡分配结构中，推动共同富裕的实现。

其次，在经济制度方面，习近平总书记（2020）指出，要在经济体系中保持公有制的主导地位，防止两极分化。程恩富和刘伟（2012）提出，要真正实现生产资料的所有权归人民所有，企业利润成为集体共同财富，就必须坚持公有制的主体地位。与此同时，方世南（2021）也表示，要鼓励、支持和引导非公有制经济的发展，从而充分调动各种市场组织的积极性、主动性和创造性，从而推动共同富裕的实现。程恩富和刘伟（2012）认为，实现社会主义共同富裕的两个关键途径，就是要通过"国民共进"来巩固和壮大公有制经济，确立以民生为本的发展方式，使政府投资与政策转向普惠性。邱海平（2016）指出，要想实现共同富裕，就必须在保持经济高速增长的同时，继续发展和壮大公有制经济，而要想达到这一目标，就必须通过健全相关的法制和政策，来改善收入分配现状。Cui Zhiheng（2022）指出，要使全体人民共同富裕，就得坚持和完善基本经济制度，使我国的经济制度优势向高质量发展转变，要充分利用我国的基本经济制度优势，推进共同富裕。马艳等（2022）从三个维度建立了非公有制经济与共同富裕的逻辑关系，认为中国特色的社会主义市场经济体制是推动非公有制经济发展的重要前提，是非公有制经济内生性的社会主义要素，职工持股等企业制度创新推动了共同富裕的发展。

再次，在金融政策方面，何德旭和王学凯（2022）指出，金融政策对共同富裕的促进作用体现在三个方面：第一，它促使金融回归到实体经济的轨道上来，推动城乡地区的平衡发展，加强产业的协同发展。第二，要通过多层次资本市场对科技创新进行引导与支持，以绿色金融促进绿色发展，并强化金融监管以预防风险。第三，对不当所得进行规制，以促进中等收入阶层的成长，并促进公共事业的公平。张晓晶等（2022）对中国金融业在需求收缩、供给冲击、预期弱化等多重环境下的未来发展趋势进行了探讨，提出了促进实现共同富裕的措施是充分发挥货币政策在收入分配中的调节功能和矫正功能。张明和刘瑶（2021）认为，要让金融政策的再分配作用得到最大限度的发挥，在实行扩张性货币政策的同时，还可以通过对杠杆率进行控制的宏观审慎政策来实现货币政策的再分配效果。中央银行行长易纲（2020）指出，金融支持要对全面建成小康社会作出贡献，就必须对货币政策进行科学的控制，保持币值稳定，不搞大水漫灌，创造一个有利于居民收入提高的良好的货币政策环境。

最后，在高质量发展方面，刘培林等（2021）指出，在共同富裕发展的道路上，要通过人力资本公平积累、中等收入群体规模不断壮大、法治和产权保护不断完善、收入分配机制不断完善、公共服务投入不断加大、乡村振兴等途径不断推进共同富裕的实现。燕连福和张亚丽（2022）指出，要实现共同富裕，就需要改变发展方式，推动高质量发展，建立公平合理的收入分配格局，推动基本公共服务均等化。郁建兴和任杰（2021）指出，在高质量发展中推进共同富裕、优化资源与机会分配方式、保障和改善民生、强化与创新社会治理，是当前推进共同富裕的重要政策议题。刘培林等（2021）指出，在高质量发展的过程中，要不断提升人均收入，缩小人口、地区和城乡之间的差距，才能达到共同富裕的目的。许永兵（2022）指出，扩大中等收入人群，可以发挥消费在经济增长中的基础性作用，推动经济高质量发展，这是实现共同富裕的一条重要途径。徐政和郑霖豪（2022）指出，要实现共同富裕，就必须以高质量发展为基础，而从另一个角度来看，共同富裕也是高质量发展的一个必然产物。推动高质量发展和共同富裕既有历史渊源，也有现实的可能；最后，他们还就如何推进高质量发展、共同富裕等问题进行了讨论。

2.3 数字普惠金融与共同富裕关系的相关研究

回顾已有的文献，国内外学者直接研究数字普惠金融与共同富裕关系的文献相对匮乏，多数学者集中从作用机制和实现路径等角度来研究数字普惠金融对促进经济增长、缩小收入差距和增加居民收入等的影响。首先，在经济增长方面，Kapoor（2014）等发现数字普惠金融可以促进经济增长，而经济增长有利于提升共同富裕水平。蒋长流等（2020）通过实证分析发现数字普惠金融的发展有助于提升经济发展质量，且这种影响作用存在门槛效应。Rita Rena Pudyastuti（2006）实证研究了数字普惠金融的发展对创业行为产生的影响。发现省内数字普惠金融对其他省份的创业行为存在空间溢出作用。郝云平和雷汉云（2018）发现数字普惠金融显著地推动了经济增长，但在不同地区之间的空间相关性及促进作用是略有不同的。数字普惠金融对经济增长的影响是以三次曲线的形式来发挥其促进作用的。褚翠翠等（2021）认为数字化普惠金融的发展对一个省的经济增长有明显的促进作用，但会减缓相邻省份的经济增长速度，具有负面的空间溢出效应。Hasanul Banna（2021）研究发现数字普惠金融会促进经济增长，银行一体化数字普惠金融不仅是实现可持续经济发展目标的方式，也是银行实现自身经济稳定的策略。Ahmad Mahmood 等（2021）指出数字普惠金融增强了金融服务的可及性和可负担性，为更高的经济增长做出了积极贡献。王永仓和温涛（2020）认为数字普惠金融所能产生的经济效应为维持共同富裕的可持续性目标的实现提供了动力，其发展总体上推动了经济增长，但在不同的区域条件下存在差异，表现出区域异质性。张勋等（2019）发现在经济增长的包容性上，数字普惠金融在欠发达地区的发展更快，能够通过改善农村居民的创业行为来拓展农村家庭的收入渠道，促进低收入群体增收，显著推动经济的包容性增长。Kim 等（2018）、Mushtaq 和 Bruneau（2019）、Myovella 等（2020）利用发展中国家的数据，针对经济增长的包容性进行了类似研究，结果表明，金融包容性能够对经济增长产生积极影响，信息通信技术与金融部门的合作则会促进金融包容性，进而加速地区经济增长。

其次，在缩小收入差距方面，宋晓玲（2017）、张贺和白钦先（2018）均利用我国数字普惠金融指数证实了数字普惠金融的发展有助于缩小城乡收入差距，促进共同富裕。卢丁全和马利军（2021）认为数字普惠金融通过缩小城乡收入差距和提高居民的消费水平来推动共同富裕的实现。Ji Xuanming 等（2021）通过金融排斥理论研究了数字普惠金融对城乡居民收入差距造成的影响，研究发现，数字普惠金融能够降低金融排斥、拓宽融资、帮助居民创业，从而增加就业岗位，增加农村居民的收入，进而缩小城乡的收入差距。梁双陆等（2018）发现数字普惠金融对城乡居民收入的收敛效应存在明显差异，为避免被教育体系中数字化带来的技术壁垒所限制，发展数字普惠金融，需要我们建立多层次的产品体系。Chen Liangpeng 等（2022）研究发现，数字普惠金融对缩小城乡居民收入差距有明显的影响，并且数字普惠金融的发展效果不同，对不同经济区的影响程度也不同。蔡宏宇等（2021）指出，数字普惠金融可以通过改善客户准入，降低贷款交易成本，克服金融排斥，实现城乡金融服务的平等获取，从而缩小城乡之间的收入差距。王小华等（2022）研究发现，数字普惠金融是缩小中国城乡收入差距的重要方式，数字普惠金融在经济发达地区对于缩小城乡间的收入差距有更好的表现，数字鸿沟问题在经济欠发达地区还有待解决。

最后，在增加居民收入方面，邹静和张宇（2021）发现促进居民收入增加是数字普惠金融最显著的经济效应之一。Zhang 等（2020）研究认为，数字技术能够扩大金融服务的有效覆盖范围，为更多低收入人群等受金融排斥的群体提供优质的金融服务和产品，创造均等的发展机会，实现居民收入的显著增长。易行健和周利（2018）从微观角度实证得出，数字普惠金融显著提高了低收入等弱势群体的消费水平，通过缓解融资约束和便利居民支付的方式发挥促进作用。Klapper 和 Singer（2015）认为数字普惠金融能够促进居民的资产增长。Allen 等（2016）也经实证研究发现，地区数字金融的推行与发展可以显著提升当地居民的收入水平。赵健兵（2022）从理论层面进行实证分析，发现数字普惠金融可以提高低收入群体的收入水平、改善他们的消费结构，为农业产业提供更好的金融服务，推动共同富裕的实现。张志元等（2022）研究发现，数字普惠金融的发展使社会各个群体都可以获得相应的金融服务，提高人们的收入水平，缓解家庭贫困，缩小城乡收入差距，为共同富裕的发展贡献自己的绵薄之力。Jian 等（2021）研究发现，数字普惠金融对城乡居民人均可支配收入的提高起到了积极的正向作用，使共同富裕在实现的道路上迈出了一大步。此外，数字普惠金融还对缓解融资约束（刘心怡等，2022；梁榜、张建华，2018；喻平、豆俊霞，2020）、提升技术创新水平、优化产业结构和缓解资源错配（贺茂斌、杨晓维，2021）、促进教育公平（陈武元等，2021）、提升居民节约率（方观富、许嘉怡，2020）、促进农村包容性增长（任碧云、李柳颖，

2019)、缓解相对贫困（孙继国等，2020）、提高创业活跃度（张金林等，2022）等方面有着积极影响，这些途径也进一步促进了共同富裕的实现。此外，少数学者已经关注到它们之间的关系，例如，刘心怡（2022）以区域收入和平均值的离散度为共同富裕的测度指标，实证分析了数字普惠金融对共同富裕的影响，发现数字普惠金融对共同富裕有积极的推动作用，特别是其覆盖广度对共同富裕的推动作用更为显著。张金林等（2022）以 CHFS 数据为基础，构建共同富裕指数，研究发现数字普惠金融对共同富裕具有促进作用，但在欠发达区域，数字普惠金融的发展具有显著的"马太效应"。韩亮亮（2022）还发现，数字化普惠金融能够显著提升共同富裕水平，并具有"门槛"效应，而收入的增长则是其实现共同富裕的主要目的。

2.4　文献评述

综观已有文献可以看出，目前国内外学者对数字普惠金融、共同富裕以及数字普惠金融与共同富裕之间关系的研究较为丰富，但多数聚焦在数字普惠金融、共同富裕自身的相关研究上。对于数字普惠金融的研究主要集中在数字普惠金融的内涵、测度以及经济效应三个方面，学者对于数字普惠金融的内涵以及测度方法基本达成共识，普遍采用郭峰等 2011 年编制的北京大学数字普惠金融指数，从覆盖广度、使用深度和数字化程度三个方面综合衡量数字普惠金融，对于其经济效应的研究则主要集中在宏观与微观层面。对于共同富裕的研究主要集中在内涵、测度、影响因素以及实现路径上，但对于共同富裕的测度缺乏一个普遍接受的标准。在数字普惠金融与共同富裕的关系研究上，学者主要集中在作用机制和实现路径上，例如，通过经济增长、缩小收入差距和增加居民收入等来探究数字普惠金融促进共同富裕的作用机制。就经济增长而言，学者通过实证分析发现数字普惠金融的发展有助于促进经济增长，而经济增长有助于提高共同富裕水平,且数字普惠金融对经济增长的影响存在着门槛效应以及空间溢出效应。此外,数字普惠金融也可以通过缩小收入差距以及增加居民的收入来实现共同富裕的目标,但数字普惠金融在不同区域条件下的发展呈现出差异,通过缩小城乡收入差距以及增加居民的收入来实现共同富裕表现出区域异质性。现有研究主要通过上述一系列中介变量来研究数字普惠金融对共同富裕的间接促进作用,然而,除了收入方面的作用机制,其他方面的作用机制或实现途径也同样值得我们关注,如中小企业融资效率、包容性增长等。此外,目前对数字普惠金融与共同富裕直接关系的研究较少,例如,二者在空间上的关联,同样也缺乏对相关拐点效应的测量。因此,本书在现有研究的基础上,从新的视角认识与测度共同富裕指数,并从新的实现途径对数字普惠金融促进共同富裕的作用机理进行进一步的分析,并测度数字普惠金融助力共同富裕的拐点效应以及空间溢出效应,更全面地厘清数字普惠金融与共同富裕之间的关系。

3 数字普惠金融对共同富裕影响的理论分析

3.1 数字普惠金融相关理论

3.1.1 金融发展理论

20世纪60年代末至70年代初，部分西方经济学家已经关注到金融与经济发展的关系，并对此展开了一系列研究。雷蒙德·W.戈德等一批经济学家以"经济发展与金融发展"为主要内容的著作出版是金融发展理论创立的标志。金融发展理论对金融在经济发展过程中的作用进行了探讨。在金融发展的初级阶段，结构主义发展观占据主导地位，那时的金融被视为推动工业化、计划化以及资本积累的一种工具，其主要职能是为实体经济提供支持，其本身的发展并未得到足够的关注。然而自20世纪60年代中期起，金融发展进入了全新阶段。此时，新古典主义发展思路逐渐取代结构主义，成为金融领域新的理论指导。这一转变源于人们对市场在经济发展中核心作用的深刻认识，它为金融产业的蓬勃发展提供了更广阔的空间。在这一阶段，金融的主要服务对象转变为资本市场，进一步促进了金融与经济的深度融合。现阶段，金融发展已经进入第三阶段——金融创新阶段。数字普惠金融的提出与应用，正是金融创新的具象化表现。数字普惠金融以"数字化"为支撑，能够有效提升金融服务的效率与质量，扩大金融服务的范围。解决了传统金融中小微企业融资困难、融资成本高等问题，降低了金融服务的门槛，优化了金融市场上的资源配置。同时依靠互联网的发展，数字普惠金融创造出了更加多元化的金融产品以及更加精准的风险管理工具。随着金融市场发展的逐渐深化，金融对经济发展的推动作用也逐渐增强。金融的不断创新为经济发展带来了新的动力，数字技术的不断完善也促进了数字普惠金融监管体系的完善，保证了金融市场的稳定有序发展。总之，金融发展理论旨在探究金融市场发展对经济增长的影响，为政策制定提供理论支持。随着金融业的不断发展与数字技术在金融领域的应用逐渐增多，数字普惠金融相关理论进一步成熟，数字普惠金融的应用逐渐深入，对于增加金融弱势群体收入，促进金融资源公平分配产生助益，同时也为其促进共同富裕的实现奠定了基础。

3.1.2 长尾理论

2004年10月，克里斯·安德森首次提出了"长尾"这一概念，旨在解析像亚马逊和Netflix等网站的独特商业和经济模式。长尾理论的核心观点在于，当产品的存储和流通渠道变得足够宽广时，那些原本需求不高或销量不佳的产品，它们所共同占据的市场份额将有可能与少数热销产品所占据的份额相抗衡，甚至可能更大。换言之，企业的销售重心并非集中在传统需求曲线上代表热销商品的头部，而是经常被忽视的、代表冷门商品的"长尾"。这一理论被视为对传统的"二八定律"的颠覆。在传统的营销思维中，商家往往将注意力集中在那些能带来80%收益的20%商品和客户群上，而长尾理论则强调，那些看似不起眼、占据80%比例的冷门商品和客户群，同样蕴含着巨大的商业价值。长尾理论为企业提供了一种全新的视角，即不再仅仅关注少数热销产品或高价值客户，而是应该深入挖掘和满足广大消费者的多样化需求，通过聚合众多小市场来形成与主流市场相抗衡的力量。这一理念对于现代企业的市场营销策略制定具有重要的指导意义。要使长尾理论更有效，应该尽量"增大尾巴"，也就是降低门槛，服务小额消费者。

长尾理论不仅适用于商品市场，在金融市场上同样适用。在传统金融模式下，规模较大、交易较为频繁、经营较为稳定的企业往往更受到金融机构的关注，被金融机构作为重点关注的头部客户。交易数量较少、规模较小的小微企业与低收入人群则常常被忽视，而数字普惠金融的目标群体则恰好是这些传统金融中的"长尾群体"。数字普惠金融将互联网、大数据、人工智能等数字技术应用到金融行业中，方便银行对小微企业展开风险评估，为小微企业设计更为精准的风险产品。小额贷款、微型保险、互联网理财等业务的开发为以往难以参与金融活动的小微企业提供了平等、有效、全面的金融服务。数字普惠金融的出现提升和改善了金融行业的效率、风控及触达，同时突破了传统金融的时空局限，将原来传统金融不能触达和覆盖的区域与人群纳入金融市场，使他们能够享受金融服务，保证了更多人能够参与到金融活动中，享受经济发展的成果，推动了社会经济的整体发展，符合共同富裕的基本理念。

3.1.3 金融排斥理论

数字普惠金融出现前，商业银行等金融机构始终是金融发展的重要支柱，在融资过程中发挥着不可替代的作用，扮演着资金融通纽带的角色。资金需求者通过从银行贷款来获取资金，并以此来开展业务。然而，银行的贷款业务存在着较高的服务门槛，部分资金需求者被拒之门外，从而导致了金融排斥。

金融排斥理论又称金融排除理论，金融排斥理论认为在金融发展过程中，金融服务不能涵盖所有需求者，因此，有一部分人无法获得或没有获得足够的金融服务，包括储蓄、支付、保险和贷款等。而无法得到金融服务的群体大多数为中小微企业、低收入人群以及农村、偏远地区居民。这些服务是日常经济生活中必不可少的，因此金融排斥会对这部分人的财务状况及经济福利产生较大的影响。金融排斥是一个复杂且多维度的概念，涉及地理、经济、社会和文化等多个层面。地理排斥、评估排斥、条件排斥、价格排斥、营销排斥和自我排斥是金融排斥的不同维度。地理排斥是由于偏远地区或贫困地区的金融服务机构较少，金融产品和服务的覆盖面有限，许多居民无法就近获取所需的金融服务。评估排斥则是金融机构基于一系列风险评估结果对金融服务需求者设立准入限制。这种排斥通常发生在经济状况较差、信用记录不佳或担保能力不足的个体或企业身上。由于无法通过金融机构的风险评估，他们被排斥在正规金融服务之外，难以获得所需的贷款或其他金融支持。条件排斥关注的是经济主体对金融交易成本的承受能力。当金融产品或服务的价格超出某些经济主体的支付能力时，这些主体就会被排斥在金融市场之外。这种排斥现象在贫困地区和低收入人群中尤为突出，他们往往因为无法承担高昂的金融服务费用而被边缘化。营销排斥则是指部分经济主体被金融机构排除在产品营销的目标市场之外。这通常是因为金融机构的市场定位策略，它们可能更倾向于将产品和服务推向高收入群体或特定地区，从而忽视了其他潜在的市场需求。自我排斥则与个体或企业的自身认知水平有关。由于金融意识薄弱或缺乏必要的金融素养，一些经济主体可能无法有效利用金融市场资源，甚至主动放弃寻求金融服务的机会。这种自我排斥现象在贫困地区和弱势群体中尤为普遍。

　　金融排斥的存在会加剧经济不平等、降低生产率、阻碍经济增长。制度原因是产生金融排斥的因素之一。国家政策优先发展特色地区与重点行业，对这些地区和行业在金融资源上有一定的倾斜，导致其他地区与行业在一定程度上被忽略。而金融机构以国家政策为指导定制金融产品与金融服务，这些金融产品并非完全契合其他地区与行业的需求，部分行业与地区的金融需求并未得到满足，就造成了金融排斥。社会原因也是导致金融排斥的一个重要因素。一些特定的社会群体，例如，失业者、文化程度较低的人群、低收入家庭等，由于缺乏金融知识，他们无法准确理解与应用金融产品，同时由于收入较低，不能满足金融机构设置的门槛，导致他们难以进入金融市场，无法参与金融活动，享受金融服务，也造成金融排斥。

金融排斥使得弱势群体获得金融资源更加困难，进一步拉大了地区间的发展差距，阻碍了经济发展，与共同富裕的理念相悖。数字普惠金融的实施能够有效扩大金融服务范围、降低金融服务门槛、降低金融服务成本，在小微企业与金融机构之间搭建了桥梁，使得弱势群体能够参与到金融活动中，小微企业的融资问题得到解决，企业能够持续发展，金融排斥问题得到了有效缓解，进而推动了共同富裕的实现。

3.1.4 包容性增长理论

包容性增长由亚洲开发银行在 2007 年首次提出，是一种追求经济、政治、文化、社会、生态等各个方面协调发展的增长方式。它强调社会和经济协调发展、可持续发展，倡导机会平等，使所有人能够公平合理地分享经济增长的成果。包容性增长的基本含义在于公平与平等，旨在实现经济增长、收入分配公平和机会公平三个方面的均衡。收入分配公平在包容性增长中主要表现在要消除贫困和不平等；机会公平主要表现在要让背景不同的群体享受到同样的公共服务，尽量缩小不同群体间的最终发展差距，共享经济增长的成果。

包容性增长概念与数字普惠金融之间存在着异曲同工之处。数字普惠金融是包容性增长的发展理念、发展对象、发展目标等在金融上的具体体现。金融包容性增长是一个多维度的概念，它涵盖了金融服务的可获得性、可负担性、可接受性和可用性，旨在确保弱势群体和边缘群体能够平等地获得金融机会和资源。而数字普惠金融作为普惠金融与互联网技术结合后的延伸与拓展的概念，通过利用大数据、人工智能等工具，使得服务覆盖范围更广，服务水平更高，打破了传统金融的时间限制与地域限制，为传统金融中的"长尾群体"提供了参与金融活动的机会。同时，包容性增长追求与共同富裕相同的结果，包容性增长注重经济发展的速度与方式，既追求经济发展，也要求经济效益、社会效益、环境效益的相互包容。经济增长是包容性增长的内容之一，也是富裕度提升的体现。而共同富裕是社会主义现代化的特征，要求人民共享现代化的成果。党的十九届五中全会提出了三个重要的现代化目标，一是城乡区域发展差距和居民生活水平差距显著缩小；二是基本公共服务实现均等化；三是中等收入群体显著扩大。在此目标下，共同富裕的发展必须是遵循社会规律的包容性发展。包容性发展一方面要追求经济增长的效率，另一方面要共享经济增长的成果。这就要求经济增长不仅要有数量，更要有经济、资源、环境之间的协调，同时要在发展中实现共享。缩小贫富差距，消除不同阶层、不同群体之间的障碍，共享发展的成果是两者共同的目标。数字普惠金融的发展，为包容性增长带来驱动力，促进了经济增长，推动实现收入分配公平和机会公平。包容性增长理论为数字普惠金融助力共同富裕的实现提供了理论支撑。

3.2 共同富裕相关理论

共同富裕是物质生活和精神生活的全面富裕，是从部分到整体的逐步富裕，是从低层次到高层次的过程富裕。共同富裕是共同和富裕两个方面的有机统一，"共同"是社会各阶层拥有的财富的一种形式，它集中地反映着社会生产关系的本质；"富裕"是指一个社会所占有的财富，它反映着一个社会生产力的发达程度。共同富裕所蕴含的生产力特征和生产关系特征，是对共同富裕这一社会理想的定性规定，是社会主义的根本要求和奋斗目标。自新中国成立以来，中国共产党在实现共同富裕的道路上积累了丰富的实践经验，取得了长足的进步。本章梳理展示了新中国成立以来，领导人为了共同繁荣所进行的不懈探索与追寻。

3.2.1　20世纪50年代的共同富裕理论

共同富裕既是社会主义的根本要求,又是社会主义优越性的具体体现。中华人民共和国的成立使共同富裕的概念由理论走向现实,毛泽东同志为此进行了艰苦的探索与实践,以期尽快把人民带到共同富裕的康庄大道上来。1955年7月,毛泽东在《关于农业合作化问题》报告中首次对"共同富裕"这一概念进行了较为系统的阐述。他指出:"在逐步地实现社会主义工业化和逐步地实现对于手工业、对于资本主义工商业的社会主义改造的同时,逐步地实现对于整个农业的社会主义改造,即实行合作化,在农村中消灭富农经济制度和个体经济制度,使全体农村人民共同富裕起来。"同年10月,他指出:"要巩固工农联盟,我们就得领导农民走社会主义道路,使农民群众共同富裕起来,穷的要富裕,所有农民都要富裕,并且富裕的程度要大大地超过现在的富裕农民。"共同富裕这一通俗易懂的词汇,使广大农民对社会主义有了简单的认识,并对其产生了深切的渴望。同时,共同富裕的思想也迅速得到了社会各阶级的认同,激励着他们走社会主义道路。

强调改造私有制是毛泽东共同富裕思想的制度前提。毛泽东认为实现共同富裕的前提是社会主义必须战胜资本主义。他深入剖析了公有制水平与生产力解放和发展之间的内在联系,指出二者之间存在着紧密关系。他强调,公有制水平的提升能够有效推动生产力的解放与发展,进而为实现共同富裕奠定基础。在这一理论指导下,他积极推动农业和手工业由个体所有制向社会主义集体所有制转变,同时引导私营工商业由资本主义所有制向社会主义所有制转变。这些举措旨在通过调整和完善所有制结构进一步解放和发展生产力,为经济社会发展注入强大动力。破除资产阶级法权是毛泽东共同富裕思想的理论基础,所谓资产阶级法权,是指市场机制与商品货币关系。在这一认知的指导下,毛泽东同志认为,在社会主义制度下,市场机制和商品货币关系的存在是没有价值的。他提出在所有制下资产阶级法权依然存在，要考虑取消工资制度，恢复供给制的问题。由于对资产阶级法权的错误理解，这一理论基础没能厘清国家计划与市场机制的关系，将社会主义与市场经济置于对立位置，未能对实现共同富裕起到正确引导作用。"先均后富，均中求富"是毛泽东共同富裕思想的基本特征。在实现共同富裕的道路上，毛泽东采取"平均发展，同步富裕"的道路，强调富裕的平等性。由于对同等富裕与共同富裕的混淆，共同富裕未能按预期的目标发展，但为此后的继续探索提供了经验与教训。

3.2.2 20世纪80—90年代的共同富裕理论

邓小平同志以革新性的方式继承了毛泽东的共同富裕思想，并对共同富裕的实践进行了全面、深刻的总结，丰富了共同富裕的内涵，开创了中国特色社会主义共同富裕的新道路。邓小平曾在多个重要的公开场合对共同富裕进行阐述。他提出社会主义的本质特征是共同富裕，主张先富带动后富。1985年3月，他指出社会主义建设以"实现共同富裕，避免两极分化"为目标。在同年9月的中国共产党全国代表会议上，他明确表示共同富裕是社会主义必须坚持的根本原则之一，他指出："在改革中，我们始终坚持两条根本原则，一是以社会主义公有制经济为主体，一是共同富裕。"1992年，邓小平在南方谈话中提出："社会主义的本质，是解放生产力，发展生产力，消灭剥削，消除两极分化，最终达到共同富裕。"

邓小平的共同富裕思想对共同富裕与同步富裕、同等富裕有了正确的认识，提高了生产力发展的效率，能够推动共同富裕实现。邓小平同志强调了共同富裕的重要性，认为共同富裕是社会主义的本质。他对共同富裕进行了进一步的探索，丰富了共同富裕的内涵，阐明了共同富裕的实现途径，进一步形成了完整的科学体制。要实现共同富裕，在物质层面，解放和发展生产力是前提。通过科学技术的进步推动生产力的发展能够促进我国经济发展和居民生产水平的提高，增加居民财富，是实现共同富裕的物质基础。共同富裕不只是物质上的共同富裕，精神文明也是共同富裕的重要内容之一。要实现共同富裕，必须物质文明和精神文明两手抓，平衡二者间的关系，注重二者的协调发展。

在邓小平同志之后，中国共产党一直在不断地探索共同富裕这一课题，并赋予其独特的中国特色和鲜明的时代内涵。党的十三届四中全会以来，国际局势发生了深刻而复杂的变化。东欧剧变和苏联解体给世界社会主义运动带来了前所未有的冲击和挑战，世界社会主义运动陷入空前低潮。面对世界社会主义的严峻考验，以江泽民同志为主要代表的中国共产党人大胆地探索在社会主义市场经济条件下的共同富裕道路，明确提出了实现共同富裕是社会主义的根本原则和本质特征，强调必须以共同富裕为目标，扩大中等收入者比重，提高低收入者收入水平。江泽民同志指出，在整个改革开放和现代化建设的过程中，应确保工人、农民、知识分子及其他社会群体能够共同分享经济社会发展的成果。"我们的分配政策，既要有利于善于经营的企业和诚实劳动的个人先富起来，合理拉开收入差距，又要防止贫富悬殊，坚持共同富裕的方向。"

江泽民同志的共同富裕理论继承了邓小平同志"发展才是硬道理"的思想，并在此基础上对共同富裕的实践路径进行了进一步的探索，提出了新的"三步走"战略，并提出"效率优先，兼顾公平"的分配原则，坚持以按劳分配为主体、多种分配方式并存的分配制度，同时全面加强扶贫工作，探索形成了开发式、改革创新、科教先行、协调发展、可持续发展等多元扶贫模式。要在经济发展中兼顾效率与公平，既要合理运用市场手段进行调节以鼓励生产，提升效率，合理拉开收入差距；又要避免形成两极分化的局面，从而实现共同富裕。

随着改革开放的深入，经济条件较好的地区得到了更好的发展，东西部之间的差距正在不断扩大，区域间的不均衡已经成为阻碍共同繁荣发展的重要因素。对于地区间的贫富差距问题，我国采取西部大开发战略来调节区域发展差异，缩小地区间的贫富差距。对于发展较为落后的西部地区，我国在政策上给予一定的支持，助力这部分地区吸纳更多的资金、技术与人才，推动西部地区在资源、环境与经济上得到发展，同时通过转移支付加强对西部地区的财政支持。同时也采取了一系列措施来解决居民收入差距问题。首先，充分尊重居民获得合法收入的权利，并从法律上加强对合法收入的保障，对于通过非正当途径得到的收入要坚决打击，并通过法律手段进行处置。其次，通过法律手段严格清查各行业收益，杜绝利用行业特点获得不合理收益的行为。对部分收入较高者，应采取适当措施，使其为社会作出贡献，从而达到某种程度上的收入平衡。

3.2.3　21 世纪初的共同富裕理论

我国的社会主义现代化在 21 世纪迈入了一个新的阶段，我国的发展也呈现出鲜明的阶段性特征。改革开放的实施提升了人民的生活水平，提高了人民的富裕程度。但由于经济结构的差异，不同地区、不同产业以及拥有不同资源的群体间的收入水平呈现出更加显著的差异。这一时期，人们对于公平的认识日益深刻，对社会公平也有了更加强烈的追求，如何更好地实现共同富裕成为对中国特色社会主义道路的更严峻的考验。

2003 年，胡锦涛同志通过对国际国内形势进行总结，提出了科学发展观等一系列重要的战略思想。科学发展观的核心是以人为本，就是"要始终把实现好、维护好、发展好最广大人民根本利益作为党和国家一切工作的出发点和落脚点，尊重人民主体地位，发挥人民首创精神，保障人民各项权益，走共同富裕道路，促进人的全面发展，做到发展为了人民、发展依靠人民、发展成果由人民共享"。以人为本，关注人的多方面需求和全面发展,从而极大地扩展了"共同富裕"的内涵。

科学发展观的第一要义是发展,但它在公平和效率的关系上有了新的认识,将维持社会公正、实现共同富裕放在了更为重要的地位。随着我国经济社会的持续健康发展,我们已经具备了解决社会公平问题的基本条件并有了基本的方法,因此要在促进发展的同时,把维护社会公平放到更加突出的位置。社会公平不仅是社会主义制度的内在要求,也是实现共同富裕的基石。因此,我们综合运用多种手段,包括法律、政策、教育等,努力构建以权利公平、机会公平、规则公平、分配公平为核心的社会公平保障体系,让全体人民在共同富裕的道路上不断取得新的成就。

科学发展观的根本方法是统筹兼顾。这一战略思想的实施,为促进社会公平、实现共同富裕提供了新的实践路径。这一阶段,我国最大的不均衡是城乡之间发展的不均衡。城乡发展不均衡不仅制约了农民的生活水平提升,也影响着整个国家的经济社会发展。因此,保障社会公平成为共同富裕的最艰巨也是最繁重的任务。

3.2.4 新时代的共同富裕理论

进入新时期,习近平总书记对共同富裕问题高度重视,并对共同富裕做出了新的要求与阐释,逐渐形成了以"共享发展""分好蛋糕""物质精神共富裕"为主要框架的核心内容,共同富裕的内涵得到了进一步丰富,也为共同富裕的实践提供了更加科学的指导。

首先,实现共同富裕要共享发展。党的十一届三中全会后,我国开始实施分区域非均衡发展模式。分区域非均衡发展使得一部分地区在政策与资源的支持下得到优先发展,部分地区人民先走上富裕的道路,而共同富裕是全体人民的共同富裕,要求全体人民共享发展成果,共同过上幸福美好的生活;要实现社会富裕和共享发展。对不同区域间的发展特征与区域差异进行全面考量,实现各个区域间互补均衡,在保证全民共同参与和平等发展的同时维护好社会公平。

其次,实现共同富裕要"分好蛋糕"。我国的生产力在改革开放后得到了巨大提升,物质文化财富不断积累,而如何合理分配发展成果,助力实现共同富裕是实践道路上的另一大挑战。扩大中等收入群体是上述过程中的重要一步。中等收入群体具有较为稳定的收入水平与消费水平,扩大中等收入群体数量能够进一步发挥我国居民的消费潜力,推动经济增长。扩大中等收入群体就要增加低收入者收入,扩大中等收入者比重,努力缩小城乡、区域以及行业收入分配差距,逐步形成"橄榄型"分配格局。习近平还提出要通过"两个同步"增加国民收入,"两个同步"即城乡居民收入水平要和经济增长同步,劳动者报酬要和生产率提高同步。"两个同步"将国富与民富紧密联系起来,在国家经济高质量发展的同时激发人民的生产积极性。只有当居民收入与经济增长相互依赖,低收入居民的收入水平与我国经济同步增长甚至超越经济发展速度时,他们才有可能摆脱贫困,从而助力共同富裕的实现。此外,习近平强调了分配中的公平和效率。在落实公平的原则上完善市场竞争的机会和过程,进而促进分配的公平;在贯彻效率的基础上政府应充分发挥管理职能,提高总体分配的公平程度。

最后,物质富裕与精神富裕均是共同富裕的重要组成部分,要实现共同富裕,不仅要实现人民物质生活的富裕,同时也要使人民的精神生活得到丰富。习近平总书记在《摆脱贫困》一书中将共同富裕的过程总结为"不但是我们改造客观世界、建设物质文明的过程,也是我们改造主观世界、建设精神文明的过程"。在共同富裕的实践中要将"扶志"与"扶智"相结合,一方面坚定贫困人民在脱贫过程中的意志,摆脱物质贫困;另一方面从教育入手,提升贫困人民的思想境界与文化素养,摆脱精神贫困。

3.3 数字普惠金融对共同富裕影响的相关理论

新时代的共同富裕理论认为共同富裕不仅是物质生活和精神生活的全面富裕，更是共同劳动、共同创造的共建富裕。① 共同富裕的深刻内涵不是简单的物质财富的增加，而是包括富裕性与共同性两个方面。数字普惠金融作为一种现代化的金融模式，在提升国民富裕水平以及促进发展成果共享方面都有着较大的影响。本节从数字普惠金融对共同富裕的富裕性与共同性两方面的影响分别进行分析，探究数字普惠金融如何影响共同富裕水平。

从富裕性这一角度来看，数字普惠金融将金融与现代化的数字科技结合起来，其高效率、低成本的特征能够更加高效地配合我国财政政策与货币政策的实施，助力实现全体人民共同富裕。相较于传统的金融模式，数字普惠金融能够突破空间的局限性，覆盖度更广，其大数据运算与分析能力能够对风险进行有效的把控，有效缓解了传统金融模式下由于时间与空间局限性所造成的金融排斥问题，提高了金融服务的可获得性。金融服务范围的扩大可以进一步发挥数字普惠金融的优势，从而促进各地区经济进一步发展，进而推动国民富裕水平的提升，助力共同富裕的实现。从企业层面来看，数字普惠金融可以通过完备的数字设备，依据企业的历史数据与信用体系进行高效的资源配置，满足企业对生产要素的需求，实现不同企业之间资金的完美配置。此外，数字普惠金融为企业提供了低门槛的融资渠道，有效缓解了各地区中小企业融资难、融资贵的问题，为企业创新发展提供了资金支持，促进企业经济效益的提升，进一步提高了富裕程度。从家庭层面来看，数字普惠金融建立在

---

① 汪赛,梁波. 习近平总书记关于共同富裕重要论述研究[J]. 上海经济研究,2024(8)：22－32.

科技发展的基础上，通过多种途径增加了居民收入。在消费方面，数字普惠金融的移动支付方式提高了支付的效率，增强了居民消费的便利性，促进了居民消费增长。数字普惠金融还能通过线上的金融服务平台提供多种融资渠道、投资产品以及投资理财路径，有效缓解居民生活中的流动性约束问题，增加了居民的投资收益。此外，更加便利的金融服务促进了金融发展不发达地区居民的创业活跃度，进而推动居民收入增长。居民家庭财富的增加也意味着国民富裕度的提升。

从共同性这一角度来看，数字普惠金融既有与传统金融相同的金融属性，又有科技发展的技术优势，对于传统金融模式下出现的金融普及性低、信息共享程度低、融资门槛高等问题有了较好的解决方式，不仅提高了社会经济效益，也有利于金融资源的共享。数字普惠金融依据其大数据运算与分析能力，加快了信息的传播速度，提高了透明程度，使得低收入群体与小微企业能够迈入金融服务体系，通过低成本的金融杠杆获得金融服务，使得金融服务逐渐惠及全民。中小企业融资约束与低收入人群信贷约束问题的缓解，在一定程度上体现了资源配置的公平性，缩小了城乡居民收入差距。通过以上分析不难看出，数字金融可以通过提升国民富裕度与资源共享程度两个角度助力共同富裕的实现。

3.4 数字普惠金融助力共同富裕影响效应的传导路径分析

共同富裕的实现不仅要关注经济体自身如何发展，经济体间合作产生的规模效应同样也是值得考虑的问题。本书从高技术产业聚集水平与农村产业融合发展水平两条路径入手，分析数字普惠金融如何通过这两条路径间接地影响共同富裕的发展。

3.4.1 高技术产业聚集水平

高技术产业是国家经济发展和技术竞争的重要阵地，是推动现代化和经济发展的核心力量。高技术产业的发展对提高劳动生产率和经济效益具有不可替代的作用。高技术产业集群的形成能够带来资本、人力等多种资源，同时缩小各企业间的物理距离，在一定程度上降低交易费用，促进生产要素共享与技术创新溢出，从而形成外部规模效应，带动周围地区逐步发展，助力共同富裕的实现。

随着互联网与金融科技的发展，数字普惠金融的实施为企业提供了服务成本更低、覆盖范围更广、效率更高的金融服务。数字普惠金融作用于高技术产业，能够带动企业内部的技术创新，提高高技术产业聚集水平。一方面，数字普惠金融依靠互联网与大数据建立了更为完善的信息系统。数字普惠金融能够依靠完备的数字设备、完善的企业历史数据与信用体系降低银企间的信息不对称，有效缓解企业的融资约束，实现资源的高效配置，满足企业对生产要素的需求，为企业的创新发展与经营提供了保障。这在一定程度上避免了企业因为资金短缺与经营压力而退出市场，为高技术产业聚集奠定了市场主体基础。另一方面，数字普惠金融能够突破时空的局限性，依据其大数据运算与分析能力，对风险进行有效的把控。利用大数据建立风控系统，对内针对金融服务的不同阶段进行风险的精准控制，确保内部风险可控；对外应加强与征信数据商的合作，通过多维度的数据来界定风险程度，建立具有较高精确度与可信度的大数据风控体系，基于大数据进行风险管理与审批决策，实现风险可控，有效提升了企业在产业聚集环境下的生存能力。数字普惠金融对高技术产业集群内部同样发挥着重要作用。在产业集群内部，数字普惠金融依靠其大数据系统能够更加高效地完成信息的收集、处理与传递，提升了企业间信息系统的运行效率。智能化决策与精益化生产强化了各节点企业间的联系，进一步形成虹吸效应，相关的企业与生产要素向同一区域聚集，缩小了企业间的距离，推动了高技术产业集群的形成。

数字普惠金融为高技术产业提供了更加便捷的融资途径，降低了高技术产业的准入门槛，使更多企业有机会参与到研发过程当中，提升了高技术产业的聚集水平。高技术产业聚集通过企业的规模效应，最终促进经济增长与技术创新溢出。高技术产业聚集刺激了经济的发展，提高了经济运行效率和经济增长活力，能够促进社会财富的增加，带动各地区经济增长，助力共同富裕的实现。

3.4.2 农村产业融合发展水平

农村产业融合是农业经营制度创新的重要一环，它主要是指农村第一产业（农业）、第二产业（工业）和第三产业（服务业）之间的融合发展。通过产业联动、体制机制创新等方式，跨界优化各类生产要素配置，延伸产业链条，完善利益机制，发展新型业态，打破农村不同产业间相互分割的状态，形成不同产业融合、各类主体共生的产业生态。促进农村产业融合不仅是城乡融合发展的重要环节，也是促进乡村振兴与实现共同富裕的有效助力。农村产业融合发展具有系统性与复杂性，其发展过程与金融支持度、外部环境等多种要素息息相关。数字普惠金融的实施完善了金融服务体系，为农村产业融合提供了金融支持。首先，数字普惠金融解决了农村产业发展过程中的融资约束问题。农村产业资本存量较少，不属于金融机构重点关注的头部客户，因此大多数农村产业都面临着融资困难、资金不足问题。资金的缺乏使得农村产业的营运面临着较大的挑战。数字普惠金融依托其大数据体系优化了信息采集程序，提高了信息采集的准确性，有效改善了信息不对称问题，使农村企业因为资本存量小、缺少抵押物而造成的融资约束得到缓解。其次，数字普惠金融线上线下相结合的创新金融模式扩大了金融服务的覆盖范围，打破了传统金融存在的地域限制，解决了传统金融在偏远地区的布局难题，使得农村产业的融资成本得以降低，融资途径得以拓展，改善了农村企业资金不足的困境，为农村产业融合发展提供了金融支持。

数字普惠金融具有精准精确、互联互通、实时共享等优势。数字技术在产业融合发展中的应用，为农村产业发展带来深刻的变革。首先，农村产业融合发展推动了农村经济增长。数字普惠金融通过推动农村产业融合发展，完成了对农村产业间功能、技术与价值链的整合与重组，降低了企业的生产成本，为农村经济注入了新的发展活力，使得农村经济得到发展。其次，农村产业的融合发展能够促进农民收入增长。一方面通过企业间的资源整合，为农村居民创造了更多的就业岗位，使更多居民可以获得工资收入；另一方面，农村产业融合可以创造更多元化的农副产品，延长农业生产链，使农村居民可以获得农产品在生产、加工、销售等环节的利益增值，拓宽了农民的增收渠道。农村经济发展与农村居民收入一直处于较低水平，农村产业融合发展能够推动农村经济增长，拓宽居民收入渠道，促进农村居民增收，有效缩小城乡之间的经济差距，推动实现共同富裕（见图3.1）。

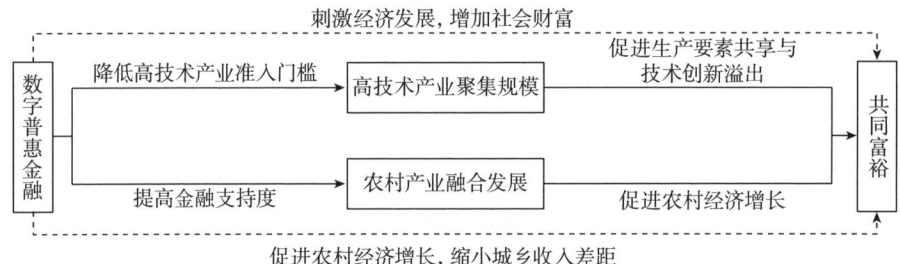

图 3.1　传导路径分析

3.5　数字普惠金融对共同富裕影响的拐点效应分析

数字普惠金融应用一系列数字金融方式促进普惠金融的发展，在一定程度上弥补了传统普惠金融在成本与适用性方面的不足，已经成为助力实现共同富裕的重要环节。但数字普惠金融带来的究竟是数字鸿沟还是数字红利,对于共同富裕造成怎样的影响,还需要更进一步的探讨。

3.5.1 数字普惠金融的数字鸿沟

随着数字技术在金融中的应用不断发展成熟,数字普惠金融已经成为实现共同富裕的重要驱动力之一,然而数字鸿沟的存在则成为共同富裕实现路径上的一大阻力。我国的经济发展状况在不同地区间差异较大,"东强西弱"的格局长期存在。而数字普惠金融作为一种创新的金融模式,同样可能造成区域间、城乡间的数字鸿沟问题,这对共同富裕的实现形成了不小的障碍。在数字化经济参与主体中,既有宏观地理范围视角下地区间的数字鸿沟,也有微观视角下个人与企业层面的数字鸿沟。数字普惠金融是将传统金融模式与互联网技术结合起来,通过创建数字支付、数字信贷及其他便捷的金融业务,达到共享数字金融信息的目的,互联网在其中的应用尤为重要。

从地区层面看,数字鸿沟突出地表现在不同经济区域以及城乡之间。城市地区的科技与经济发展状况相较于农村地区更为优越。对于城市地区,数字普惠金融的出现有效打破了时空限制,能够实现金融资源的快速匹配,在一定程度上促进了城市的经济发展。然而对于落后的农村偏远地区,由于基础设施、资源应用与教育等方面的不足,数字普惠金融的覆盖与发展问题持续存在,数字普惠金融的普惠性并未得到较好的体现。数字鸿沟的存在加大了地区间的经济发展差异,对共同富裕的实现造成负面影响,即通过数字鸿沟引致经济发展的"马太效应"。

从个人层面看,数字鸿沟主要表现在受教育群体与未受教育群体之间。对于多数受过基本教育,具备一定学习能力的年轻群体来说,新型的移动支付等数字普惠金融模式是易于学习与使用的,他们能够更快地接受新型的金融模式并及时掌握使用方式。而对于老年人、偏远地区的居民与部分农民来说,他们接受的教育有限,对于基本金融知识的掌握不够，对于数字普惠金融产品的使用能力较弱，导致他们成为数字弱势群体。个体间数字鸿沟的存在阻碍了弱势群体获取正常的金融服务，加剧了居民家庭之间的经济水平差异，不利于数字普惠金融的发展。

从企业层面看，不同企业之间也存在数字鸿沟。大型企业往往具有更完备的数字系统、更大的资金规模和更充足的数字化资源储备，因此它们在金融活动中受到的限制更小，获得金融服务也更为便捷。而对于存在资金约束、数字化程度较低的小微企业来说，进行数字转型、技术创新相对困难，在新技术开发方面的投入也存在不足，可使用的数字化工具非常有限，所以无法像那些资金充足、经营管理数字化程度高的大中型企业一样通过数字金融服务获得数字红利。

3.5.2 数字普惠金融的数字红利

传统金融模式存在着典型的"二八定律"，数字普惠金融以其"低成本、广覆盖、低门槛"等优势，突破了传统金融门槛的限制，为更多尾部客户带来了享受金融服务、共享经济发展成果的机会，进而促进共同富裕的实现。

第一，数字普惠金融能够缩小收入差距。传统金融模式依靠线下金融机构网点提供服务，但由于地理位置的限制，偏远地区建立网点难度大，成本高，传统金融服务网点难以建立，居民获得金融服务较为困难。而数字普惠金融依托互联网系统进行金融服务，一方面通过扩大金融服务的范围，拓展金融服务的广度，降低金融服务的门槛，有效提高了金融服务的触达能力；另一方面降低了乡村地区边缘群体获取金融服务的成本。通过互联网技术，偏远地区居民同样可以打破时空限制获取金融资源与服务，缓解了金融弱势群体长期面临的资金约束。偏远乡村地区居民同样可以通过合理利用金融产品进行投资，进而提高收入水平，缩小城乡间收入差距。

第二，数字普惠金融通过促进就业、推动经济增长等方式来增加居民收入，提升居民的富裕程度。数字普惠金融的实施打通了金融服务的"最后一公里"，解决了金融资源供求双方的匹配问题，提高了金融交易的效率，为中小企业提供了更加便捷的融资渠道，通过互联网技术降低了金融服务的成本与门槛。通过运用数字化技术，金融机构可以打破"数据壁垒"，为企业研发活动提供资金保障。企业通过融资可以缓解投资创业与技术更新过程中的资金约束，进一步创新企业生产方式，扩大企业生产规模。企业生产规模的扩大可以为居民创造更多的就业岗位，从而促进居民收入水平的提高，提升家庭的富裕程度。同时，企业生产技术的创新与产业结构的调整能够推动实体经济的不断发展，随着经济增长红利的不断释放，可以带来居民收入的进一步增加。

3.5.3 数字普惠金融影响共同富裕的拐点效应

综上所述，数字普惠金融以其共享、便捷、低门槛、低成本的特点弥补了传统金融的不足，解决了弱势群体的融资难、融资贵的难题。随着数字普惠金融的不断发展，对经济水平与居民富裕程度的提升有着重要作用。但同时，由于地区发展间的差异，在数字普惠金融实施初期，偏远地区并不具备接收数字化信息与知识的条件，数字普惠金融的实施在推动发达地区经济发展的同时会进一步扩大地区间的数字鸿沟。数字普惠金融的发展具有阶段性特点，在发展初期，由于地区间发展不均衡，数字普惠金融会造成数字鸿沟，进一步扩大地区间经济发展的差距，对共同富裕产生负面影响。随着互联网的不断普及与数字技术的不断发展，偏远地区环境逐渐改善，数字普惠金融覆盖范围进一步扩大，其普惠性也得到进一步体现。基础设施的完善使得地区间经济发展差距进一步缩小，促进共同富裕的实现。因此有学者认为，数字普惠金融对于共同富裕的影响可能存在"U"形拐点（见图3.2）。

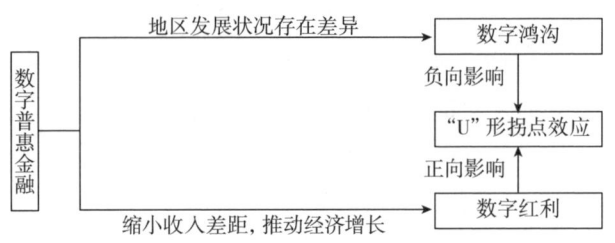

图 3.2　拐点效应分析

3.6　数字普惠金融对共同富裕影响的研究程序设计

3.6.1　研究的理论思路

探究数字普惠金融如何影响共同富裕的发展是本书的主要目的。本书遵循"提出问题—分析问题—解决问题"的思路，对数字普惠金融在实现共同富裕过程中的作用、拐点效应和空间溢出效应进行研究。随着我国经济不断增长，历史性的贫困问题已经基本得到解决，我国的主要矛盾已经发生变化。这一时期，国家面临的挑战是如何解决发展不平衡不充分的问题，以满足人民对美好生活的需要。在此背景下，推动实现共同富裕成为我国当前经济发展的主要任务之一。数字普惠金融的提出，为共同富裕的发展提供了助推力量。因此，在问题提出阶段，本书确立了研究的核心内容，即数字普惠金融促进实现共同富裕的作用路径和影响效果以及数字普惠金融对共同富裕的影响是否存在拐点效应与空间溢出效应。在分析问题阶段，本书从理论分析与实证分析两方面入手，对目标问题进行深入研究。在理论层面，本书从经典的经济学理论与共同富裕理论发展过程出发，探讨了数字普惠金融对共同富裕的影响效应与影响效果，为研究提供了理论依据。在实证层面，本书选取2011—2022年中国31个省份的数据作为研究样本，从作用路径、拐点效应和空间溢出效应等多个角度进行实证检验，以确保研究的可信度。

在解决问题阶段，本书首先提出数字普惠金融助力共同富裕实现的推进路径，并在原有模式的基础上进行创新。然后根据理论分析与实证检验的结果，针对性提出相关的对策建议，以促进数字普惠金融在实现共同富裕过程中更好地发挥其助推效用。

3.6.2 研究的程序安排

本书以数字普惠金融为切入点，遵循"构建理论框架→实证分析→提出政策"的研究逻辑，对数字普惠金融在共同富裕发展过程中的作用展开研究。在构建理论框架阶段，本书首先明晰了数字普惠金融与共同富裕的基本概念，对其发展背景与研究意义进行了剖析，同时分别回顾了数字普惠金融和共同富裕领域的相关文献，并进一步对数字普惠金融和共同富裕关系的相关文献进行梳理。其次对数字普惠金融与共同富裕领域的相关理论进行回顾。数字普惠金融相关理论包括经济学经典的金融发展理论、长尾理论、金融排斥理论与包容性增长理论，以上为数字普惠金融影响共同富裕的发展提供了理论支撑。共同富裕相关理论包含了从20世纪50年代起至今的共同富裕发展理念，梳理了国家领导人在不同时期提出的实现共同富裕的指导思想。在此之后还从理论层面探讨了数字普惠金融的发展对共同富裕的影响。在实证分析部分，本书采用历史分析法、统计分析法等方法对我国共同富裕水平进行了测度。通过比较样本期间数字普惠金融与共同富裕的变化趋势，探索了它们之间的时空演变关系，并对两者进行了灰色关联度分析。以上分析为后续的实证检验提供了数据支持，有助于验证理论框架的可行性和有效性。然后，本书选取2011—2022年中国31个省份的数据作为研究样本，建立实证模型进行检验。先进行了数字普惠金融助力实现共同富裕的经济效应探索以及数字普惠金融助力包容性增长的实证分析，再进一步研究数字普惠金融影响共同富裕的作用路径。此外，本书还将数字普惠金融的发展规模对共同富裕的影响纳入考虑，探索数字普惠金融发展规模对共同富裕影响的作用拐点以及数字普惠金融发展的空间溢出效应。基于以上研究分析，本书在最后针对性地提出数字普惠金融助力共同富裕实现的推进路径以及在实现过程中如何做到模式创新，并根据本书理论分析与实证检验的结果提出数字普惠金融助力共同富裕实现的对策与建议，以使数字普惠金融在实现共同富裕的过程中能够更充分地发挥其助推效用。数字普惠金融影响共同富裕的研究程序设计如图 3.3 所示。

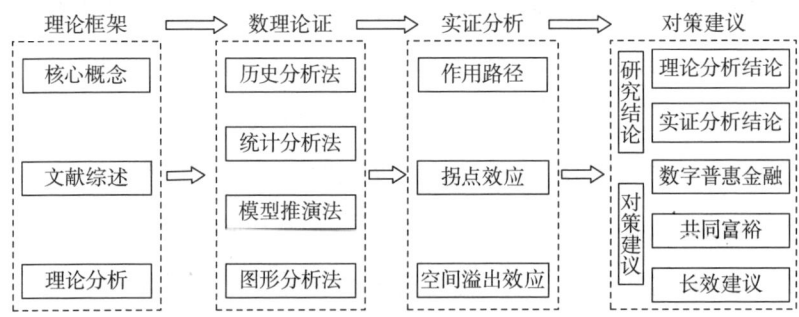

图 3.3　数字普惠金融影响共同富裕的研究程序设计

3.7　本章小结

本章聚焦于数字普惠金融影响共同富裕的理论分析。首先，分别对数字普惠金融和共同富裕领域的理论进行梳理。在数字普惠金融方面，本章对金融发展理论、长尾理论、金融排斥理论与包容性增长理论进行分析。从以上理论来看，数字普惠金融以其低成本、广覆盖、高效率的优势有效提升了金融服务的效率与质量，缓解了传统金融模式下存在的融资约束与金融排斥等问题，能够优化资源配置，降低金融服务门槛，促进金融资源公平分配，进而促进共同富裕的实现。在共同富裕方面，本章追溯了从 20 世纪 50 年代至今的共同富裕发展理论，以及中国共产党在不同时期对于实现共同富裕的指导思想，为深入理解共同富裕内涵与进一步提升共同富裕水平提供了理论支持。其次，本章从理论角度分析了数字普惠金融如何影响共同富裕，包括直接影响与间接影响两个方面。直接影响从共同性与富裕度两个方面进行论述，认为数字普惠金融可以提升国民富裕程度与资源共享程度，进而促进共同富裕的实现。间接影响论述了数字普惠金融影响共同富裕的作用路径——数字普惠金融能够通过扩大高技术产业聚集规模、促进农村产业融合发展两条路径推动共同富裕的实现。再次，本章进一步从理论角度分析了数字普惠金融发展过程中可能带来的数字鸿沟与数字红利，认为数字普惠金融对共同富裕的影响效应可能存在"U"形拐点。最后，本章以研究目标为依据，对本书的行文思路做了简要概括，对研究程序进行了简单设计，以期为后文的实证分析提供理论支持和方向指引。

4 数字普惠金融与共同富裕的特定事实

4.1 数字普惠金融的规模测度

4.1.1 数字普惠金融的主要形式

数字普惠金融作为普惠金融的数字化发展，是对普惠金融自身的内涵和特征的继承和发展，同时也是对普惠金融的进一步完善。自2005年在"国际小额信贷年"的倡导活动中被提出以后，普惠金融迅速得到了世界各国的认同，并在实践中逐渐开展起来。但事实上，从20世纪90年代为了解决金融排斥问题开始，普惠金融这一概念就已经产生，数字普惠金融只是对普惠金融的拓展，按照其发展的不同阶段，数字普惠金融可以分为5种主要形式，首先，在20世纪90年代到2013年的"实体型普惠金融"阶段，主要形式有公益性小额信贷、微型金融以及普惠金融，公益性小额信贷是中国社会科学院农村发展研究所与河北省易县在1993年成立的，目的是改善贫穷人民的生活，提高妇女的地位，改善医疗条件，增加就业机会，以孟加拉乡村银行的模式为基础，通过集体贷款、分期还款、提供社会服务、培训等手段成立了扶贫经济合作社，有效地缓解了传统的农村金融中的信息不对称问题，发展到最后，以扶贫为主，协助贫困户获取贷款并按时还款，为其脱贫增加收入提供有效的扶持，是体现普惠金融核心思想的新型开发式扶贫模式。微型金融是专门为贫困人群、低收入人群以及微型企业而设立的一种金融服务系统。包含了微额信贷和微额保险，其中以小额信贷为核心，向那些没有收入的借贷者发放无担保的贷款，主要体现在银行等正规金融机构不断扩大营业网点，将小额金融服务逐渐延伸到偏远地区，这表明正规金融机构已经正式参与到小额信贷业务中来，推动普惠金融的可持续发展，推动其规范化建设，在促进就业、改善民生等方面发挥了积极的作用。普惠金融，又称包容性金融，是基于机会均等、商业可持续和成本可承受，由金融机构为不同类型的市场组织提供有效的金融服务的一种方式，在2005"国际小额信贷年"之后，以普惠金融的理念代替了原来的微观金融形态，将小微企业逐渐纳入银行的金融服务之中，使得微型金融逐步融入我国的金融系统之中，对于促进普惠金融政策的实施有着重要的现实意义，普惠金融的目标是缓解我国经济和社会发展不平衡、不充分的矛盾，为共同富裕的目标实现贡献智慧和提供支持。

其次，在2013—2015年的"互联网+普惠金融"阶段，主要形式为普惠金融互联网化，2013年支付宝推出余额宝，开创了互联网金融新时代，互联网应用改变了传统支付模式，使金融服务多样化，例如，互联网借款、贷款和理财等，促进了互联网和普惠金融的深度融合，弥补了传统普惠金融的不足。

最后，在2015年至今的"数字普惠金融"阶段，主要形式为普惠金融数字化，是将数字化技术和普惠金融相融合，以数字技术为支撑、以普惠金融为核心，推动普惠金融的发展。以大数据、云计算、区块链和人工智能为代表的数字技术可以有效地降低普惠金融在风险识别、数据处理和传统经营操作等方面的成本。2015年，国务院发布《推进普惠金融发展规划（2016—2020年）》，将"数字普惠金融"提升至国家战略层面，充分利用数字化技术，促进普惠金融与新发展阶段相匹配，拓展金融服务范围，实现普惠金融的核心目标，服务于国民经济和社会发展。

4.1.2 数字普惠金融规模测算

本书采用北京大学数字金融研究中心开发的数字普惠金融指数来衡量各地区数字普惠金融发展水平,该指数包含数字普惠金融覆盖广度、使用深度、数字化程度3个维度的33个具体指标。其中,数字普惠金融覆盖广度是指在多大程度上通过支付宝电子渠道获得数字金融服务,这一维度涉及"账户覆盖率"一个二级维度、"平均每个支付宝账号绑定的银行卡数"等3个具体指标;数字普惠金融使用深度是通过数字金融服务的实际使用情况来反映的,包括用户实际使用支付业务、货币基金业务、信贷业务、保险业务、投资业务以及信用业务等服务情况,涉及"每万人支付宝用户中参与互联网投资理财人数"等21个具体指标;数字普惠金融数字化程度指的是用户使用数字金融服务的实惠化、便利化、移动化以及信用化的程度,包括"用户二维码支付的金额占比"等10个具体指标。数字普惠金融总指数可以较为准确地反映数字技术推动金融总体发展的情况。为深入探讨数字普惠金融对共同富裕的影响效应,本书还选取了数字普惠金融发展的分指数覆盖广度(COV)、使用深度(USE)和数字化程度(DIG)作为核心解释变量的补充。

4.1.3 数字普惠金融规模变动分析

前面我们对数字普惠金融规模测算进行了说明,接下来对我国数字普惠金融规模的变动进行分析,为更直观方便地分析近年来我国数字普惠金融的变动情况,本书将2011—2022年我国各省份的数字普惠金融指数绘制如图4.1所示。

由图4.1可知,2011—2022年,全国各省份的数字普惠金融指数均呈现出逐年上升趋势,增幅均较大,表明全国31个省份的数字普惠金融均处于持续发展阶段。从增长趋势来看,2011—2013年,我国的数字普惠金融发展速度较快,分析这一现象出现的可能原因是前期数字普惠金融发展程度不高,而在国家加速发展数字化普惠金融的同时,数字普惠

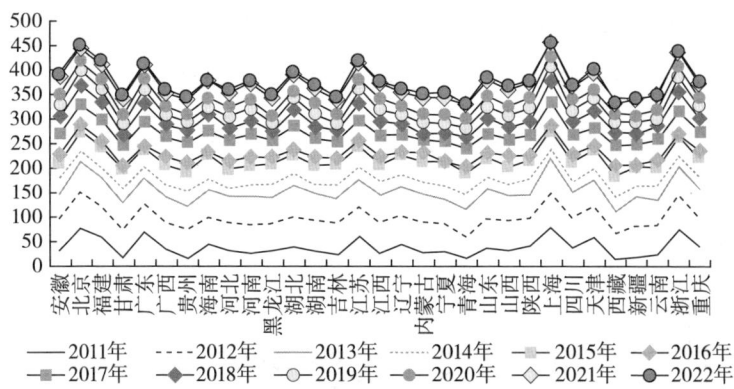

图 4.1　2011—2022 年我国各省份的数字普惠金融指数

金融的发展也出现了新的契机，最初几年数字普惠金融指数发展出现了快速增长。2014—2016 年，其增速有所减缓，这或许与该时期的发展周期不长、监管制度不够健全有关，2011—2013 年，相关服务机构大量涌现，2014—2016 年基本已接近饱和。自 2016 年 G20 杭州峰会提出发展数字普惠金融以来，国家大力支持数字普惠金融发展，完善相应的监管制度，2017—2018 年，数字普惠金融指数的发展再度提速，2019—2022 年，受新冠疫情影响，全国各地数字普惠金融指数的发展增速再次回落。总的来说，数字普惠金融的发展状况在全国范围内均有明显改善。

接下来分别从数字普惠金融的覆盖广度、使用深度、数字化程度三个角度具体分析我国数字普惠金融的规模变动情况。

首先，我国数字普惠金融的覆盖广度逐年拓展。随着我国经济的快速发展，现代数字化技术的不断革新，数字普惠金融在我国也得到了快速的发展。2022 年，我国数字普惠金融总指数的均值与中位数分别为 379.44 和 371.95，较 2011 年的 40.00 与 33.59 分别增长了 8.49 倍与 10.07 倍。即使是经济发展落后的地区，其数字普惠金融的覆盖范围也在不断地扩大。

如图 4.2 所示，可以明显地看出我国数字普惠金融的覆盖范围在不断扩大，均值从 2011 年的 34.28 增长到 2022 年的 384.03，增长了 10.2 倍。即使是在新冠疫情较为严重的 2021 年和 2022 年，我国数字普惠金融的发展指数也在不断上涨中。

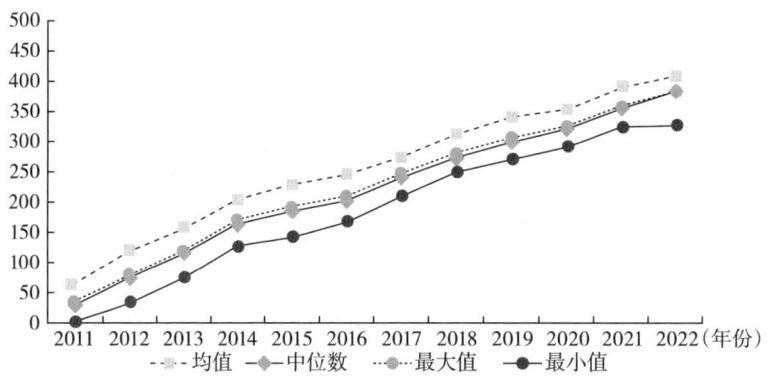

图 4.2　2011—2022 年我国数字普惠金融覆盖广度的发展趋势

我国数字普惠金融覆盖广度的增长速度是由数字普惠金融覆盖广度指数的均值计算得来的。由图 4.3 可知，我国数字普惠金融覆盖广度的增长速度在整体上呈现出逐步下降的趋势，在 2017 年、2021 年有增长的态势，但之后都逐步萎缩。与此同时，就增长值而言，最大的增长值出现在 2014 年，增长值为 1527.28，最小的增长值出现在 2016 年，增长值仅为 537.18。从增长的速度来看，增长速度由 2012 年的最高速度 134.63% 下降到了 2022 年的 6.26%，这表明，我国的数字普惠金融已经实现了大规模的覆盖，要想进一步拓展覆盖广度有一定的局限性。

2011—2022 年我国分区域数字普惠金融覆盖广度指数如图 4.4 所示。从中不难看出，我国东部地区、西部地区、中部地区的数字普惠金融覆盖广度指数在 2011—2022 年不断提高，到 2022 年，我国东部地区、中部地区和西部地区的数字普惠金融覆盖广度指数分别为 4527.20、4378.69 和 2998.89。总体而言，因地理位置和发展水平的不同，数字普惠金融的覆盖范围在东部、中部、西部三个区域的差别也相

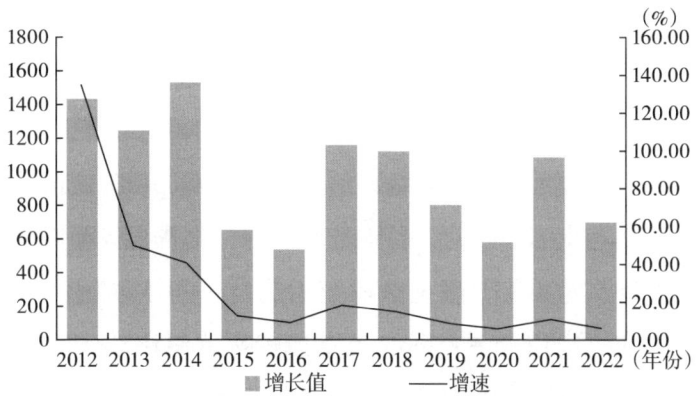

图 4.3　2012—2022 年我国数字普惠金融覆盖广度的增长趋势

对较大，整体上呈现出"东部高、中部平、西部低"的发展态势。

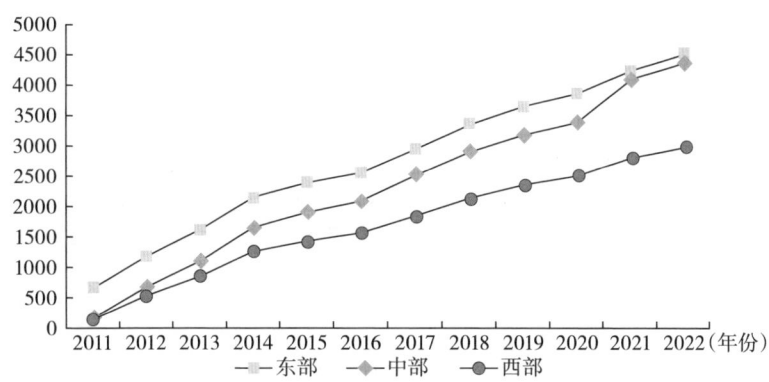

图 4.4　2011—2022 年我国分区域数字普惠金融覆盖广度指数

其次，数字普惠金融的服务不断深化。数字化技术的转型升级，助力传统的金融业和产品服务业不断发展，从而推出全新的服务业态。2020 年新冠疫情期间，为维护金融市场的稳定，协助受疫情冲击的公司摆脱困境，商业银行专门针对这些企业创新研发一系列金融产品与服务，推动了数字普惠金融服务的深入发展，让社会各界更加受益。

如图 4.5 所示，2011—2022 年，我国数字普惠金融使用深度指数分别在 2013 年、2017 年和 2021 年经历了三次较大的波动，但总体上仍呈现不断深化的态势。数字普惠金融使用深度的平均指数由2011年的46.93上升到2022年的342.06，增长了6.3倍，取得了跨越式发展。随着数字化普惠金融服务模式的持续创新与深入发展，它将为我国经济发展相对滞后的边远地区注入新的活力，近年来，因为疫情的原因，很多农产品都卖不出去，因此，各地的政府部门都在积极开展金融助力农民脱贫的行动，对数字普惠金融的应用途径进行了创新，利用"互联网+"的技术，组织了一系列线上直播带货营销活动，助推地方农产品的销售，打造乡村品牌，推动乡村经济的迅速发展。

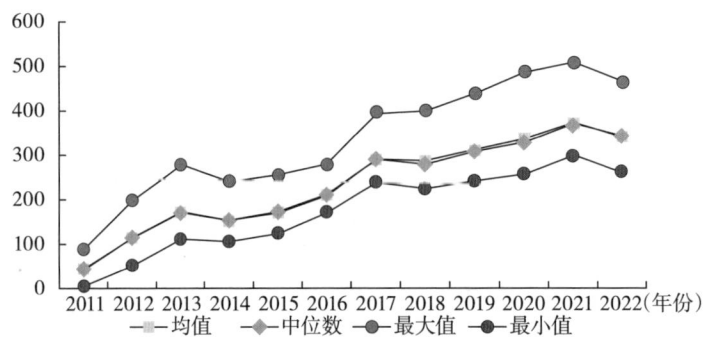

图4.5　2011—2022年我国数字普惠金融使用深度的发展趋势

如图4.6所示，根据数字普惠金融使用深度平均值计算的使用深度增速整体上呈现出放缓的趋势。并且在2014年、2018年以及2022年，使用深度增长值为负值，因此，在使用深度增速放缓的过程中，亦有三个负的增长率，分别是-10.79%、-2.11%和-8.52%。2012—2022年，数字普惠金融使用深度的增速由148.24%降至-8.52%，数字普惠金融增长值由2156.69降至-988.02。从整体上讲，数字普惠金融在我国的深入发展遇到了一些障碍。

2011—2022年我国分区域数字普惠金融使用深度指数如图4.7所示，从中很容易看出，我国东部地区、中部地区、西部地区的数字普惠金融使用深度指数在2011年至2022年不断提高，到2022年，我国东

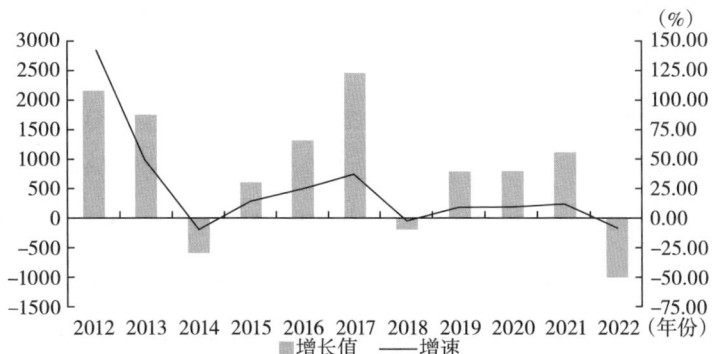

图4.6 2012—2022年我国数字普惠金融使用深度的增长趋势

部地区、中部地区和西部地区的数字普惠金融使用深度指数分别为4281.43、3636.48和2685.99。此外,我国各区域之间的数字普惠金融使用深度发展差距呈现先增大,再缩小,然后又增大的趋势,总体而言,东部、中部、西部三个区域在地理位置和发展水平存在差异的情况下,其数字普惠金融使用深度的差异呈现曲折上升的态势。

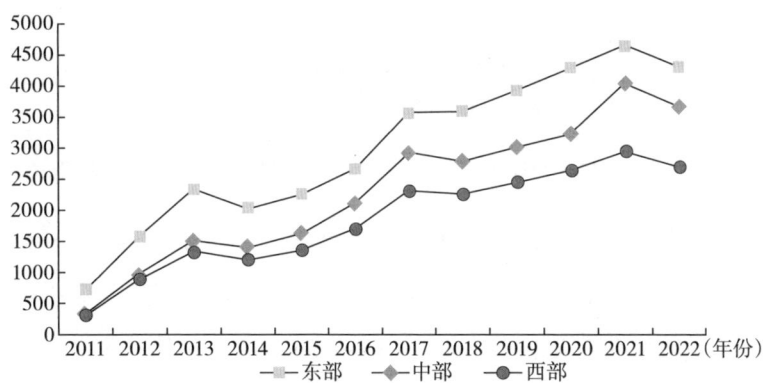

图4.7 2011—2022年我国分区域数字普惠金融使用深度指数

最后,我国数字普惠金融的数字化程度不断深化。在数字化技术的推动下,金融业持续地进行着革新与深化,数字金融业务已经渗透到人们生活的每一个角落,支付方式也在发生着改变,从小额信贷到蚂蚁花呗,从手机扫码支付到刷脸付款,金融服务的形式也在不断地进行着创新,网络信贷、快捷支付等金融概念也在越来越多地被人们所接受,随着数字科技的飞速发展,数字金融也随之产生了新的业务形式。

因便捷和低廉的特点,数字普惠金融得到了迅速的发展。图 4.8 显示了 2011—2022 年我国数字普惠金融数字化程度的发展趋势,从中可以看出,数字化程度 2022 年达到了最高点,并且总体上呈增长态势。2015 年的数字化水平也出现了一个小峰值。2011 年,数字化程度指数的均值和中位数分别为 46.32、40.35,到 2022 年分别为 432.24、434.11,分别增长了 8.3 倍、9.8 倍,2018 年以后,这一指数开始趋于平稳。

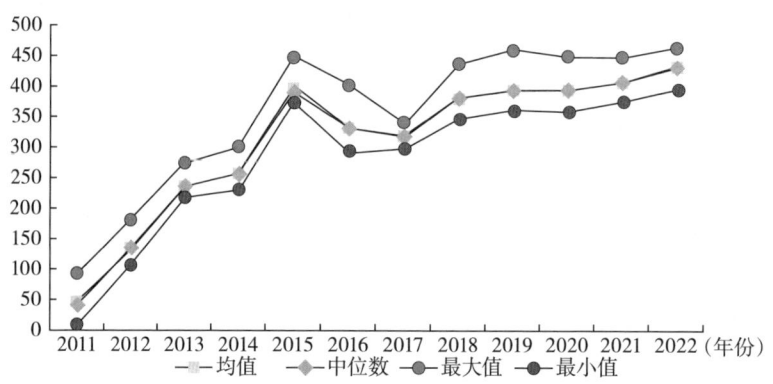

图 4.8　2011—2022 年我国数字普惠金融数字化程度的发展趋势

如图 4.9 所示,我国数字普惠金融数字化程度的增速在经历了快速的上升之后开始下降,到 2020 年出现了向 0 收敛的趋势。2015 年,数字普惠金融数字化程度的增长值为 4361.36,达到了历史新高。2016 年下降的最大值为 2143.40。其中,2012 年的增速最高,为 186.53%,2016 年的增速最低,为 -17.30%。我们可以看到,从 2019 年到 2020 年,数字化水平的变动比较小,一直围绕着零值起伏。或许是没有了科技的冲击,发展就陷入了停滞。而之后情况出现了好转,数字普惠金融数字化程度出现了增长。

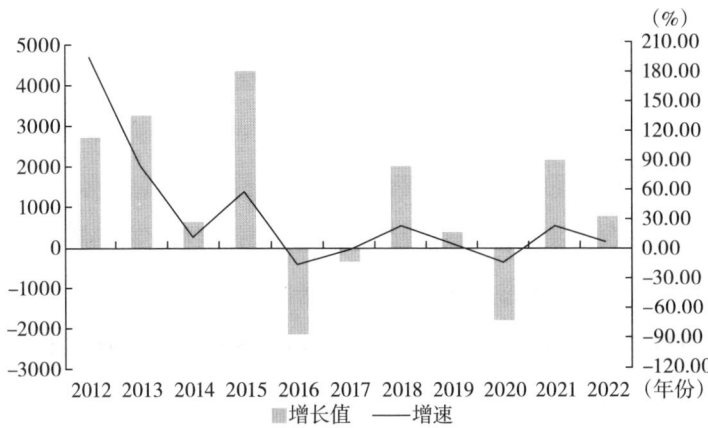

图 4.9 2012—2022 年我国数字普惠金融数字化程度的增长趋势

2012—2022 年我国分区域数字普惠金融数字化程度指数如图 4.10 所示,从中可以看出,我国东部地区、中部地区、西部地区的数字普惠金融数字化程度指数在 2011—2022 年不断提高,到 2022 年,我国东部地区、中部地区和西部地区的数字普惠金融数字化程度指数分别为 4933.72、4997.59 和 3468.15。总体而言,数字普惠金融的数字化程度在东部和中部地区的差距较小,且变动趋势趋于一致,但东部和中部的数字化程度与西部的差距相对较大。

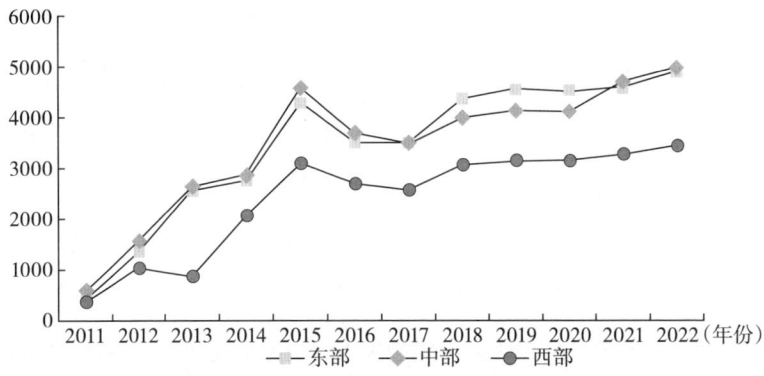

图 4.10 2011—2022 年我国分区域数字普惠金融数字化程度指数

4.2 我国共同富裕发展现状及其指数测算

4.2.1 我国共同富裕现状分析

社会主义现代化的建设过程，就是逐步实现共同富裕的过程，我国实现共同富裕可分为三个阶段，第一个阶段到 2020 年，在党中央的坚强领导下，我们打赢了脱贫攻坚战，解决了区域性整体贫困问题，实现了中国人几千年以来摆脱绝对贫困的梦想，实现了全面建成小康社会的目标，党的十八大以来，党中央把握发展阶段新变化，把逐步实现全体人民共同富裕摆在更加重要的位置，推动区域协调发展，采取有力措施保障和改善民生，小康社会的全面建成，为促进共同富裕创造了良好条件。目前我们正处于实现共同富裕的第二个阶段，扎实推动共同富裕的实现，到 2035 年我国将基本建成共同富裕社会。2021 年 5 月，从中共中央、国务院发布的《关于支持浙江高质量发展建设共同富裕示范区的意见》，习近平总书记"七一"重要讲话到 8 月 17 日中央财经委员会第十次会议提出了关于共同富裕更多的推进措施，表明共同富裕进入了实质性的推进阶段，《中国共同富裕研究报告（2023）》指出，近年来中国共同富裕程度得到了显著提升，经济越发达的地区共同富裕指数排名越靠前，就共同富裕水平增长速度而言，欠发达地区高于发达地区。浙江省作为共同富裕的示范区，经济发展质量和效益得到了明显的提高，城乡间差距持续缩小，美丽浙江建设取得了显著成效，人民的生活变得更好了，逐渐形成了先富带动后富，扎实推动共同富裕的目标体系、工作体系和政策体系，在全国范围内为推进共同富裕提供了一个范例，促使共同富裕体系更加完善。在浙江省的示范作用下，越来越多的省份结合自身特点，形成了具有自身特色的共同富裕路径，共同富裕取得了进一步的发展，全国和各地区共同富裕指数在总体上都保持着持续上升的趋势。

4.2.2 我国共同富裕水平指数测量

共同富裕水平的衡量需要反映公平和效率，不仅有收入的提高，还要有公平的分配，同时包含物质与精神双富裕，体现我国发展的均衡性、充分性、全面性。对于共同富裕水平的测度问题，刘培林和钱滔（2021）等指出在构建共同富裕指标体系时要从总体富裕程度和发展成果共享状况出发，对于发展成果共享层面采用人群差距、区域差距和城乡差距进行度量。郁建兴和任杰（2021）指出衡量共同富裕的标准是相对的，且要包含富裕程度和共享程度。李金昌和余卫（2022）围绕"共同"与"富裕"，把目光聚焦于城乡差距、地区差距和收入差距三个方面，构建了过程性评价指标体系和结果性评价指标体系。本书从共同富裕内涵出发，结合上文分析，从总体富裕和共享富裕两个维度构建共同富裕评价指标体系，总体富裕维度包括物质富裕和精神富裕两个子维度，共享富裕包括城乡共享和区域共享两个子维度，具体评价指标体系如表4.1所示。其中，衡量区域共享程度的指标为地区间人均GDP差异系数[①]，该数值越大，表明省份中各城市间（直辖市各地区间）的经济发展差距越大。具体测算方法为，先计算样本中各年同一省份内各城市人均GDP的均值（S）与标准差（M）；然后计算地区间人均GDP差异系数：$CV_i = S_i/M_i$。本书通过运用客观赋权法中的熵值法确定各指标权重并计算综合得分，最终得到我国31个省份的共同富裕水平。

---

① 由于上海市和西藏自治区人均GDP数据有缺失，采用城乡居民可支配收入的差异系数代替地区间人均GDP的差异系数来衡量区域共享程度。

表 4.1 共同富裕的评价指标体系

维度	子维度	测度指标	指标性质
总体富裕	物质富裕	人均 GDP	正向
		居民人均可支配收入	正向
		居民人均消费支出	正向
		城镇登记失业率	负向
	精神富裕	人均公园绿地面积	正向
		人均公共图书馆藏量	正向
		每万人医疗机构床位数	负向
		教育支出	正向
共享富裕	城乡共享	城乡人均可支配收入比	负向
		城乡人均消费支出比	负向
		城镇化率	正向
		城乡泰尔指数	负向
	区域共享	地区间人均 GDP 差异系数	负向

4.2.3 我国共同富裕时空演变分析

基于上文构建的共同富裕指标体系，2022 年我国各省份共同富裕水平的整体情况如图 4.11 所示，从 2022 年我国各省份共同富裕水平的截面特征可以看出，上海和北京共同富裕水平位居前两名，分别为 0.70、0.57，浙江与江苏分别以 0.53 和 0.50 位于第三和第四名，而排名最后的三个省份分别为甘肃、贵州和云南，分别为 0.318、0.316 与 0.304，排名第一的上海是云南的 2.3 倍，说明就共同富裕而言，各省份之间仍然存在一定的差异，发展仍然存在不平衡不充分问题。基于 2022 年截面数据的分析，对 2011—2022 年我国各省份的共同富裕水平的动态演进进行了分析，结果如图 4.12 所示，可以看出，2011 年至 2022 年，我国各省份的共同富裕水平均有所提升，尤其是在实施了"精准扶贫"政策后，提升速度有所加快。党的十八大以来，脱贫攻坚作为党中央三大攻坚战之一，拉开了全面脱贫攻坚的序幕。事实上，脱贫攻坚的目标是实现由贫到富的转变。在党中央的领导下，脱贫攻坚战

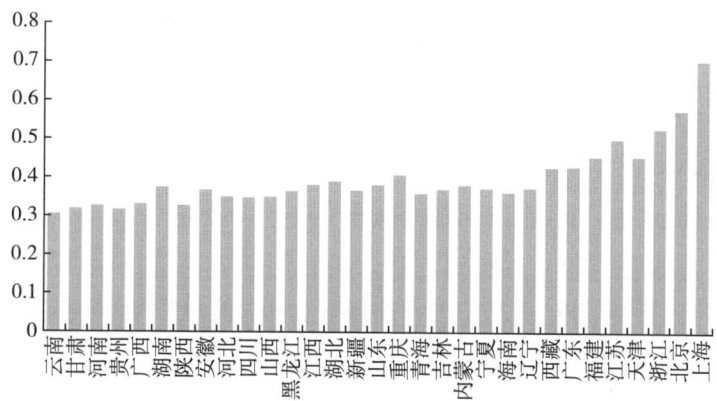

图 4.11 2022 年我国各省份共同富裕水平

取得了胜利，到 2020 年底，我们已经实现了根除绝对贫困的目标，实现了全面的小康，根本上解决了区域性整体贫困问题，让人民脱离了贫困，为实现共同富裕创造了有利的条件。

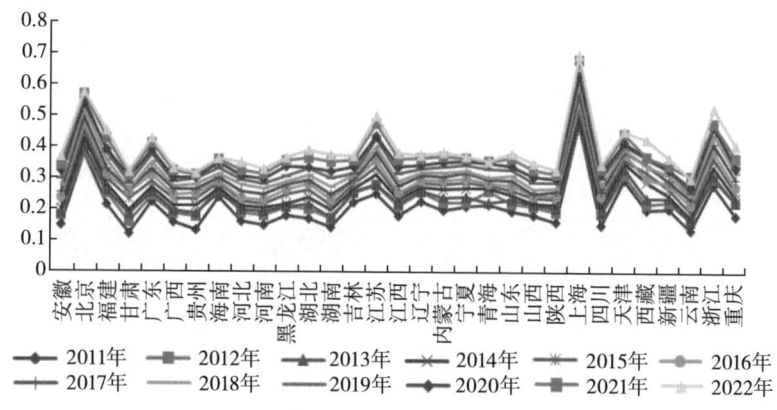

图 4.12 2011—2022 年我国各省份的共同富裕水平

如图 4.13 所示，从年均增长率来看，甘肃、湖南、安徽和贵州的增长率最高，分别为 9.48%、9.39%、8.69% 和 8.36%。上海、北京和天津的增长率最低，分别为 3.61%、3.91% 和 3.94%，但均是正数。数据表明我国的共同富裕程度在不断提高，而且相对于发达省份来说，落后地区的经济增长速度更快。根据收敛理论，预计我国经济落后地区和发达地区的共同富裕程度存在收敛到相同水平的趋势。最后，就各省份共同富裕水平平均值而言，2011—2022 年，上海、北京、浙江、天津和江苏的平均值最高，分别为 0.570、0.479、0.400、0.380 与 0.371，而云南、甘肃和河南平均值最低，分别为 0.224、0.239 与 0.241，最高省份的上海共同富裕水平是最低省份云南的 2.5 倍，这在某种意义上反映出东部与西部共同富裕水平的差异。总体来看，全国各地的共同富裕程度有差别，这主要是经济发展程度的差别所造成的。总的来说，东部沿海省份的经济发展程度比较高，共同富裕程度也比较高，其次是中部地区，西部各省份则处于相对落后的状态，共同富裕水平较低。

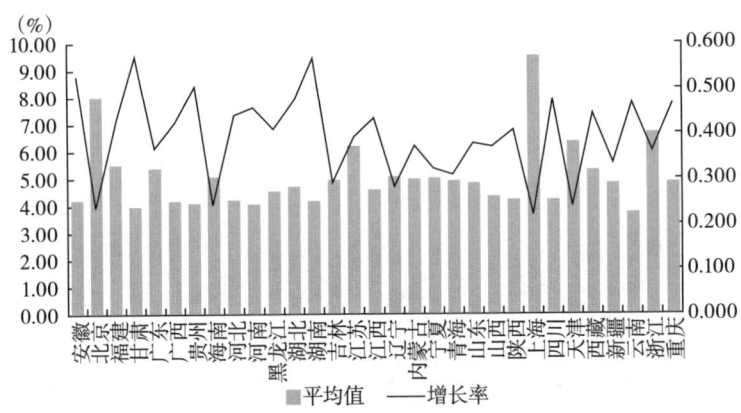

图 4.13　我国各省份的共同富裕水平平均值和增长率

2011—2022 年全国及东部、中部和西部三大区域共同富裕水平时序变化如图 4.14 所示，结果表明，全国以及三大区域共同富裕水平都呈上升趋势，其中东部地区的共同富裕水平最高，高于全国的平均水平，而其他地区的共同富裕水平低于全国的平均值。从 2011—2022 年中部和西部共同富裕水平来看，中部和西部的共同富裕水平大体相当，

2013—2020年，西部略高于中部。从整体上看，各地的共同富裕水平有差别，东部地区的共同富裕水平最高；其次是中部和西部，其都低于全国的平均水平。从以上分析可以看出，我国各地区的共同富裕水平在逐步提高，但要解决好各地区发展的不平衡和不充分问题仍然是当前的首要任务。

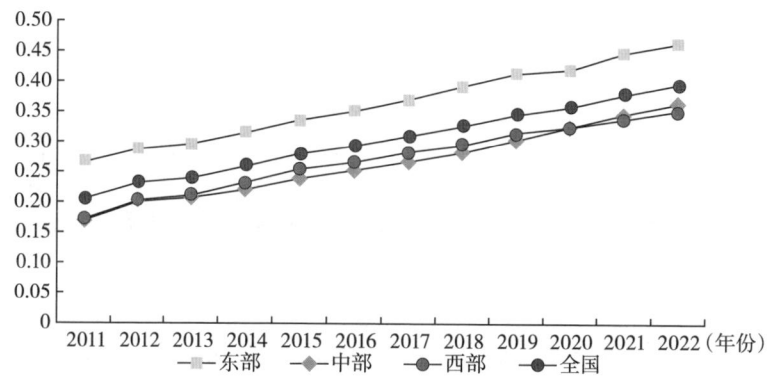

图4.14　2011—2022年全国及东部、中部和西部三大区域共同富裕水平时序变化

本书运用核密度分析方法分析我国共同富裕水平四个方面的具体特征，包括分布位置、形状、极化现象和延展性，选定的调查时间点为2011年、2014年、2016年、2018年、2020年和2022年。图4.15显示了2011—2022年我国共同富裕水平的核密度分布情况，通过观察可以发现，就核密度曲线的位置变化来看，核密度分布曲线的中心有向右边移动的趋势，呈现出右偏分布，说明我国整体的共同富裕水平在不断地提高；从核密度曲线的形状来看，核密度分布呈现出单峰分布，没有出现极化的现象，且分布曲线呈现出右拖尾现象，分布延展性有逐步扩大的态势，这说明存在共同富裕水平较高的省份，比如上海、北京、浙江等，其共同富裕水平与其他省份的差距在扩大。同时，在峰度上整体呈现出上升的趋势，2018年和2022年有所下降，尤其是2022年下降幅度较大。此外，核密度曲线呈现出扁平化的趋势，存在由"尖峰"向

"宽峰"转变的趋势,区间增大,这说明在样本的初期和后期,我国共同富裕水平绝对差距存在扩大的趋势,这或许是由我国对共同富裕给予高度重视所引起的。

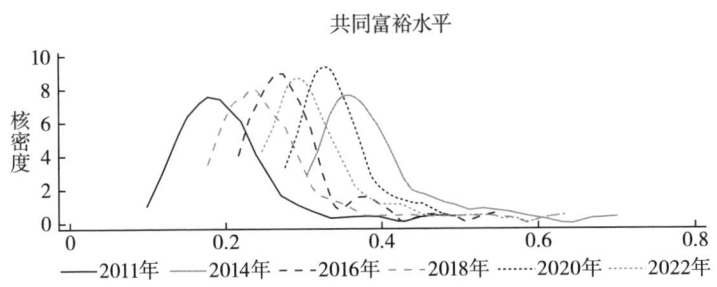

图 4.15　2011—2022 年我国共同富裕水平核密度分布

4.3　数字普惠金融与共同富裕发展的灰色关联度分析

4.3.1　灰色关联度分析基本原理

灰色系统理论是由我国著名学者邓聚龙教授于 1982 年在其论文中提出的,受到了许多著名学者的肯定与支持,这一理论是建立在数学理论之上的系统工程学科。灰色关联度分析是灰色系统理论的一个分支,是一种对受多种因素影响的事物和现象从整体观念出发进行综合评价的分析法。灰色关联度分析能够对各要素间的关联度进行评判,并通过对各要素变动曲线的相似性进行分析,得出关联度大小。灰色关联度分析中的灰色是指某一系统或某一事物的信息是不完整的或是不可用的,关联指的是系统或事物之间存在的联系,灰色关联度分析可以用来衡量系统内参考数据序列之间的相似程度,帮助人们更好地理解系统内的相关关系,从而更好地进行决策和管理。

灰色关联度分析方法的基本思路是:首先,根据所构建的指标体系确定参考序列和比较序列,其中参考序列反映的是目标主体特征的序列，比较序列反映的是参照主体特征的序列；其次，对指标进行无量纲化处理；最后，依据相关的方法对处理后的指标进行灰色关联度的计算，对计算结果进行排序，以此来量化目标主体与参照主体之间的相近程度。关联度数值越高说明二者之间的发展趋势越接近，相近程度越高，则二者关系越紧密。

4.3.2　计算结果及分析

本书以我国各省份的共同富裕指数作为参考序列（X0），数字普惠金融总指数、覆盖广度指数、使用深度指数以及数字化程度指数作为比较序列（Xi），选定好序列之后，对原始数据数字普惠金融和共同富裕指数进行无量纲化处理，本书采用的是初值法，即用各年的数据分别除以第一年的数据，在此基础上进一步对数据进行处理，求出差序列、最大值和最小值，然后采用分辨系数0.5来计算各指标的灰色关联系数，最后计算区域层面的灰色关联度，即各省份年度灰色关联系数的均值。基于灰色关联分析，得出我国各省份数字普惠金融总指数与共同富裕的关联度，并将其排序后绘制成图4.16。

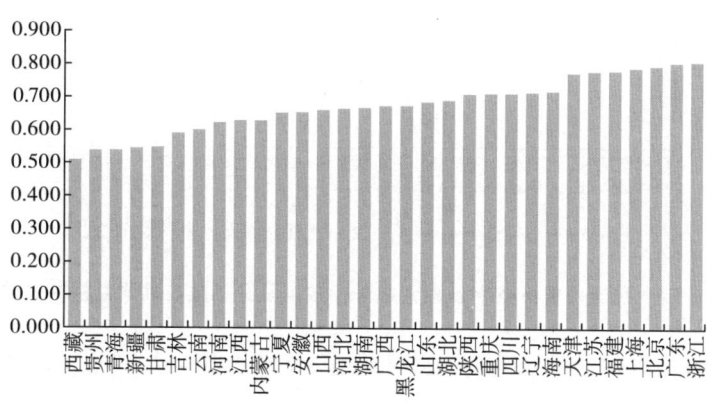

图4.16　我国各省份数字普惠金融总指数与共同富裕的关联度

由图4.16可知，我国各省份数字普惠金融指数与共同富裕的关联度均高于0.5,表明数字普惠金融的发展与共同富裕存在较强的关联性。其中,浙江和广东的灰色关联度依次为0.8097、0.8047,均超过0.8,浙江省数字普惠金融发展与共同富裕的关系最为密切,则浙江省的数字普惠金融发展对共同富裕的促进作用最为显著,北京、上海、福建、江苏和天津数字普惠金融指数与共同富裕的关联度分别为0.7981、0.7920、0.7806、0.7787、0.7714,均超过0.75,关联度较高;西藏、贵州、青海、新疆和甘肃数字普惠金融指数与共同富裕的关联度依次为0.5087、0.5395、0.5398、0.5462、0.5473,相对于浙江、广东等经济发达的东部地区,其数字普惠金融与共同富裕关联度均偏低,其中西藏的数字普惠金融与共同富裕的关联度最低。总的来说,我国各省份数字普惠金融与共同富裕之间存在较强的关联度,经济发达地区的关联度高于经济欠发达地区。

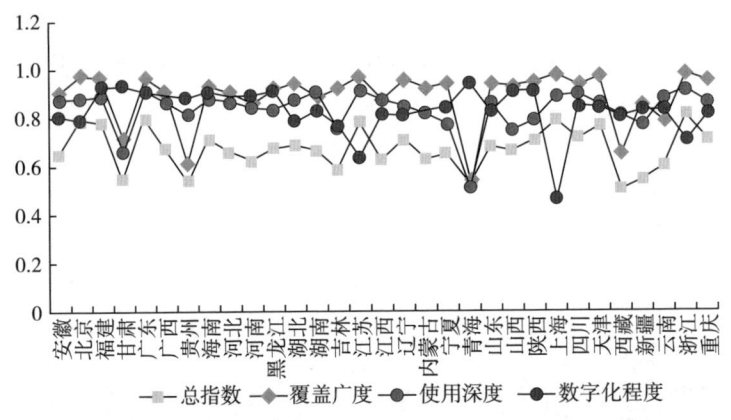

图 4.17 我国各省份数字普惠金融总指数以及分指数与共同富裕的关联度

我国各省份数字普惠金融总指数以及分指数与共同富裕的关联度如图 4.17 所示。首先,由图 4.17 可以清晰地看出数字普惠金融总指数、覆盖广度和使用深度与共同富裕的关联度趋势大体上是一致的,而数字化程度与共同富裕的关联度与其他三个指标趋势不太一致,总的来说,覆盖广度这一条曲线置于其他曲线的上方，这表明覆盖广度与共同富裕的关系最为密切，对共同富裕的促进作用最为显著，数字普惠金融中的覆盖广度侧重于金融服务及产品的"横向"延伸，衡量了数字普惠金融的触达性以及普及性，从省域层面看，绝大部分的覆盖广度与共同富裕的关联度为 0.9 以上，其中上海、浙江、北京、天津以及江苏等地关联度高达 0.97，这与该地区的经济发展水平密不可分，这些地区无疑都是经济发达地区，经济发展水平高，从而数字普惠金融的覆盖范围广，能够为更多的居民提供所需的金融服务，对共同富裕的影响最大。其次，数字普惠金融的使用深度和数字化程度与共同富裕的关联度不相上下，虽然低于数字普惠金融覆盖广度与共同富裕的关联度，但整体上都在 0.83 以上，高于数字普惠金融总指数与共同富裕的关联度，这表明使用深度和数字化程度与共同富裕的关联度很高，对共同富裕的影响很大。

4.4 本章小结

本章主要聚焦的是数字普惠金融与共同富裕的特定事实，通过灰色关联度分析来衡量数字普惠金融与共同富裕之间的关系。首先，展开的是对数字普惠金融的规模测度，先总结了数字普惠金融的主要形式，根据不同的发展阶段，数字普惠金融共分为 5 种主要形式，它们分别为公益性小额信贷、微型金融、普惠金融、普惠金融互联网化以及普惠金融数字化。紧接着是完成对数字普惠金融发展水平的测度，选择最具有代表性的北京大学数字金融研究中心开发的北京大学数字普惠金融指数来衡量各地区数字普惠金融发展水平，该指数包含数字普惠金融覆盖广度、使用深度、数字化程度 3 个维度。而后根据构建的指标体系，收集相关数据，完成对数字普惠金融发展水平的测度，在此基础上，整理、绘图分析数字普惠金融的规模变动。其次，对共同富裕发展现状进行分析和完成共同富裕指数的测算，根据测算的结果，分析共同富裕的时空演变。最后，根据本章前两部分构建的指标体系以及指标的测度结果，进行数字普惠金融与共同富裕的灰色关联度分析，结果表明，我国数字普惠金融与共同富裕之间存在较强的关联性，其中数字普惠金融的覆盖广度与共同富裕的关联度最高。

5 数字普惠金融影响共同富裕的经济效应实证分析

本章主要是实证分析数字普惠金融助力共同富裕的经济效应，理论逻辑在于共同富裕代表了政治、经济、社会、文化和生态环境"五位一体"高度综合协调的状态，不仅要满足人民的"物质富裕"需要，也要满足各种"精神富足"需要。其中，满足"物质富裕"是根本基石，企业作为推动我国经济发展不可或缺的力量，在实现共同富裕的过程中扮演着重要角色；满足"精神富足"是重要内容，主要包含参与文化活动、享受文化产品和服务的文化需要，享有公共服务、接受教育、充分就业的社会需要，享有美好宜居环境的生态需要等，而包容性增长就能满足上述需要。基于上述背景，本章拟从微观视角的数字普惠金融助力企业融资效率提升与宏观视角的数字普惠金融助力包容性增长两个维度深度实证分析数字普惠金融助力共同富裕的经济效应。

5.1 数字普惠金融助力企业融资效率提升的实证分析

5.1.1 研究由来

工业和信息化部 2021 年统计数据显示，截至 2021 年末，我国中小企业数量超过 5200 万家，占我国企业总数的 99%。同时，2021 年经济普查数据显示，中小企业从业人数在全部企业从业人数中的占比高达 80%。此外，中小企业在我国海外市场交易中占据较大规模，是我国第一大对外贸易经营主体。2021年，中小企业对我国外贸经济的贡献率超过58.2%。然而，与大企业相比，中小企业由于信用等级较低，长期以来存在着融资约束。尽管近年来我国为中小企业提供了许多优惠政策和融通资金的金融市场，如科创板、新三板、北交所等。然而，中小企业融资仍面临严格限制，融资贵和融资难问题严重影响中小企业融资效率，进而不利于中小企业可持续发展。自新冠疫情在国内暴发以来，严重损害了中小企业生产经营效率，给中小企业带来了严峻的复工复产挑战。同时，受新冠疫情影响，一些中小企业由于经营不善，偿债能力下降，影响企业信用评级，使金融难以有效发挥服务实体经济和中小企业的功能。在此背景下，数字技术有效解决了中小企业融资难的问题。数字普惠金融的广泛应用，对缓解银企间信息不对称问题做出重大贡献，使众多中小企业能够借助互联网金融工具从线上金融机构、金融科技公司、互联网金融平台等获得外源融资，从而帮助中小企业缓解其面临的现金流短缺、资金回款慢等问题，通过提高融资可得性优化企业融资效率。从我国数字普惠金融与中小企业多年发展实践可知，数字普惠金融可以作为解决我国中小企业融资问题的抓手，其具有显著政策导向优势，具有共享、低成本和低门槛特征。具体来看，近年来，国家大力推进数字普惠金融改革，不断出台各种优惠政策助力中小企业持续健康发展，通过促进向中小企业减税降费、定向降准、放宽贷款担保条件等利好政策为中小企业经营注入活力，为中小企业融资效率改善带来新契机。因此，中小企业借助数字普惠金融优势能够促进其融资效率优化升级。然而，数字普惠金融在快速发展的同时也带来了数字鸿沟问题。低收入群体和中小企业由于缺乏对数字普惠金融的正确认识，信息化程度较低，难以享受数字普惠金融带来的优惠。因此，数字普惠金融也在无形中对服务群体进行筛选，其中数字化素养较高的中小企业能够抓住数字化带来的机遇，提高自身融资效率，而数字化素养较低的中小企业则被排除在外，在宏观货币市场上呈现中小企业数字化驱逐现象，不利于其长期资金融通。基于此，以我国2014—2020年中小企业板和创业板1632家中小企业为样本。首先，以北京大学数字普惠金融指数及各维度子指数为解释变量、DEA-BCC模型测度的中小企业融资效率为被解释变量，构建相应固定效应模型、中介效应模型，实证检验数字普惠金融助力中小企业融资效率的总效应、信息不对称与融资约束所发挥的中介效应。其次，根据中小企业所属行业和地域进行双视角下的异质性分组回归分析。再次，采用多种方法进行稳健性检验。最后，根据实证结果明确数字普惠金融对中小企业融资效率的影响效应与作用机制，从而为我国有效帮扶中小企业实现可持续发展提供重要理论支持和经验指导，并为我国实现共同富裕提供方向建议。

5.1.2 研究假设

与传统普惠金融相比，数字普惠金融在覆盖广度、使用深度和数字化程度等方面具有明显优势，数字化平台不仅缩短了各金融主体之间开展日常金融活动的距离和降低了时间成本，而且使企业财务数据、信用等级和发展概况等信息更加透明。同时，数字普惠金融在金融机构与中小企业线上快速匹配，实现对企业经营状况的实时监测，为中小企业参与金融借贷创造有利条件。根据金融发展与金融排斥理论，数字普惠金融的发展可以促进国民经济包容性发展、降低金融市场排斥程度，进而实现数字普惠金融助力实体经济的目标。中小企业作为数字普惠金融的目标，大多处于初创阶段，且它们的经营规模和生产范围普遍相对较小，市场竞争力相对薄弱，并且由于其征信体系不完善、项目审批时间长、运营周期长等劣势，为了维持经营往往需要注入大量资金。在数字普惠金融背景下，一方面，从金融机构角度来看，借助普惠金融与互联网工具的高效结合，有助于提高中小企业征信水平和内部信息透明度，进而强化金融机构在政策指引下提高为中小企业融资的意愿和优惠，降低企业融资时间成本，提高中小企业融资效率（张晓燕等，2021）。另一方面，从中小企业角度来看，数字普惠金融依据政策指导拓展了传统金融普惠范围，借贷门槛与融资成本的降低使更多中小企业进入资本市场融资，在为我国多层次资本市场注入活力的同时也能显著提高中小企业融资效率。在此基础上，本节提出第一个研究假设：

H1：数字普惠金融能够提高中小企业融资效率。

商业银行与实体经济之间或多或少存在着不同程度的信息不对称，信息不对称问题的存在持续影响着金融机构的盈利性和实体企业的可持续发展。根据信息不对称理论，信息不对称容易使商业银行与小额贷款公司等金融机构产生针对中小企业的逆向选择行为，将信用等级较低、风险程度较大的中小企业排除在借贷市场外。同时，受自身经营水平与盈利能力限制，中小企业内部通常蕴藏着大量事后道德风险，进一步恶化了其融资环境。而数字金融技术通过人工智能、大数据、云计算和区块链等服务手段对互联网金融数据高效清洗、过滤和应用做出了重要贡献。一方面，借助数字技术搭建的线上互联网金融平台，金融机构可以实现对中小企业日常交易的动态监测，使其面向中小企业开展的贷前检查与风险合规预测更加趋于合理，缓解金融机构与中小企业之间信息不对称导致的道德风险和逆向选择对企业融资效率的损害。另一方面，通过互联网金融工具能够提高对实体企业日常经营情况变动的动态管理，实现对中小企业风险合规情况的实时追踪，促进解决企业道德风险的负面影响和传播，为经济发展营造健康、透明化的生态环境。因此可以借助金融科技赋能普惠金融进一步扩大辐射范围，进而有效解决中小企业长期面临的信息不对称限制（唐红梅等，2022）。基于以上分析，本节提出第二个研究假设：

H2：数字普惠金融能够通过降低信息不对称来提高中小企业融资效率。

从我国中小企业发展现状来看，由于企业自身处于不同发展阶段，处在初创期和成长阶段的中小企业普遍存在自有资金不足问题，且企业经营时间较短，缺乏相对畅通的融资渠道和实际价值较高的抵押品，不具备充分的风险分散体系，使中小企业获得融资的成功率显著低于大型企业。根据企业融资约束理论，传统金融市场对中小企业排斥会使企业更多利用关系型借贷和社会资本获得融资，而这类信贷产品的成本一般情况下高于传统银行贷款，且缺乏充分的风险隔离机制，融资成本和风险较高。同时，关系型融资产品使缺乏人际竞争力的中小企业被金融市场淘汰，不利于初创期中小创投企业的绿色健康发展，以及我国长尾企业经营效率提升。自2020年新冠疫情在我国蔓延以来，各地中小企业受疫情影响盈利能力相比疫情前出现显著弱化，加之国内宏观经济长期以来的增速趋缓，金融机构贷款审批更为严苛，这些因素都不利于中小企业融资环境健康发展。数字金融经过多年的推进，在降低金融服务门槛、扩大金融交易边界和促进交易双方高效匹配方面具有很大贡献。在此背景下，数字普惠金融将数字技术与普惠金融结合起来，能够最大限度发挥金融普惠性，缓解中小企业融资劣势（梁榜等，2018）。一方面，数字普惠金融有助于拓展中小企业融资渠道。传统金融交易不仅存在地域广度限制，还对中小企业融资条件有诸多限制，信贷审批流程与时间较为烦琐，时间成本与搜寻成本较大，很大程度上影响企业经营效率。数字普惠金融借助数字化技术不仅有助于整合我国数量较多且经营布局分散的中小企业，帮助中小企业搭建系统性征信体系平台，而且针对企业差异化融资需求提供多样化个性服务，探索推广如小额信贷、互联网借款等数字金融服务方式，拓展传统普惠金融广度和深度，进而提高长尾企业资源利用效率，为政策化纾困中小企业提供有效帮扶。另一方面，数字普惠金融大幅降低中小企业融资成本。在传统融资环境中，受中小企业征信体系薄弱影响，商业银行在对其进行贷前审批过程中涉及的流程和文件较为烦琐，金融机构面向中小企业信贷需求时往往需要考虑各种复杂的因素，这些都会给银行带来人力和资源成本耗费。受此影响，商业银行倾向于以提高贷款利率的方式抵消贷前所耗费的各种时间和人力成本，因而会给中小企业带来沉重的融资负担，使中小企业未来预期现金流无法完全覆盖其融资成本，净现值的降低不利于中小企业创新发展。然而，数字普惠金融将传统金融服务转移到互联网平台，利用大数据收集和匹配中小企业的经营信息与融资需求，大幅降低金融机构的信贷业务搜寻成本，从而达到间接减轻中小企业融资负担的目的，为中小企业高效发展营造便捷稳健的金融服务环境。因此，数字普惠金融能够有效发挥缓解企业融资约束的功能，助力中小企业融资纾困。综上所述，数字普惠金融可以通过拓展融资渠道、降低融资成本来缓解中小企业长期以来面临的融资约束问题，进而提高其融资效率。基于上述理论分析，提出第三个研究假设：

H3：数字普惠金融能够通过缓解企业融资约束来提高中小企业融资效率。

5.1.3 变量选择与模型设定

本章构建如下基准回归模型以分析数字普惠金融对中小企业融资效率的影响：

$$Fe_{i,t} = \alpha_0 + \alpha_1 Difi_{i,t} + \alpha_2 Control_{i,t} + \varepsilon_{i,t} \quad (5.1)$$

$$Fe_{i,t} = \beta_0 + \beta_1 Cove_{i,t} + \beta_2 Control_{i,t} + \theta_{i,t} \quad (5.2)$$

$$Fe_{i,t} = \gamma_0 + \gamma_1 Usde_{i,t} + \gamma_2 Control_{i,t} + \varphi_{i,t} \quad (5.3)$$

$$Fe_{i,t} = \delta_0 + \delta_1 Dile_{i,t} + \delta_2 Control_{i,t} + \mu_{i,t} \quad (5.4)$$

其中，i 和 t 分别为企业和年份；Fe 为被解释变量融资效率；$Difi$

为核心解释变量——数字普惠金融总指数；$Cove$、$Usde$ 和 $Dile$ 分别为数字普惠金融覆盖广度、使用深度和数字化程度；$Control$ 为控制变量，包括企业盈利能力（$Gain$）、营运能力（$Oper$）和成长能力（$Grow$）。

在此基础上，本章依据 Baron 和 Kenny（1986）、温忠麟等（2014）对中介效应模型的发展研究结论，采用中介效应逐步回归法检验信息不对称与融资约束在数字普惠金融和中小企业融资效率之间可能存在的中介效应。具体中介效应模型构建和检验程序如下：

$$Fe_{i,t} = \alpha_0 + \alpha_1 Difi_{it} + \alpha_2 Control_{i,t} + \varepsilon_{i,t} \quad (5.5)$$

$$ASY_{i,t} = \beta_0 + \beta_1 Difi_{it} + \beta_2 Control_{i,t} + \varepsilon_{i,t} \quad (5.6)$$

$$SA_{i,t} = \gamma_0 + \gamma_1 Difi_{it} + \gamma_2 Control_{i,t} + \theta_{i,t} \quad (5.7)$$

$$Fe_{i,t} = \delta_0 + \delta_1 Difi_{it} + \delta_2 ASY_{i,t} + \delta_3 Control_{i,t} + \mu_{i,t} \quad (5.8)$$

$$Fe_{i,t} = \sigma_0 + \sigma_1 Difi_{it} + \sigma_2 SA_{i,t} + \sigma_3 Control_{i,t} + \theta_{i,t} \quad (5.9)$$

其中，ASY 和 SA 分别表示中介变量信息不对称和融资约束。在信息不对称中介效应模型中，模型（5.5）中 α_1 为数字普惠金融对中小企业融资效率的总效应；模型（5.6）中 β_1 为数字普惠金融对信息不对称的影响；模型（5.8）中 δ_1 为数字普惠金融对中小企业融资效率的直接效应，β_1 和 δ_2 的乘积即 $\beta_1 \delta_2$ 为信息不对称在数字普惠金融与中小企业融资效率之间起到的中介效应。同理，在融资约束中介效应模型中，模型（5.5）中 α_1 为数字普惠金融对中小企业融资效率的总效应；模型（5.7）中 γ_1 为数字普惠金融对融资约束的影响；模型（5.9）中 σ_1 为数字普惠金融对中小企业融资效率的直接效应，γ_1 和 σ_2 的乘积即 $\gamma_1 \sigma_2$ 为融资约束发挥的中介效应。

5.1.4 样本选择与数据来源

5.1.4.1 样本选择

由于我国多数中小企业存在会计核算不健全、统计数据缺失等问题，关于中小企业层面实证研究的样本选择标准不一。鉴于上市企业数据可得性和真实性更高，因此，本章选择中小企业板和创业板上市公司作为原始样本，使用中小企业板和创业板上市公司 2014—2020 年的数据进行实证研究。此外，为提高实证结果真实性和代表性，本章在原始样本基础上进行如下预处理：

（1）按照《统计上大中小微型企业划分办法（2017）》剔除不符合中小企业定义的中小企业板和创业板企业，保证样本强代表性。

（2）剔除处于 ST 和 *ST 的企业，因为这类企业财务状况存在较大问题，会影响实证结果真实性。

（3）为减轻行业特殊性影响，剔除企业类型为金融行业和房地产行业的企业。

（4）考虑到原始样本数据完整性和连续性，剔除连续两年（含）以上数据缺失、不完整、不全面的企业，并以观测年度内样本平均值代替缺失值。

（5）为排除财务数据异常企业影响，剔除资产负债率大于 1 的样本企业。

（6）为避免极端数据对实证结果的影响，对变量进行 1% 缩尾处理。

鉴于本章研究对象涉及数字普惠金融和中小企业两个层面，因此，数字普惠金融相关数据来源于北京大学数字金融研究中心，企业数据来源于 Wind 数据库和国泰安数据库（CSMAR）。在进行上述处理后，得到 1632 家中小企业 2014—2020 年共 11424 个完整样本的平衡面板数据。具体数据处理和实证回归过程分别使用 Excel 2016 和 Stata15.0 实现。

5.1.4.2 数据来源

5.1.4.2.1 被解释变量

本章采用数据包络分析法（DEA）对中小企业融资效率进行测度。数据包络分析法（DEA）的核心理念是通过选取投入指标和产出指标对决策单元（DUM）的综合技术效率、纯技术效率和规模效率进行度量，该方法主要用于评价对象之间的相对有效性。根据我国当前中小企业发展情况，采用规模报酬可变的BCC模型更加符合实际情况。BCC模型主要针对评价企业的综合效率值（PE）进行度量，综合效率代表对企业管理能力、资源配置和规模水平的综合分析结果，该值越大表明企业可以达到的融资效率越优。综合效率又可以分解成规模效率（SE）和纯技术效率（PTE）。具体见式（5.10）。

$$PE = SE \times PTE \tag{5.10}$$

其中，规模效率反映企业运用投入产出资金获得规模收益的能力，该值越大表示企业越能够最大效率利用投入获得产出；纯技术效率则具体体现企业管理能力和技术水平高低，该值越大表示企业融资效率越接近有效水平。

采用DEA-BCC模型测度中小企业融资效率需要构建符合评价要求的指标体系。本章借鉴方先明等（2015）所构建的融资效率评价指标体系，基于投入角度，采用企业资产总额、资产负债率和营业成本作为投入指标，将净资产收益率、总资产周转率、营业收入增长率和每股收益作为产出指标。具体指标定义见表5.1。

表5.1 中小企业融资效率评价指标体系

指标	指标名称	单位	指标含义
投入指标	资产总额	元	企业规模
	资产负债率	%	负债总额/资产总额
	营业成本	元	营业总成本

续表

指标	指标名称	单位	指标含义
产出指标	净资产收益率	%	净利润/平均净资产
	总资产周转率	%	营业收入/平均资产总额
	营业收入增长率	%	（本期营业收入－上期营业收入）/上期营业收入
	每股收益	元	净利润/股本总数

由于 DEA-BCC 模型要求投入和产出指标均为正值，而中小企业普遍具有相对高营业成本、低营业收入特性，其净资产收益率、营业收入增长率和每股收益可能出现负值，因此，在测度之前需要对投入产出指标做无量纲化处理，具体见式（5.11）。

$$x_{ij}^* = 0.1 + \frac{x_{ij} - \min(x_{ij})}{\max(x_{ij}) - \min(x_{ij})} \times 0.9 \quad (5.11)$$

其中，x_{ij} 为原始变量值，$\max(x_{ij})$ 为变量最大值，$\min_i(x_{ij})$ 为变量最小值。最终测算结果如表 5.2 所示。

表 5.2　2014—2020 年中小企业融资效率均值

年份	技术效率（TE）	纯技术效率（PTE）	规模效率（SE）
2014	0.730	0.967	0.755
2015	0.717	0.963	0.744
2016	0.732	0.956	0.766
2017	0.751	0.946	0.794
2018	0.766	0.94	0.816
2019	0.681	0.935	0.729
2020	0.697	0.931	0.75

由表 5.2 可知，技术效率、纯技术效率和规模效率在各观测年份普遍偏低，大部分效率值低于 0.8 的水平，处于相对无效区间。由此可见，样本企业在 2014—2020 年融资效率均值始终处于较低水平。具体来看，技术效率均值波动较大，2015—2018 年逐年提高，说明在这期

间企业的管理能力、资源配置和规模水平均稳步提升；纯技术效率均值始终保持大于0.8，处于相对有效区间。但是，2014—2020年纯技术效率持续下降，说明中小企业技术水平竞争力普遍较低，出现这一趋势的原因可能是受2020年新冠疫情和宏观经济衰退影响，金融机构信贷业务风险加剧，使得中小企业面临较高的融资成本，因而融资效率较上年有所下降；规模效率均值与技术效率均值变动趋势类似，且2018年达到相对有效，此时企业运用投入获得产出的能力最强，达到最优投入状态。

5.1.4.2.2 解释变量

本章解释变量为数字普惠金融总指数。该指数多年来与我国数字普惠金融实践紧密结合，在许多研究中得到广泛应用。因此，本章采用2015—2020年各省份数字普惠金融总指数作为核心解释变量。同时，为了反映数字普惠金融各维度对中小企业融资效率的影响，本章也选取数字普惠金融覆盖广度、数字普惠金融使用深度和数字普惠金融数字化程度作为其他解释变量。根据定义，指数越大代表数字普惠金融发展质量越好。此外，由于该指数较大，本章对各解释变量除以100来保证回归结果之间具有可比性。

5.1.4.2.3 中介变量

中介变量包括信息不对称（ASY）和融资约束（SA）。现有文献关于衡量企业信息不对称的方法大致包括两种：一是用体现信息不对称程度的公司财务指标作为代理变量来反映。例如，公司规模、年龄等，均与企业信息不对称呈显著正相关关系。二是企业信息不对称模型构建法。如具有代表性的知情交易PIN值（Easley et al., 1996）、非流动比率ILL（Amihud, 2002）等。这些指标的典型特征是根据公司每日高频股票交易量计算，具有计算复杂和可操作性低等不足。由于我国中小板和创业板中小企业股票交易数据容易获得，使用模型构建法能够充分反映企业信息不对称现状。另外，PIN值与ILL比率可能包括与非对称信息无关的成分,因此,本章在衡量信息不对称方面借鉴Bharath等(2009)的做法,对原始指标提取第一主成分,捕捉它们的共同变异信息成分,记为信息不对称指数,该指数越大表明信息不对称程度越高。

关于企业融资约束的衡量,现有研究普遍选取以下三种方法:一是采用财务费用率、利息费用占比等会计指标作为替代变量衡量企业融资约束高低;二是用企业流动比率、现金流量等指标体系构建现金流敏感模型来度量融资约束;三是采用能够反映融资约束大小的指数,如KZ指数、WW指数和SA指数等。与其余指数相比,SA指数由于只考虑企业规模与企业年龄两类外生变量,能够减少现金持有数量等内生变量对指数模型的影响(Hadlock and Pierce,2010),因此,本章选取SA指数衡量企业融资约束。具体计算见式(5.12)。

$$SA = -0.737 \times size + 0.043 \times size^2 - 0.04 \times age \qquad (5.12)$$

其中,$size$为公司规模,age为公司年龄。SA指数越大,企业日常经营所面临的融资约束越大,反之则融资约束越小。

5.1.4.2.4 控制变量

根据现有关于中小企业融资效率影响因素的研究,企业融资效率高低主要受企业自身生产经营能力等内部因素影响。本章分别从盈利、营运、成长三个角度选取相关指标作为控制变量,其中,企业盈利能力采用净资产收益率衡量,即企业净利润与平均净资产的比值。从理论层面来看,净资产收益率高的企业通常具有显著资金优势和信用等级,融资获取渠道畅通且成本较低,因此二者存在正相关关系。企业营运能力用总资产周转率表示,即销售收入除以平均资产总额。通常情况下,营运能力强的中小企业存在更少的闲置库存和资金,能够实现公司内部资金配置的帕累托最优,融资体系更加完善高效,从而提高自身融资效率。企业成长能力采用营业收入增长率度量,即本期营业收入增加值与上期营业收入之比。企业营业收入较大，则企业未来现金流充足，同时也为企业经营建立补偿机制，提高自身信用水平，进而提高融资效率。本章实证研究变量见表5.3。

表5.3 变量名称及含义

变量类型	变量名称	变量	变量含义
被解释变量	中小企业融资效率	Fe	全要素生产率
解释变量	数字普惠金融总指数	Difi	北京大学数字普惠金融指数/100
	数字普惠金融覆盖广度	Cove	数字普惠金融指数二级指标/100
	数字普惠金融使用深度	Usde	数字普惠金融指数二级指标/100
	数字普惠金融数字化程度	Dile	数字普惠金融指数二级指标/100
中介变量	信息不对称	ASY	企业年龄的自然对数
	融资约束	SA	SA指数的绝对值
控制变量	盈利能力	Gain	净资产收益率
	营运能力	Oper	总资产周转率
	成长能力	Grow	营业收入增长率

5.1.5 描述性统计

在对原始数据进行预处理后，对本章研究变量进行描述性统计，包括变量均值、标准差、最小值与最大值。描述性统计结果见表5.4。

表5.4 变量描述性统计

变量	样本数	均值	标准差	最小值	最大值
Fe	11424	0.765	0.080	0.453	1.000
Difi	11424	2.921	0.652	1.666	4.179
Cove	11424	2.731	0.632	1.504	3.970
Usde	11424	2.907	0.822	1.322	4.458
Dile	11424	3.577	0.608	2.307	4.501
ASY	11424	-0.173	0.404	-4.062	11.045
SA	11424	-0.856	0.633	-3.070	5.728
Gain	11424	0.058	0.076	-0.253	0.288
Oper	11424	0.366	0.176	0.057	0.795
Grow	11424	0.662	0.385	0.128	2.278

从描述性统计结果来看，*Fe* 的平均值为 0.765，最小值和最大值分别为 0.453 和 1.000，标准差为 0.080。可见，样本企业融资效率差异较大，且平均处于相对无效水平，反映我国中小企业存在融资效率普遍较低现象。*Difi* 平均值为 2.921，标准差为 0.652，最小值和最大值分别为 1.666 和 4.179，反映出我国地区间数字普惠金融发展存在空间差异性。从数字普惠金融各子维度来看，*Dile* 平均值最高，达 3.577，*Usde* 次之，*Cove* 最低。由此可见，我国数字普惠金融覆盖程度亟待加强，不同地区之间金融科技应用深度不平衡性凸显。*ASY* 标准差为 0.404，表明不同企业存在程度不一致的信息不对称问题；*SA* 最大值、最小值分别为 5.728 和 -3.070，标准差为 0.633，可见我国中小企业融资约束问题普遍较为严峻；在控制变量中，*Gain* 最大值为 0.288，最小值为 -0.253，均值为 0.058，说明我国中小企业净资产收益率差异较大，盈亏状况共存且普遍收益率较低；*Oper* 标准差为 0.176，表明中小企业之间资金周转能力差异较小；*Grow* 标准差为 0.385，反映出我国中小企业实现主营业务收入稳步增长的能力具有显著差异。

5.1.6 相关性分析

为了避免变量之间受多重共线性影响，在对总体样本进行实证回归之前，对各变量之间可能存在的相关关系进行 Pearson 检验，具体检验结果见表 5.5。

表 5.5 相关性分析

变量	Fe	Difi	Cove	Usde	Dile	ASY	SA	Gain	Oper	Grow
Fe	1.000									
Difi	0.005	1.000								
Cove	-0.002	0.990***	1.000							
Usde	0.033***	0.972***	0.954***	1.000						
Dile	-0.040***	0.772***	0.722***	0.647***	1.000					
ASY	-0.019**	-0.008	-0.005	-0.015	-0.001	1.000				

续表

变量	Fe	Difi	Cove	Usde	Dile	ASY	SA	Gain	Oper	Grow
SA	-0.048***	-0.045***	-0.048	0.038	0.041***	0.009*	1.000			
Gain	0.655***	-0.191***	-0.188***	-0.179***	-0.169***	-0.024***	-0.643***	1.000		
Oper	-0.262***	0.052**	0.055**	0.043*	0.048***	0.019***	0.259***	0.274***	1.000	
Grow	0.481***	-0.106***	-0.100***	-0.106***	-0.090***	0.012***	-0.239***	0.205***	0.328***	1.000

注：*、**、***分别表示10%、5%、1%的显著性水平。

由表5.5可知，中小企业融资效率与数字普惠金融总指数及其各维度、信息不对称、融资约束、盈利能力、营运能力和成长能力之间呈现出相关性。具体来看，首先，在解释变量方面，融资效率与数字普惠金融总指数、覆盖广度、使用深度和数字化程度的相关系数分别为0.005、-0.002、0.033和-0.040。由此可知数字普惠金融总指数、数字普惠金融使用深度与中小企业融资效率之间存在正相关关系，而数字普惠金融覆盖广度、数字化程度与中小企业融资效率存在负相关关系。其次，在中介变量方面，数字普惠金融总指数与信息不对称存在显著负相关关系，与融资约束存在显著的负相关关系。最后，在控制变量方面，企业盈利能力、成长能力与中小企业融资效率之间存在显著正相关关系，而企业营运能力与中小企业融资效率之间存在显著负相关关系。

5.1.7 多重共线性分析

为了剔除变量间可能存在的多重共线性问题，本章采用VIF（方差膨胀因子）检验方法进行验证。结果见表5.6。

表5.6 VIF（方差膨胀因子）检验

变量	VIF	1/VIF
Difi	1.97	0.508
ASY	1.757	0.569
SA	1.265	0.79
Gain	1.231	0.812
Oper	1.053	0.95

续表

变量	VIF	1/VIF
Grow	1.001	0.999
Mean VIF	1.38	—

从VIF检验结果来看，VIF平均值为1.38，且最大值为1.97，远小于10，因此不存在多重共线性问题。

5.1.8 回归结果分析

5.1.8.1 基准回归结果分析

为验证H1，即数字普惠金融能够提高中小企业融资效率，使用模型（5.5）进行基准回归，结果见表5.7。

表5.7 基准回归结果

变量	(1) Fe	(2) Fe	(3) Fe	(4) Fe
Difi	0.021*** (0.001)			
Cove		0.020*** (0.001)		
Usde			0.019*** (0.001)	
Dile				0.011*** (0.001)
Gain	0.527*** (0.008)	0.524*** (0.008)	0.529*** (0.008)	0.506*** (0.008)
Oper	-0.102*** (0.004)	-0.101*** (0.004)	-0.102*** (0.004)	-0.099*** (0.004)
Grow	0.078*** (0.002)	0.077*** (0.002)	0.079*** (0.002)	0.076*** (0.002)
_cons	0.660*** (0.003)	0.665*** (0.003)	0.664*** (0.003)	0.682*** (0.003)
N	11424	11424	11424	11424

续表

变量	(1)	(2)	(3)	(4)
	Fe	Fe	Fe	Fe
R^2	0.401	0.397	0.419	0.364

注：＊＊＊表示1%的显著性水平，括号内数值为标准误。

第（1）列报告了数字普惠金融总指数对中小企业融资效率的影响，即对模型（5.1）进行回归。结果显示，数字普惠金融总指数回归系数为0.021，并在1%水平上显著为正，表明数字普惠金融对中小企业融资效率具有显著提振作用。第（2）、第（3）、第（4）列报告了数字普惠金融三个不同维度对中小企业融资效率的影响。结果表明，各维度数字普惠金融与中小企业融资效率之间均呈显著正相关关系，具体来看，数字普惠金融覆盖广度、使用深度和数字化程度系数分别为0.020、0.019和0.011，且均在1%的水平上显著。由此可知，数字普惠金融覆盖广度对中小企业融资效率改善效应最大、使用深度次之、数字化程度最小。可见，数字普惠金融服务半径越大，中小企业获得资金融通的便利性越高，从而促进其融资效率提升。总体上看，数字普惠金融覆盖广度、使用深度和数字化程度的提高显著促进了中小企业融资效率提升。由此验证H1成立。

从控制变量回归结果来看，在第（1）列中，盈利能力对中小企业融资效率回归系数为0.527，且在1%的水平上显著。说明中小企业盈利能力每提高1个单位，中小企业融资效率提升0.527。中小企业盈利能力越强，融资效率越高，盈利能力是影响企业融资效率的重要因素之一。营运能力回归系数在1%的水平上显著为负，造成这一结果的原因可能是中小企业营运能力高并不意味着资源整合质量就高，为了追求高周转率可能忽视利润可持续增长，从而不利于企业信用资质提升，使其融资效率降低。成长能力系数为0.078，且在1%的水平上显著。说明营业收入增长率的提高能够促进企业融资效率的提升，高成长性中小企业具有的显著资金优势有利于促进其融资效率优化。

5.1.8.2 中介效应回归结果分析

5.1.8.2.1 信息不对称的中介效应

表5.8报告了信息不对称中介效应逐步回归检验结果，对H2进行验证，即数字普惠金融能够通过降低信息不对称来提高中小企业融资效率。第（1）～第（3）列分别报告了模型（5.5）、模型（5.6）和模型（5.8）的结果。第（1）列与总体回归分析一致，即数字普惠金融总体促进中小企业融资效率提升。第（2）列结果显示，数字普惠金融总指数在10%的水平上显著为负，说明数字普惠金融总指数每增加1个单位，信息不对称降低0.009个单位。第（3）列信息不对称指标估计系数显著为负，说明信息不对称每提高1个单位，企业融资效率下降0.003个单位，表明信息不对称对企业融资效率提高起着阻碍作用。同时，第（3）列中 $Difi$ 系数为0.020，且在1%显著性水平上低于第（1）列中 $Difi$ 系数0.021，说明信息不对称在数字普惠金融和融资效率之间起部分中介作用，且中介效应 $\beta_1\delta_2$ 为0.000027，占总效应 α_1 的1.3%。由此验证假设成立。

表5.8 信息不对称中介效应检验结果

变量	(1)	(2)	(3)
	Fe	ASY	Fe
$Difi$	0.021***	-0.009*	0.020***
	(0.001)	(0.005)	(0.001)
ASY			-0.003**
			(0.002)
$Gain$	0.527***	-0.103*	0.526***
	(0.008)	(0.060)	(0.008)
$Oper$	-0.001***	0.000	-0.001***
	(0.008)	(0.060)	(0.008)

续表

变量	(1)	(2)	(3)
	Fe	ASY	Fe
Grow	0.078 ***	0.012	0.078 ***
	(0.002)	(0.015)	(0.002)
_cons	0.660 ***	-0.153 ***	0.659 ***
	(0.003)	(0.022)	(0.003)
N	11424	11424	11424
R^2	0.401	0.001	0.402

注：*、* *、* * *分别表示10%、5%、1%的显著性水平，括号内数值为标准误。

5.1.8.2.2 融资约束的中介效应

表5.9显示了融资约束中介效应逐步回归检验结果。第（1）、第（2）、第（3）列是对模型（5）、模型（7）和模型（9）的回归检验。第（1）列与总体回归结果一致。从第（2）列回归结果来看，数字普惠金融总指数系数在5%的水平上显著为负，数字普惠金融总指数每增加1个单位，融资约束降低0.089个单位。第（3）列融资约束 SA 回归系数在1%的水平上显著为负，说明企业融资约束每提高1个单位，中小企业融资效率降低0.007个单位，表明融资约束程度提高会限制企业融资效率优化。同时，第（3）列中数字普惠金融总指数回归系数为0.020，显著低于总体回归模型中的系数0.021，也证实了融资约束在数字普惠金融与融资效率之间存在部分中介作用，说明融资约束在二者之间存在传导作用，且中介效应 $\gamma_1 \sigma_2$ 为0.000623，占总效应 α_1 的2.97%。由此验证 H3 成立。

表5.9 融资约束中介效应检验结果

变量	(1) Fe	(2) SA	(3) Fe
$Difi$	0.021***	-0.089**	0.020**
	(0.001)	(0.006)	(0.001)
SA			-0.007***
			(0.001)
$Gain$	0.0527***	-4.576***	0.495***
	(0.008)	(0.071)	(0.010)
$Oper$	-0.102***	0.418***	-0.099***
	(0.004)	(0.035)	(0.004)
$Grow$	0.078***	-0.174***	0.077***
	(0.002)	(0.017)	(0.002)
$\_cons$	0.660***	-0.369***	0.657***
	(0.003)	(0.026)	(0.003)
N	11424	11424	11424
R^2	0.401	0.309	0.405

注：**、***分别表示5%、1%的显著性水平，括号内数值为标准误。

5.1.9 异质性分析

在数字普惠金融促进中小企业融资效率提高的过程中，由于企业所处行业、地区数字普惠金融发展水平不同，其促进作用可能会存在差异。因此，为了进一步探究数字普惠金融对不同行业类型、不同地区中小企业融资效率的影响，本章分别从两个角度出发对其进行异质性检验。

5.1.9.1 基于行业视角的异质性分析

在不同行业视角下，数字普惠金融对其融资效率的影响见表5.10。总体上看，对于不同行业的中小企业，科学研究和技术服务业数字普惠金融 $Difi$ 系数均在5%的水平上显著为正，其他行业数字普惠金融 $Difi$ 系数均在1%水平上显著为正，即数字普惠金融促进中小企业融资效率提升假说仍然成立。具体来看，在制造业、信息业、租赁和商务服务业、科学研究和技术服务业、建筑业五类子样本中，$Difi$ 对 Fe 的回归系数分别为 0.022、0.015、0.027、0.015 和 0.016，由此可见，数字普惠金融对租赁和商务服务业的中小企业融资效率提振作用更加明显。

表 5.10 不同行业中小企业异质性检验结果

变量	制造业	信息业	租赁和商务服务业	科学研究和技术服务业	建筑业
$Difi$	0.022***	0.015***	0.027***	0.015**	0.016***
	(0.001)	(0.002)	(0.007)	(0.007)	(0.005)
$Gain$	0.542***	0.432***	0.445***	0.728***	0.008***
	(0.010)	(0.020)	(0.051)	(0.088)	(0.000)
$Oper$	−0.107***	−0.150***	−0.024	−0.102***	0.017
	(0.004)	(0.012)	(0.025)	(0.033)	(0.019)
$Grow$	0.075***	0.085***	0.075***	0.030	0.090***
	(0.002)	(0.006)	(0.007)	(0.025)	(0.009)
$\_cons$	0.658***	0.693***	0.628***	0.685***	0.592***
	(0.003)	(0.008)	(0.025)	(0.028)	(0.018)
N	8239	1365	161	161	294
R^2	0.398	0.399	0.497	0.327	0.499

注：**、***分别表示5%、1%的显著性水平，括号内数值为标准误。

5.1.9.2 基于地域视角的异质性分析

在不同地区视角下，对东部、中部和西部地区进行的中小企业异质性检验结果见表5.11。根据回归结果，在中小企业东部、中部和西部子样本中，$Difi$ 系数分别为0.021、0.023、0.024，且均在1%的水平上显著，表明数字普惠金融发展水平提高对各地区中小企业融资效率均产生积极作用，且对西部地区中小企业融资效率提升作用更加明显。

表 5.11 不同地区中小企业异质性检验结果

变量	东部	中部	西部
$Difi$	0.021***	0.023***	0.024***
	(0.001)	(0.002)	(0.003)
$Gain$	0.524***	0.542***	0.550***
	(0.009)	(0.021)	(0.029)
$Oper$	-0.105***	-0.094***	-0.086***
	(0.004)	(0.010)	(0.013)
$Grow$	0.077***	0.075***	0.085***
	(0.002)	(0.005)	(0.006)
$\_cons$	0.659***	0.656***	0.648***
	(0.003)	(0.005)	(0.010)
N	8825	1568	1001
R^2	0.395	0.430	0.412

注：＊＊＊表示1%的显著性水平，括号内数值为标准误。

5.1.10 稳健性检验

根据以往学者研究，本章总共采取了三种稳健性检验方法，分别为替换解释变量、替换被解释变量、更换模型。

5.1.10.1 替换解释变量

为了提高实证结果的可靠性，本章借鉴雷辉等（2021）采用的替换核心解释变量的稳健性检验方法，即选择滞后一期的数字普惠金融总指数和各子维度作为解释变量进行回归，结果见表5.12。

表 5.12 替换解释变量的稳健性检验

变量	(1)
	Fe
$L.Difi$	0.011***
	(0.001)
$Gain$	0.514***
	(0.009)

续表

变量	(1)
	Fe
Oper	-0.107***
	(0.004)
Grow	0.090***
	(0.002)
_cons	0.690***
	(0.003)
N	9792
R^2	0.394

注：***表示1%的显著性水平，括号内数值为标准误。

由表5.12可知，滞后一期的 Difi 对 Fe 的回归系数为0.011，仍然在1%的水平上显著为正，说明在替换核心解释变量后，系数的显著性和方向均未发生变化，数字普惠金融促进中小企业融资效率提升的假设仍然成立，同时也为数字普惠金融对中小企业融资效率具有长期性影响特征提供经验证据，证实本章实证回归结果具备稳健性。

5.1.10.2 替换被解释变量

关于被解释变量中小企业融资效率的衡量方法，本章参考彭亚倩等（2022）对中小企业融资效率的度量方法，使用DEA-BCC模型得到的技术效率替代原有被解释变量。具体实证回归结果见表5.13。

表5.13 替换被解释变量的稳健性检验

变量	(1)
	Fe
Difi	0.004***
	(0.001)
Gain	0.504**
	(0.009)

续表

变量	(1)
	Fe
$Oper$	-0.174***
	(0.005)
$Grow$	0.047***
	(0.002)
$\_cons$	0.716***
	(0.003)
N	11424
R^2	0.375

注：＊＊、＊＊＊分别表示5%、1%的显著性水平，括号内数值为标准误。

从表5.13回归结果来看，数字普惠金融总指数对Fe的回归系数为0.004，且在1%的水平上显著为正，由此说明在使用DEA测算的技术效率替换核心被解释变量后，系数的显著性和方向均未发生变化，进一步证实本章数字普惠金融能够促进中小企业融资效率提升的研究结论。

5.1.10.3 更换模型

面板数据除了固定效应模型以外，由于本章被解释变量规模效率集中在0和1之间，当使用该因变量进行回归后会出现融资效率小于等于0和大于1的数据截断问题，如果采用固定效应模型回归，回归结果可能会出现偏差（韩华为等，2010）。因此，本章借鉴彭亚倩等（2022）的研究方法，使用受限因变量回归模型——Tobit模型对本章总体回归结果进行稳健性检验。检验结果见表5.14。

表5.14 更换模型的稳健性检验

变量	(1)
	Fe
$Difi$	0.019***
	(0.001)

续表

变量	(1)
	Fe
Gain	0.533***
	(0.008)
Oper	-0.095***
	(0.003)
Grow	0.079***
	(0.001)
_cons	0.662***
	(0.003)
N	11424

注：***表示1%的显著性水平，括号内数值为标准误。

根据表5.14回归结果，在使用Tobit模型代替固定效应模型后，本章核心解释变量数字普惠金融总指数的系数仍然为正，且在1%的水平上显著，进一步说明本章实证回归结果较为稳健。

5.2 数字普惠金融影响包容性增长的实证分析

5.2.1 研究由来

自改革开放以来，我国经济高速增长，居民收入水平越来越高，2022年，我国居民人均可支配收入达到3.69万元。但有国外学者研究指出，随着时间的推移，中国经济增长的无差异曲线变得更加陡峭，说明中国经济的快速增长不是由平等的改善推动的，存在着社会受益不均这一现象。结合目前我国社会发展中凸显的相关问题，如区域发展不协调、社会各阶层收入分配差距扩大等，可见，包容性增长至关重要，实现包容性增长主要目的是使人民群众共享经济增长红利、发展成果，倡导机会平等，增强社会公平性。2016年G20杭州峰会上，国家主席习近平提出，要维护金融稳定、创新发展方式、完善全球经济治理、建设开放型世界经济、促进包容性发展，无一不体现出中国包容性增长的核心理念和主张，世界是一个整体，但是各国在发展过程中还存在很大的差异，特别是一些发达国家与贫困国家，而包容性增长的提出正是为了更好地解决这一问题，尽可能缩小各国之间的差距，使世界各国人民共同享受经济发展所带来的红利，而不是仅局限于少数发达国家。2017年6月，李克强总理在夏季达沃斯论坛上强调"推动包容性增长能够实现比较平衡的发展"。在2021年10月底举行的二十国集团领导人会议中，习近平主席再次强调："我们应该坚持以人民为中心，提升全球发展的公平性、有效性、包容性，努力不让任何一个国家掉队。"中国秉持包容性理念科学治国，同时有效推动其思想在各个省份传播，让包容性增长观念、政策落实到全中国，尤其是落后贫苦地区。全国达成共识，集多方力量促进中国的可持续发展。可以说，推动包容性增长正在成为我国当前至关重要的发展方向，它事关中国经济能否高效、可持续地发展，为社会稳定、和谐发展提供了重要抓手。随着社会的不断发展，金融服务也在不断完善，但由于地理位置等差异，一些偏远地区的贫困人民仍无法享受正规、便捷的金融服务。2005年联合国提出了普惠金融这一概念，其目的是确保每位公民都能享受到正规的金融服务，缓解经济社会发展过程中存在的金融排斥问题，使得更多的家庭能够参与金融市场的投资。2021年，数字普惠金融首次被写入中央一号文件，传达出数字普惠金融被视为促进乡村全面振兴的重要抓手的政策信息。近年来，数字普惠金融在互联网的基础上发展得越来越快速稳定，发展模式也突破了以前的传统金融模式，移动支付、互联网理财、互联网保险等在我国被更多的社会群体所接受。相关数据表明，2015—2021年中国互联网理财用户规模持续增长，由2.4亿人增加至6.3亿人，增速超1.6倍。由此可见，我国数字普惠金融总体上呈现发展速度快、市场规模大的格局。数字普惠金融也能够通过其便利、共享等优势，在我国科技创新和基本政策的全力支持下，有效推动经济可持续增长、缩小收入分配差距、保障机会平等，进而促进我国社会发展的包容性增长。基于此，本章第二节选择了我国2011—2021年31个省份的数据作为样本。首先，以北京大学数字普惠金融指数及各维度子指数为解释变量，从经济增长、收入分配、机会公平3个维度出发，结合我国目前的国家政策，增加精神文明建设相关指标，构建包含18个具体指标的指标体系，以采用熵值法测得的包容性增长水平总指数为被解释变量，构建双向固定效应模型、中介效应模型及空间计量模型，实证检验数字普惠金融对包容性增长的直接效应、中介效应及空间溢出效应。其次，对区域、时间、经济规模三大视角下的异质性进行分组回归分析。再次，采用多种方法进行稳健性检验。最后，根据实证结果明确数字普惠金融对包容性增长的影响效应、作用机制及空间溢出效应，从而为我国实现包容性发展提供重要理论支持和经验指导，并为我国实现共同富裕作出贡献。

5.2.2 研究假设

本书中包容性增长涵盖了3个方面，分别是经济增长、收入分配和机会公平，在经济发展过程中，越来越多的人开始关注数字普惠金融与包容性增长的发展，数字普惠金融可通过多方面影响包容性增长。从直接效应来看，数字普惠金融可通过促进经济可持续增长、调节收入分配、保障机会平等来促进包容性增长。具体来讲，关于促进经济可持续增长方面，数字普惠金融打破了地域对金融服务可得性的限制，客户凭借智能终端即可便利地获得线上金融服务，企业也有更多渠道获得资金，资金充足就能更多地促进技术进步，进而有更高的效率，减少资源浪费，最后企业获得更多的利润，经济进一步增长；另外，数字普惠金融可以借助大数据技术收集大量的消费和借贷数据，并建立相应的客户信用信息库，能够使金融机构摆脱信息不对称的困境，缓解供给端

"不敢贷、不愿贷"的问题，引导金融资源更高效地服务实体经济，强化金融促进经济增长的效能。关于调节收入分配方面，数字普惠金融作为线上的金融服务，能够实现需求方与供给方的高效对接，突破地理限制，弥补农村地区金融体系的不足，使得农村和偏远地区本来无法接触到金融的人，现在就可以获取资金，且减轻资金外流压力，从而增加个体经济活动和消费等机会，进而提高农村居民收入和消费水平，缩小城乡差距。关于保障机会公平方面，数字普惠金融能够通过在各区域之间合理进行资源配置的方式缓解各区域之间发展不平衡的问题，促使个人更容易接触金融活动，增加信贷、投资、保险等业务，因为有信用贷款，则更容易进行自我教育或用于自我能力的提升，从而增加就业机会，提升了社会保障水平。在此基础上，本节提出第一个研究假设：

H1：数字普惠金融能够对包容性增长产生正向直接影响。

在全球经济动荡的背景下，我国作为世界上最大的发展中国家，需要增强经济体系的韧性，坚持和完善社会主义市场经济体制，为包容性增长水平的提升提供稳定的发展环境和不竭动力。而我国市场经济的主体由政府、企业和消费者组成。政府是数字普惠金融政策的颁布者和实施者，企业和消费者是数字普惠金融政策的实际实践者。对于政府来说，认识到数字普惠金融对包容性增长的重要性至关重要，数字普惠金融中嵌入的互联网技术可以激发实体企业的创新热情，加速关键核心技术成果的转移和深化，实现创新链与产业链的精准融合；对于企业而言，在中国数字经济蓬勃发展的背景下，可以利用数字普惠金融的机遇，加快数字化转型，着力进行技术和科技创新，培育综合能力，更好地适应我国高质量发展的进程；对于消费者而言，可以利用数字普惠金融带来的消费便利和资源倾斜，满足自我的实际消费需求，缩小贫富差距和城乡差距。因此，本节从以上三个市场经济主体的角度来探讨数字普惠金融对包容性增长的中介影响机制。

5.2.2.1 农村家庭消费支出

数字普惠金融为农村居民等低资本群体带来了更多的资金来源，一方面，低廉的金融服务价格降低了金融消费成本，加快了贷款人和借款人的匹配过程，提高了农村家庭参与金融市场的便利性与金融服务的可得性，引导了更多家庭进入金融市场，能刺激家庭消费金融的需求；另一方面，数字普惠金融为农村居民提供以金融科技为发展基础的可访问和可获得的金融服务，通过应用大数据、云计算、区块链和其他数字技术等，人们足不出户就能借助网络设备购买产品，极大地方便了受地理环境影响的居民，激发了他们的消费活力。因此，数字普惠金融通过减缓金融排斥，让农村贫困人口以低成本将储蓄转化为消费，为农村家庭提供了创造收入的途径，也同时增加了居民的消费行为，减轻了农村家庭面对未来不确定性生活的脆弱性，一定程度上缩小了城乡差距，有效解决了发展过程中不平衡、不充分的问题，进而实现了包容性增长。

5.2.2.2 产业结构升级

产业升级是我国能否跨越中等收入陷阱的关键，以政府扶持主导的产业结构优化是数字普惠金融发展的重要路径，其对扩大就业、改善民生和实现机会公平发挥了重要作用，有助于促进包容性增长。具体来讲，数字普惠金融可以为产业优化提供资金，特别是对欠发达地区和一些传统企业在资金上的补助，也可以提高社会中剩余资金利用率，甚至助推新兴行业诞生，以此成为区域协调发展的动力。此外，数字普惠金融依据其本身数字化特点促进产业智能化发展，减少烦琐的工作流程、提高工作效率、形成高效工作模式，向新兴产业不断转型，带动产业结构的优化，而一个地区产业结构优化，将使该地区金融基础设施趋于完善，辐射带动周边地区的金融效率，将本地区的剩余资本转移，满足周边地区的融资需求，带动就业与消费提升，以此实现包容性增长。

5.2.2.3 企业培育水平

数字普惠金融利用互联网技术形成的征信体系，具有集中数据的优势，可以实现目标对象与相关数据的快速匹配，相比传统普惠金融具有更高的效率和更低的服务成本。数字普惠金融的快速推广有效解决了我国企业的资金需求问题，使金融服务的渗透作用大大增强，从而大大培育和激发企业的新动能，为提升企业能力奠定了坚实基础。而企业培育水平的增强将促进企业间的良性竞争和创新，有利于整合社会闲置资源，将闲散资源充分转化为生产力，也有利于新产业、新行业的不断涌现，增强经济发展潜力，提升包容性增长总水平。在此基础上，本节提出第二个研究假设：

H2：数字普惠金融能够通过农村家庭消费支出、产业结构升级、企业培育水平三条途径促进包容性增长。

空间溢出效应是指经济变量或者经济现象在空间效应中存在一定的空间相关性，指经济活动虽然不在一个空间却能相互影响、相互关联，即某一地区的经济活动往往会引起另外一个空间或地区的变化。由于区域经济间存在着要素流动与技术扩散，因此区域经济具有明显的溢出性与扩散性，某一地区发生变化往往会引起周边区域的连锁反应。因此，我们可以充分利用这一效应，研究数字普惠金融对于该地区及邻近区域的影响范围及效果。在我国，一个地区通过发展数字普惠金融来促进本地区的包容性增长，培养了更多的优秀人才，集聚了更多的优质生产要素，充分利用了已有优质资源并开发创造了所需资源，来进一步促进该地区的包容性增长，而本地区发展速度的加快，会导致周边地区对本地区优秀人才培养模式和先进技术的模仿和学习，进而引发一个区域中优质人才和先进技术资源的合理分配和流动。因此，在此基础上，本节提出第三个研究假设：

H3：普惠数字金融会对包容性增长具有正向的空间溢出效应。

5.2.3 变量选取及数据说明

5.2.3.1 被解释变量

包容性增长（Ig）：主要借鉴周小亮和吴武林（2018）等的方法，基于包容性增长的特征内涵，构建出评价指标体系，并通过熵值法测度出各地区的包容性增长水平。包容性增长评价指标体系如表5.15所示。

表5.15 包容性增长评价指标体系

一级指标	二级指标	三级指标	指标属性	指标单位
经济增长	增长水平	人均GDP	+	元
	增长结构	第二产业比重	−	%
		第三产业比重	+	%
收入分配	收入水平	农村居民人均纯收入	+	元
		城镇居民人均可支配收入	+	元
	收入差距	泰尔指数	−	
机会公平	教育	教育经费合计	+	万元
		高中阶段每十万人口平均在校生数	+	人
	医疗	每万人医疗机构床位数	+	张
		每万人拥有卫生技术人员数	+	人
	就业	二、三产业就业率	+	%
		城镇登记失业率	−	%
	精神文明	人均拥有公共图书馆藏书量	+	册
		博物馆参观人次	+	千人次
	社会保障	参加城镇基本养老保险人数	+	万人
		城镇基本医疗保险参保人数	+	万人
	基础设施	城市每万人拥有公共交通车辆	+	标台
		人均公园绿地面积	+	平方米

本节对指标数据的处理采用了熵值法，具体如式（5.13）至式（5.19）所示。

首先，需要对不同量纲的原始数据进行标准化处理。一般设定由 M 个城市、T 个年份和 N 个评价指标构成的面板数据，原始数据矩阵设定

为 $x = (x_{ijt})_{M \times N \times T}$，由于原始数值存在不同的量纲以及指标具有不同的正负向属性，则需要进行指标的标准化处理。

对于正向指标：

$$x'_{ijt} = \frac{x_{ijt} - \min(x_{ijt})}{\max(x_{ijt}) - \min(x_{ijt})} \quad (5.13)$$

对于负向指标：

$$x'_{ijt} = \frac{\max(x_{ijt}) - x_{ijt}}{\max(x_{ijt}) - \min(x_{ijt})} \quad (5.14)$$

再计算出城市 i 指标 j 的评价指标值占比：

$$p_{ijt} = x'_{ijt} / \sum_{t=1}^{T} \sum_{i=1}^{M} x'_{ijt} \quad (5.15)$$

其次，计算各项指标的熵值（信息熵）和差异系数。具体计算公式为：

$$e_j = \ln^{-1}(TM) \sum_{t=1}^{T} \sum_{i=1}^{M} (p_{ijt} \cdot \ln p_{ijt}) \quad (5.16)$$

$$g_j = 1 - e_j \quad (5.17)$$

最后，计算各项指标的权重值并进行线性加权。权重表达式为：

$$w_j = g_j / \sum_{j=1}^{N} g_j \quad (5.18)$$

依据熵值法的原理，信息熵 e_j 越小说明该指标的离散程度越大，所提供的信息量越大，不确定性越小，那么该指标的权重便越大，反之便越小。

再将标准化之后的指标数值与对应的权重进行线性加权，其表达式为：

$$z_{it} = \sum_{j=1}^{N} w_j \cdot x'_{ijt} \quad (5.19)$$

基于上述指标体系和熵权法测度出 2011—2021 年我国 31 个省份的包容性增长水平总指数，如表 5.16 所示。

5 数字普惠金融影响共同富裕的经济效应实证分析

表 5.16 2011—2021 年我国各省份包容性增长水平总指数

省份	年份											均值	排名
	2011	2012	2013	2014	2015	2016	2017	2018	2019	2020	2021		
广东	0.344	0.374	0.396	0.420	0.451	0.472	0.491	0.506	0.676	0.503	0.536	0.4699	1
江苏	0.293	0.314	0.332	0.360	0.384	0.407	0.463	0.483	0.507	0.478	0.511	0.4120	2
浙江	0.253	0.284	0.315	0.343	0.366	0.395	0.428	0.453	0.486	0.446	0.475	0.3859	3
北京	0.315	0.309	0.335	0.332	0.345	0.362	0.392	0.410	0.434	0.414	0.429	0.3707	4
上海	0.309	0.305	0.320	0.327	0.345	0.368	0.385	0.403	0.429	0.419	0.458	0.3699	5
山东	0.229	0.268	0.293	0.310	0.371	0.389	0.412	0.433	0.450	0.427	0.458	0.3673	6
四川	0.190	0.216	0.232	0.250	0.267	0.303	0.352	0.383	0.400	0.377	0.410	0.3073	7
河南	0.165	0.190	0.206	0.229	0.247	0.265	0.359	0.381	0.395	0.378	0.404	0.2926	8
湖南	0.160	0.178	0.184	0.207	0.234	0.249	0.304	0.326	0.358	0.349	0.381	0.2663	9
湖北	0.157	0.174	0.190	0.210	0.226	0.240	0.291	0.309	0.325	0.305	0.342	0.2519	10
河北	0.155	0.167	0.181	0.189	0.203	0.258	0.279	0.303	0.376	0.307	0.327	0.2496	11
福建	0.168	0.188	0.195	0.207	0.220	0.232	0.273	0.293	0.313	0.294	0.320	0.2458	12
辽宁	0.174	0.190	0.204	0.216	0.227	0.241	0.252	0.274	0.285	0.277	0.292	0.2394	13
安徽	0.148	0.164	0.171	0.189	0.202	0.212	0.240	0.293	0.314	0.311	0.328	0.2338	14
重庆	0.139	0.179	0.198	0.209	0.219	0.231	0.252	0.274	0.291	0.265	0.301	0.2327	15
天津	0.176	0.178	0.193	0.209	0.219	0.239	0.256	0.251	0.275	0.270	0.287	0.2321	16
江西	0.136	0.152	0.165	0.172	0.187	0.205	0.246	0.262	0.280	0.289	0.316	0.2190	17
陕西	0.143	0.153	0.163	0.183	0.197	0.218	0.234	0.277	0.293	0.261	0.274	0.2179	18
黑龙江	0.144	0.160	0.172	0.185	0.197	0.210	0.236	0.237	0.248	0.267	0.265	0.2110	19
广西	0.109	0.126	0.135	0.153	0.166	0.182	0.240	0.257	0.253	0.261	0.296	0.1980	20
内蒙古	0.114	0.129	0.144	0.169	0.177	0.192	0.218	0.226	0.236	0.240	0.245	0.1900	21
山西	0.122	0.138	0.150	0.157	0.175	0.185	0.212	0.222	0.235	0.235	0.248	0.1891	22
新疆	0.122	0.135	0.146	0.162	0.178	0.191	0.200	0.219	0.238	0.232	0.242	0.1878	23
云南	0.105	0.116	0.130	0.145	0.154	0.174	0.222	0.236	0.253	0.247	0.258	0.1854	24
海南	0.141	0.160	0.154	0.162	0.168	0.173	0.187	0.200	0.214	0.219	0.234	0.1830	25
吉林	0.126	0.136	0.140	0.154	0.162	0.174	0.184	0.218	0.225	0.230	0.243	0.1811	26
贵州	0.087	0.111	0.123	0.144	0.159	0.171	0.188	0.234	0.246	0.247	0.250	0.1779	27
甘肃	0.097	0.115	0.133	0.147	0.160	0.170	0.200	0.209	0.226	0.220	0.232	0.1736	28
宁夏	0.107	0.121	0.135	0.145	0.154	0.160	0.181	0.191	0.201	0.201	0.204	0.1636	29

续表

省份	年份											均值	排名
	2011	2012	2013	2014	2015	2016	2017	2018	2019	2020	2021		
青海	0.083	0.094	0.101	0.122	0.131	0.143	0.161	0.176	0.190	0.202	0.211	0.1467	30
西藏	0.076	0.082	0.094	0.106	0.118	0.114	0.124	0.132	0.152	0.160	0.187	0.1223	31

5.2.3.2 核心解释变量

数字普惠金融总指数（$Difi$）：本节选取具有权威性的北京大学数字金融研究中心开发的北京大学数字普惠金融指数（$Difi$）作为核心解释变量来准确反映我国31个省份的数字普惠金融发展水平。该指数凝练概括了数字普惠金融覆盖广度（$DIF-breadth$）、使用深度（$DIF-depth$）和数字化程度（$DIF-digital$）三个层面的发展程度。

5.2.3.3 中介变量

农村家庭消费支出（Rhc）：以农村家庭人均生活消费支出来衡量。

产业结构升级（Is）：本节将第一、第二、第三产业的产值占GDP的比重分别乘以相应系数后求和，以此来衡量区域的产业结构升级情况。

企业培育水平（Lec）：以上市公司数来衡量。

5.2.3.4 控制变量

本节选取了城镇化率（$Urban$）、价格水平（Cpi）、政府财政支持（Gov）和对外开放水平（$Open$）等指标作为研究的控制变量。其中，城镇化率由地区城镇化人口与总人口之比来衡量；政府财政支持采用当地财政支出占地方GDP的比重来衡量；对外开放水平采取外商直接投资占GDP的比重来衡量。

5.2.4 变量描述性统计

文中研究变量的原始数据主要来自Wind数据库、EPS数据库、前瞻数据库以及国家统计局网站等，其中个别缺失数据，主要通过采用线性插值法进行补全。此外,本节选取2011—2021年中国31个省份样本进行实证分析,各变量的描述性统计结果见表5.17。由结果可得,数字普惠金融总指数及其分维度指数具有较大的标准差,表明当前中国各地区数字普惠金融发展水平存在较大的差距。包容性增长和其他变量的标准差较小,表明相关数据的波动较为稳定。

表 5.17 变量描述性统计

变量名称	变量符号	样本量	平均值	标准差	最小值	最大值
包容性增长	Ig	341	0.247533	0.101661	0.0758645	0.6757402
数字普惠金融总指数	$Difi$	341	230.46103	103.3631	16.22	458.9704
覆盖广度指数	cov	341	211.64598	103.9233	1.96	433.4233
使用深度指数	dep	341	225.92215	105.8761	6.76	510.6945
数字化程度指数	dig	341	300.8456	116.9249	7.58	462.2278
城镇化率	$Urban$	341	0.5863739	0.1306596	0.2281	0.896
价格水平	Cpi	341	102.34431	1.218859	100.1	106.3382
政府财政支持	Gov	341	0.2929183	0.2062316	0.1066314	1.353777
对外开放水平	$Open$	341	0.1096416	0.1600519	0.0000052	0.9439688

5.2.5 数字普惠金融对包容性增长的直接作用分析

5.2.5.1 面板模型的设定

为了检验数字普惠金融对包容性增长的影响,本节将包容性增长作为被解释变量,把数字普惠金融总指数作为核心解释变量,构建了基准回归模型,本节利用Hausman检验,发现p值通过1%显著性水平的检验,拒绝原假设,即得出需要建立双向固定效应模型,具体模型设定如下:

$$Ig_{it} = \beta_0 + \beta_1 Difi_{it} + \Sigma \beta_j x_{it} + \mu_i + \varphi_t + \varepsilon_{it} \quad (5.20)$$

其中,i为样本城市数量,t为年份,Ig_{it}为被解释变量,代表各城市的包容性增长水平,$Difi_{it}$为核心解释变量,代表数字普惠金融发展水平,x_{it}为控制变量,主要包括城镇化率、价格水平、政府财政支持和对外开放水平等。此外,为探究数字普惠金融不同维度带来的差异性影响,本节进一步将其覆盖广度、使用深度和数字化程度三大维度作为解释变量进行实证分析。

$$Ig_{it} = \beta_0 + \beta_1 cov_{it} + \Sigma \beta_j x_{it} + \mu_i + \varphi_t + \varepsilon_{it} \quad (5.21)$$

$$Ig_{it} = \beta_0 + \beta_1 dep_{it} + \Sigma \beta_j x_{it} + \mu_i + \varphi_t + \varepsilon_{it} \quad (5.22)$$

$$Ig_{it} = \beta_0 + \beta_1 dig_{it} + \Sigma \beta_j x_{it} + \mu_i + \varphi_t + \varepsilon_{it} \quad (5.23)$$

其中,cov_{it}、dep_{it} 和 dig_{it} 分别对应其覆盖广度、使用深度和数字化程度。

5.2.5.2 基准回归分析

根据上述面板模型的设定,利用统计软件 Stata 17.0 对数据进行全样本分析,得出数字普惠金融总指数及其分维度指数对包容性增长的基准回归结果,如表 5.18 所示。

表 5.18 全样本基准回归结果

变量	(1) Ig	(2) Ig	(3) Ig	(4) Ig
Difi	0.096*** (0.016)			
cov		0.057** (0.023)		
dep			0.036*** (0.009)	
dig				0.043*** (0.006)
Urban	0.506*** (0.089)	0.361*** (0.100)	0.555*** (0.096)	0.608*** (0.089)
Cpi	0.010*** (0.003)	0.009*** (0.003)	0.010*** (0.003)	0.007** (0.003)
Gov	0.081** (0.039)	0.081* (0.041)	0.081** (0.041)	0.071* (0.038)

续表

变量	(1) lg	(2) lg	(3) lg	(4) lg
Open	-0.070** (0.032)	-0.094*** (0.034)	-0.087*** (0.033)	-0.097*** (0.031)
_cons	-1.186*** (0.283)	-1.047*** (0.296)	-1.230*** (0.297)	-0.892*** (0.275)
N	341	341	341	341
R^2	0.911	0.902	0.905	0.915

注：*、**、***分别表示10%、5%、1%的显著性水平，括号内数值为标准误。

如表5.18所示，从列（1）的整体效应来看，数字普惠金融总指数的回归系数大于0，并且表现为显著正相关，即在其他条件不变的情况下，数字普惠金融总指数每增加1%，包容性增长水平就上升0.096个百分点。在控制变量方面，城镇化率的回归系数为0.506，并通过了1%显著性检验，说明城镇人口的增多，可以缩小我国城乡居民的差距，保障收入分配的均衡，从而促进包容性增长；价格水平的回归系数为0.010，也通过了1%的显著性水平检验，说明居民消费价格指数的上涨，可以提升我国的经济增长，从而促进包容性增长；政府财政支持在5%的水平上显著为正，说明政府通过对资源的调配平衡了城乡差距，保障了收入分配的平衡和机会的均等，促进了包容性增长。由此假说1得以验证。

从列（2）~列（4）的分维度效应来看，覆盖广度、使用深度和数字化程度的回归系数符号均为正，分别为0.057、0.036、0.043，且均通过了1%的显著性水平检验，表明三个维度均对包容性增长产生促进作用。进一步分析，从估计系数值来看，覆盖广度的促进作用要强于使用深度和数字化程度，覆盖广度每增长1%，包容性增长水平就上升0.057个百分点。究其原因，随着科学技术的发展，各个地区网络基础建设越来越多，一些欠发达地区也拥有了自己的基站建设，越来越多的人拥有了自己的网络账户，使得网络账户的覆盖率大大提升，满足了欠发达地区以及低收入人群的金融需求，极大地缓解了金融排斥。而使用深度是人们在使用互联网进行支付、信贷、理财等业务时，能够在使用过程中发现问题并解决这些问题，使金融机构结合用户特点来逐步调整业务策略，从而助力我国的包容性增长。数字化程度使得金融服务更加方便、实惠、快捷，人们能够以更低的成本享受更优质的金融服务，所以后两者在实践中更具难度，都仍处于发展阶段，进而使覆盖广度的促进效果大于使用深度和数字化程度。

5.2.5.3 异质性分析

5.2.5.3.1 区域异质性分析

我国地域辽阔，各地区自然环境、人文现象以及经济发展都有所不同，省份与省份之间存在着一定的差异，同样，数字普惠金融在不同省份的发展情况也各不相同。本节为进一步探究数字普惠金融与包容性增长之间是否存在区域异质性，按照前文的划分方式将我国31个省份划分为东部、中部、东北和西部四个地区，各区域的基准回归结果如表5.19所示。

表5.19 四个地区基准回归结果

变量	(1) 东部地区 Ig	(2) 中部地区 Ig	(3) 东北地区 Ig	(4) 西部地区 Ig
Difi	0.107**	0.150***	−0.004	0.032
	(0.044)	(0.051)	(0.072)	(0.032)
Urban	0.615***	1.738***	−0.158	−0.056
	(0.175)	(0.373)	(0.495)	(0.177)
Cpi	0.013**	−0.007	−0.007	0.004
	(0.006)	(0.009)	(0.006)	(0.003)

续表

变量	(1) 东部地区 Ig	(2) 中部地区 Ig	(3) 东北地区 Ig	(4) 西部地区 Ig
Gov	0.145 (0.164)	-0.129 (0.226)	0.014 (0.086)	0.024 (0.041)
Open	-0.043 (0.061)	0.078 (0.204)	0.068 (0.204)	0.212* (0.108)
_cons	-1.607** (0.652)	0.048 (0.942)	0.981 (0.643)	-0.329 (0.347)
N	110.000	66.000	33.000	132.000
R^2	0.899	0.968	0.988	0.930

注：*、**、***分别表示10%、5%、1%的显著性水平，括号内数值为标准误。

由表5.19可知，东部、中部和西部地区数字普惠金融总指数的回归系数都为正，分别为0.107、0.150和0.032，且中部地区数字普惠金融总指数的回归系数略大于东部和西部地区，而东北地区的系数为负，表明我国数字普惠金融在东北地区的发展不够充分，导致对包容性增长的影响十分微弱，且只有东部和中部地区分别通过了5%和1%的显著性检验，表明数字普惠金融对我国东北和西部地区的影响不显著，可以看出，未来我国数字普惠金融发展的重点地区仍是东北部和西部等偏远地区，并且实践者要学习发达地区的包容性发展，提升自我的包容性增长水平。

5.2.5.3.2 时间异质性分析

2011—2021年时间跨度较长，在此期间我国重大政策的颁布将极大可能影响数字普惠金融的发展水平，以及其对包容性增长的作用效果，由于在2016年，国务院印发了《推进普惠金融发展规划（2016—2020年）》，并制定《G20数字普惠金融高级原则》，所以本节将研究期分为2011—2016年和2016—2021年，两个时间段的基准回归结果如表

5.20所示，数字普惠金融在这两个时期都对包容性增长产生了积极影响，但后期的影响系数明显大于前一阶段，由此可知，大力推进数字普惠金融的发展可以有效促进我国包容性增长水平的提升。

表5.20 两个时间段的基准回归结果

变量	(1) 2011—2016年 Ig	(2) 2016—2021年 Ig
Difi	−0.028	0.070***
	(0.022)	(0.023)
Urban	0.396***	0.460**
	(0.126)	(0.196)
Cpi	0.002	0.003
	(0.003)	(0.003)
Gov	−0.109**	0.007
	(0.053)	(0.051)
Open	−0.106***	−0.005
	(0.035)	(0.095)
_cons	−0.180	−0.471
	(0.275)	(0.371)
N	186.000	186.000
R^2	0.882	0.784

注：**、***分别表示5%、1%的显著性水平，括号内数值为标准误。

5.2.5.3.3 经济规模异质性分析

为考察不同经济尺度下数字普惠金融发展对包容性增长的影响，本节根据人均GDP，将31个省份分为高经济规模组和低经济规模组。如表5.21所示，数字普惠金融的发展对高经济规模和低经济规模城市的包容性增长均有显著的正向影响，且在低经济规模城市中这种影响更大。这是因为数字普惠金融的发展旨在促进金融资源稀缺的城市打破金融排斥、缓解企业贷款难、增加创新投入和刺激消费，而相比于高经济规模组中的省份，低经济规模组中的省份大多位于我国的中西部地区或核心城市周边，其金融资产规模相对较小，金融市场环境不够健全，因此，数字普惠金融在低经济规模组有着更充分的发展空间，能够更大程度地扩大金融覆盖范围，增强基础设施建设，最终导致数字普惠金融对包容性增长的正向驱动作用大于高经济规模组中的城市。

表5.21 高经济规模组和低经济规模组的基准回归结果

变量	（1）高经济规模组 Ig	（1）低经济规模组 Ig
$Difi$	0.078 ***	0.133 ***
	(0.020)	(0.026)
$Urban$	0.765 ***	0.354 **
	(0.116)	(0.171)
Cpi	0.006	0.006 *
	(0.005)	(0.003)
Gov	0.189 *	0.090 **
	(0.102)	(0.041)
$Open$	-0.127 ***	0.257 ***
	(0.038)	(0.069)
$\_cons$	-0.946 *	-0.699 **
	(0.480)	(0.345)
N	165.000	176.000
R^2	0.928	0.921

注：*、* *、* * *分别表示10%、5%、1%的显著性水平，括号内数值为标准误。

5.2.5.4 稳健性检验

为了考察并验证本章基准模型回归结果的可靠性，此处对之前的回归进行稳健性检验，采取的方法主要是重新测度因变量和对解释变量进行滞后期检验。

5.2.5.4.1 替换被解释变量

运用主成分分析法对被解释变量包容性增长重新进行测算并对主效

应进行回归，结果如表 5.22 所示，可以看出，在替换被解释变量之后，数字普惠金融总指数以及其分维度指数依旧能够在 10% 的显著性水平上影响包容性增长，与替换之前的基准回归结果一致，通过稳健性检验。

表 5.22 基准回归结果

变量	(1) Ig	(2) Ig	(3) Ig	(4) Ig
Difi	0.445*** (0.093)			
cov		0.247* (0.132)		
dep			0.136** (0.056)	
dig				0.229*** (0.035)
Urban	2.711*** (0.532)	2.066*** (0.587)	2.846*** (0.567)	3.293*** (0.528)
Cpi	0.038** (0.016)	0.036** (0.016)	0.038** (0.016)	0.022 (0.015)
Gov	0.433* (0.234)	0.431* (0.241)	0.429* (0.240)	0.383* (0.227)
Open	0.114 (0.191)	−0.001 (0.197)	0.014 (0.196)	−0.003 (0.181)
_cons	−5.047*** (1.685)	−4.387** (1.732)	−5.041*** (1.758)	−3.605** (1.624)
N	341	341	341	341
R^2	0.921	0.916	0.916	0.926

注：*、**、***分别表示 10%、5%、1% 的显著性水平，括号内数值为标准误。

5.2.5.4.2 解释变量滞后期检验

为减弱反向因果的影响，本节将数字普惠金融总指数滞后一期和滞后两期重新进行模型回归估计，结果如表 5.23 所示，也可以得出，在自变量滞后一期和滞后两期的情况下，数字普惠金融系数仍在1%的水平上显著为正，与基准回归一致，通过稳健性检验。

表5.23 基准回归结果

变量	(1) lg	(2) lg
L.$Difi$	0.079***	
	(0.016)	
L2.$Difi$		0.052***
		(0.020)
$Urban$	0.444***	0.435***
	(0.097)	(0.112)
Cpi	0.009***	0.007**
	(0.003)	(0.003)
Gov	0.076*	0.076*
	(0.040)	(0.043)
$Open$	-0.079**	-0.091**
	(0.037)	(0.045)
_$cons$	-1.010***	-0.758**
	(0.281)	(0.303)
N	310	279
R^2	0.900	0.881

注：*、**、***分别表示10%、5%、1%的显著性水平，括号内数值为标准误。

5.2.6 数字普惠金融对包容性增长的渠道检验

5.2.6.1 中介效应模型的设定

中介效应（Mediating effect）主要探究 X 如何通过 M 影响 Y，其中 X 为解释变量，M 为中介变量，Y 为被解释变量。如果变量 X 能够通过影响变量 M 来影响变量 Y，那么将 X 通过 M 对 Y 所产生的影响称为中介效应，变量 M 就是中介变量。中介效应模型的关系式如下：

$$Y = cX + e_1 \tag{5.24}$$

$$M = aX + e_2 \quad (5.25)$$

$$Y = c'X + bM + e_3 \quad (5.26)$$

中介效应检验程序如图 5.1 所示。

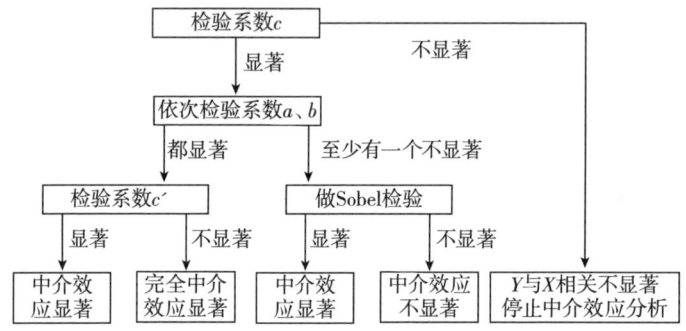

图 5.1 中介效应检验程序

本节在上述公式的基础上建立模型，下述公式是针对和进行逐步回归分析法的中介效应检验。式（5.27）表示数字普惠金融是否会促进包容性增长；式（5.28）表示数字普惠金融是否会影响家庭投资行为或者企业投资活力；式（5.29）表示数字普惠金融是否会通过规范家庭投资行为和提高企业投资活力从而促进包容性增长。

$$Ig_{it} = \alpha + \beta_1 Difi + \sum \beta_j x_{it} + \mu_i + \varphi_t + \varepsilon_{it} \quad (5.27)$$

$$M_{it} = \alpha + \beta_1 Difi + \sum \beta_j x_{it} + \mu_i + \varphi_t + \varepsilon_{it} \quad (5.28)$$

$$Ig_{it} = \alpha + \beta_1 Difi + \beta_2 M_{it} + \sum \beta_j x_{it} + \mu_i + \varphi_t + \varepsilon_{it} \quad (5.29)$$

其中，Ig_{it} 为包容性增长指数；$Difi$ 为数字普惠金融总指数；M_{it} 为中介变量，包括农村家庭消费支出、产业结构升级、企业创新活力；x_{it} 为控制变量的集合，包括城镇化率、价格水平、政府财政支持、对外开放水平等；i 为样本城市数量；t 为年份。

5.2.6.2 数字普惠金融对包容性增长的农村家庭消费支出渠道检验

如表 5.24 所示，列（1）显示，数字普惠金融总指数通过了 1% 的显著性检验,并且回归系数为正,说明数字普惠金融对包容性增长具有正向影响作用;列(2)显示,数字普惠金融总指数的回归系数大于0,表现为显著正相关,即在其他条件不变的情况下,农村家庭消费支出能够在数字普惠金融总指数增加1个单位的情况下增长0.484,说明农村家庭消费支出会因为数字普惠金融的发展而提升;列(3)显示,在1%的显著性水平下,数字普惠金融与农村家庭消费支出均会对包容性增长产生积极作用,说明数字普惠金融会通过农村家庭消费支出渠道影响我国包容性增长。同时,数字普惠金融对包容性增长的影响系数会因为农村家庭消费支出加入而变化,由原来的0.096变为0.062,且依旧通过了1%的显著性检验。为了进一步分析中介效应的稳健性,本节通过Sobel法进行实证检验,Sobel检验的p值显著小于0.01,说明该中介效应稳健,且中介效应占总效应的46.31%,与三步法检验结论一致。

表5.24 农村家庭消费支出渠道检验结果

变量	(1) Ig	(2) Rhc	(3) Ig
$Difi$	0.096*** (6.129)	0.484*** (7.956)	0.062*** (3.731)
$Urban$	0.506*** (5.658)	−0.245 (−0.705)	0.523*** (6.065)
Cpi	0.010*** (3.673)	0.015 (1.474)	0.009*** (3.382)
Gov	0.081** (2.063)	0.415*** (2.715)	0.052 (1.357)
$Open$	−0.070** (−2.184)	−0.531*** (−4.258)	−0.033 (−1.032)
Rhc			0.070*** (4.852)

续表

变量	(1)	(2)	(3)
	Ig	Rhc	Ig
_cons	-1.186***	-1.164	-1.105***
	(-4.195)	(-1.058)	(-4.045)
N	341	341	341
R^2	0.911	0.960	0.918

注：**、***分别表示5%、1%的显著性水平，括号内数值为标准误。

5.2.6.3 数字普惠金融对包容性增长的产业结构升级渠道检验

如表5.25所示，列（1）显示，数字普惠金融总指数通过了1%的显著性检验，并且回归系数为正，说明数字普惠金融对包容性增长具有正向影响作用；列（2）显示，数字普惠金融总指数的回归系数大于0，表现为显著正相关，即在其他条件不变的情况下，产业结构升级能够在数字普惠金融总指数增加1个单位的情况下增长0.047，说明产业结构升级会因为数字普惠金融的发展而提升；列（3）显示，在1%的显著性水平下，数字普惠金融与产业结构升级均会对包容性增长产生积极作用，说明数字普惠金融会通过产业结构升级渠道影响我国包容性增长。同时，数字普惠金融对包容性增长的影响系数会因为产业结构升级加入而变化，由原来的0.096变为0.089，且依旧通过1%的显著性检验。为了实证结果的稳健性，本节通过Sobel检验证明中介效应的稳健性，Sobel检验的p值显著小于0.01，说明该中介效应稳健，且中介效应占总效应的18.88%，与三步法检验结论一致。

表5.25 产业结构升级渠道检验结果

变量	(1)	(2)	(3)
	Ig	Is	Ig
Difi	0.096***	0.047*	0.089***
	(6.129)	(1.903)	(5.810)

续表

变量	(1) Ig	(2) Is	(3) Ig
Urban	0.506*** (5.658)	0.029 (0.205)	0.502*** (5.741)
Cpi	0.010*** (3.673)	0.000 (0.022)	0.010*** (3.752)
Gov	0.081** (2.063)	0.097 (1.560)	0.068* (1.757)
Open	-0.070** (-2.184)	0.077 (1.511)	-0.081** (-2.559)
Is			0.136*** (3.811)
_cons	-1.186*** (-4.195)	2.214*** (4.920)	-1.488*** (-5.173)
N	341	341	341
R^2	0.911	0.802	0.915

注：*、**、***分别表示10%、5%、1%的显著性水平，括号内数值为标准误。

5.2.6.4 数字普惠金融对包容性增长的企业培育水平渠道检验

如表5.26所示，列（1）显示，数字普惠金融总指数通过了1%的显著性检验，并且回归系数为正，说明数字普惠金融对包容性增长具有正向影响作用；列（2）显示，数字普惠金融总指数的回归系数大于0，表现为显著正相关，即在其他条件不变的情况下，企业培育水平能够在数字普惠金融总指数增加1个单位的情况下增长2.064；列（3）显示，在1%的显著性水平下，数字普惠金融与企业培育水平均会对包容性增长产生积极作用，说明数字普惠金融会通过企业培育水平渠道影响我国包容性增长。同时，数字普惠金融总指数对包容性增长的影响系数会因为企业培育水平加入而变化，由原来的0.096变为0.071，且依旧通过1%的显著性检验。为了实证结果的稳健性，本节通过Sobel检验得出，模型通过1%的显著性检验,且中介效应占总效应的9.71%,与三步法检验结论一致。至此,假说2得以验证。

表5.26 企业培育水平渠道检验结果

变量	(1) lg	(2) Lec	(3) lg
Difi	0.096***	2.064***	0.071***
	(6.129)	(7.005)	(4.295)
Urban	0.506***	0.297	0.502***
	(5.658)	(0.176)	(5.762)
Cpi	0.010***	0.068	0.009***
	(3.673)	(1.348)	(3.440)
Gov	0.081**	1.777**	0.059
	(2.063)	(2.399)	(1.537)
Open	-0.070**	-3.281***	-0.030
	(-2.184)	(-5.421)	(-0.920)
Lec			0.012***
			(4.041)
_cons	-1.186***	-7.392	-1.096***
	(-4.195)	(-1.386)	(-3.963)
N	341	341	341
R^2	0.911	0.526	0.916

注:**、***分别表示5%、1%的显著性水平,括号内数值为标准误。

5.2.7 数字普惠金融对包容性增长的空间计量分析

5.2.7.1 建立空间权重矩阵

在进行空间计量分析之前需要选取合理准确的空间权重矩阵,来对各个区域之间的空间距离进行度量。本节选择了描述观测点邻近关系的相邻权重矩阵,根据观察对象之间相互邻近关系研究区域间的实际关联性,把省份i与省份j的距离设为W_{ij},则空间权重矩阵的一般形式如下所示:

$$W = \begin{pmatrix} W_{11} & \cdots & W_{1n} \\ \vdots & \ddots & \vdots \\ W_{n1} & \cdots & W_{nn} \end{pmatrix}$$

其中，W_{ij}代表空间权重矩阵，表示n个观测区域的邻近关系，其有很多种取值方法，$W_{11} = \cdots = W_{nn} = 0$为主对角线上的元素，我们通常使用邻接矩阵、地理权重矩阵以及基于经济距离构建的空间权重矩阵。本节主要采用的是0~1矩阵，即如果两个省域相邻则取值为1，若不相邻则取值为0。由于海南地理位置特殊，按照一般做法假定广东与海南相邻。

5.2.7.2 空间自相关检验

5.2.7.2.1 全局空间相关性检验

本节使用莫兰指数来检验数字普惠金融总指数与包容性增长之间是否存在空间相关性，使用0~1矩阵计算2011—2021年我国数字普惠金融总指数与包容性增长指数的全局莫兰指数（Moran's I）。全局莫兰指数的测算如式（5.30）所示：

$$I = \frac{n}{\sum_{i=1}^{n} \sum_{j=1}^{n} W_{ij}} \times \frac{\sum_{i=1}^{n} \sum_{j=1}^{n} W_{ij}(x_i - \bar{x})(x_j - \bar{x})^2}{\sum_{i=1}^{n} (x_i - \bar{x})^2} \quad (5.30)$$

其中，$\bar{x} = \frac{1}{n}\sum_{i=1}^{n} x_i$为样本均值，$x_i$和$x_j$为被检验变量在$i$区域和$j$区域的观测值。莫兰指数的取值范围在[-1，1]。若存在空间负相关，则莫兰值小于0，此时值越小，表示被检验变量的空间差异性越大；若存在空间正相关，则莫兰值大于0，此时值越大，表示被检验变量的空间相关性越明显；若变量在空间上随机分布，则莫兰值等于0。

如表5.27所示，数字普惠金融总指数和包容性增长的Moran's I指数都是正数，并且数字普惠金融总指数的p值均小于0.01，包容性增长的 p 值均小于 0.05，分别通过 1% 与 5% 的显著性水平，这表明数字普惠金融发展和包容性增长水平均存在显著的正向空间相关性。

表 5.27　2011—2021 年数字普惠金融总指数和包容性增长的 Moran's I 指数

年份	数字普惠金融总指数 Moran's I	包容性增长 Moran's I
2011	0.350 ***	0.234 ***
2012	0.357 ***	0.226 ***
2013	0.340 ***	0.196 **
2014	0.346 ***	0.181 **
2015	0.305 ***	0.181 **
2016	0.327 ***	0.179 **
2017	0.385 ***	0.195 **
2018	0.425 ***	0.224 ***
2019	0.423 ***	0.158 **
2020	0.442 ***	0.255 ***
2021	0.452 ***	0.286 ***

注：**、***分别表示 5%、1% 的显著性水平。

5.2.7.2.2　区域空间相关性检验

为进一步分析我国数字普惠金融与包容性增长的空间相关特征，分别选取 2011 年和 2021 年的数据，分析其局部的空间相关性。结果如图 5.2 至图 5.5 所示。可以看出，无论是哪年，第一象限与第三象限都比较密集，且第一象限的省份少于第三象限，表明处于低值集聚省份的数量高于高值聚集的省份数量。2021 年，我国数字普惠金融位于第一象限的有北京、上海、广东、江苏、浙江、天津、福建等省份，多在东部地区。位于第三象限的主要有贵州、广西、云南、宁夏、四川、陕西、甘肃、青海、新疆、西藏等省份，大多在西部地区。而我国包容性增长的莫兰指数散点图分布结构与数字普惠金融有着高度的相似性，分析可得，我国数字普惠金融和包容性增长均存在明显的空间依赖性和高度的空间集聚性，东部地区在经济和地理上存在先发展的优势，故而表现为高—高型的数字普惠金融发展与包容性增长水平，中部地区需进一步提高包容性增长水平，偏远的西部和东北严寒地区由于地理与天气环境劣势，从而数字普惠金融发展与包容性增长水平均处于较低水平，未来这部分地区提升空间更大，应重点扶持发展。

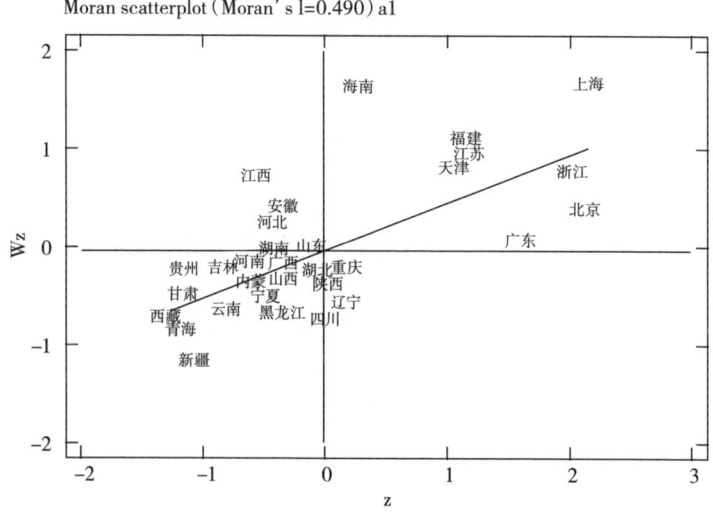

图 5.2　2011 年 *Difi* 的 Moran's I 散点图

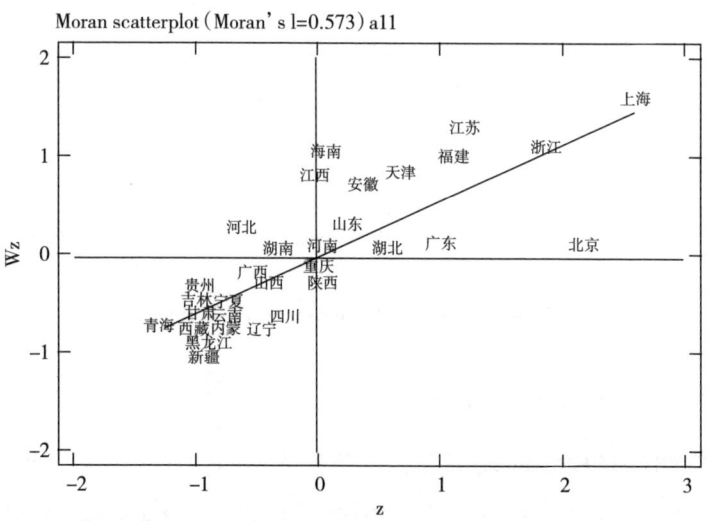

图 5.3　2021 年 *Difi* 的 Moran's I 散点图

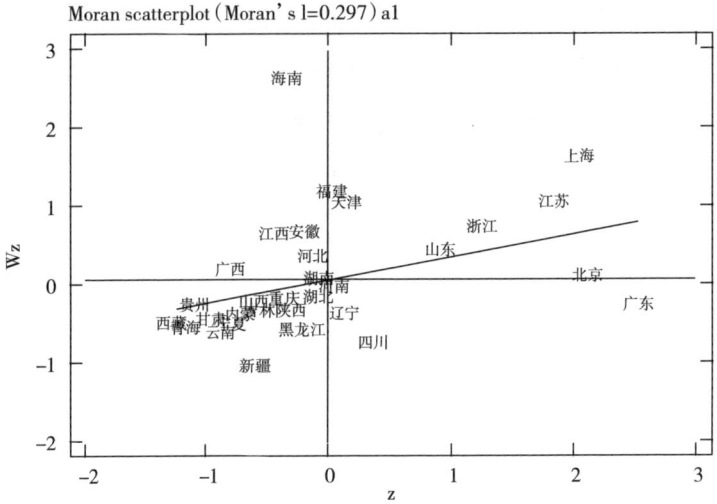

图5.4 2011年 *Ig* 的 Moran's I 散点图

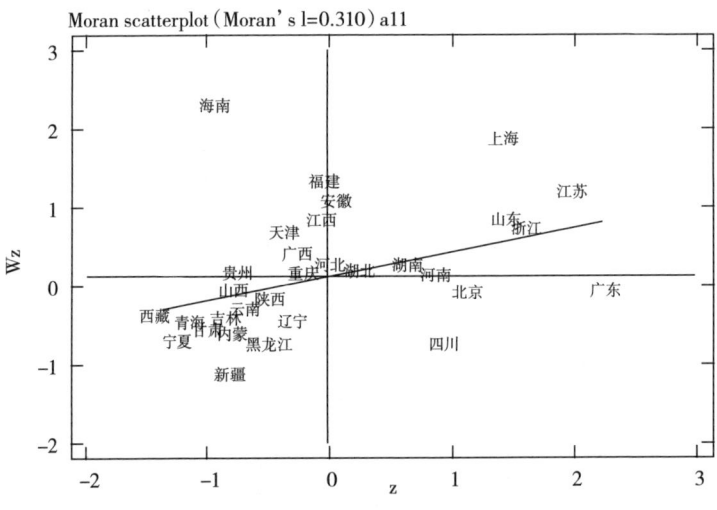

图5.5 2021年 *Ig* 的 Moran's I 散点图

5.2.7.3 模型设定和检验

在空间计量模型的设定上,本节首先进行了 LM 检验,得出 LM – error 和 LM – lag 两者均显著的结论后,又进行了 Robust – LM 检验,同样得出 Robust – LM – error 和 Robust – LM – lag 两者均显著的结论,则应选择空间杜宾模型（SDM）。接着，继续进行 WALD 检验和 LR 检验，验证 SDM 能否退化为空间误差模型（SEM）或者空间滞后模型（SAR），结果如表 5.28 所示，在 1% 的显著性水平上拒绝拟选用的 SDM 退化为 SEM 或 SAR 的原假设，因此，可以确认使用空间杜宾模型。

表 5.28 空间计量模型遴选检验

检验方法	统计值	p 值	检验方法	统计值	p 值
LM spatial error	6.593	0.010	WALD spatial error	21.24	0.000
R-LM spatial error	16.219	0.000	LR spatial error	20.41	0.001
LM spatial lag	10.073	0.002	WALD spatial lag	24.92	0.000
R-LM spatial lag	19.699	0.000	LR spatial lag	24.01	0.000

Hausman 检验结果如表 5.29 所示，检验结果在 1% 的显著性水平上拒绝原假设，因此本节更适合采用固定效应。

表 5.29 Hausman 检验结果

原假设	统计量	p 值
采用随机效应	64.49	0.000

5.2.7.4 空间溢出效应分析

如表 5.30 所示，数字普惠金融总指数的直接效应系数和间接效应系数都为正，分别为 0.058 和 0.081，且都在 1% 的水平上显著，说明数字普惠金融能够促进本地包容性增长，对邻近地区的包容性增长也有显著的正向作用，即数字普惠金融对包容性增长的影响在空间上存在正溢出效应。究其原因，数字普惠金融的发展降低了小微企业以及低收入人群的服务门槛，开拓了融资渠道，加速了各种资源的流动，导致区域间优秀人才和先进技术等资源分配更加合理，使得数字普惠金融促进了本地和邻近地区的包容性增长。

表 5.30 数字普惠金融总指数对包容性增长的空间溢出效应分解结果

变量	（1）直接效应	（2）间接效应	（3）总效应
$Difi$	0.058***	0.081***	0.139***
	(2.68)	(3.03)	(7.65)
$Urban$	0.391***	0.161	0.553***
	(4.38)	(0.92)	(3.24)
Cpi	0.009***	0.008*	0.017***
	(3.32)	(1.88)	(4.38)
Gov	0.095***	−0.015	0.080
	(2.62)	(−0.21)	(1.05)
$Open$	−0.090***	0.100**	0.010
	(−2.89)	(2.30)	(0.24)
N	341	341	341
R^2	0.446	0.446	0.446

注：＊、＊＊、＊＊＊分别表示10%、5%、1%的显著性水平，括号内数值为 z 值。

城镇化率直接系数为0.391，间接系数为0.161，可以显著提高本地的包容性增长水平，但对邻近地区包容性增长的影响并不显著，这可能是由于我国各个地区之间的经济差距较大，城市化进程也有所不同，在经济发展较好的地区，城市人口比重大、基础设施完善以及城市综合实力发展相对较快，从而更好地促进该地区的包容性增长；而在经济落后的地区，资源相对匮乏，发展相对困难。同时，城市化进程是与城市化政策紧密相关的，各地区对相应资源的竞争导致其他地区无法享受到邻近地区城市化进程中的好处，所以各个区域之间的关联性较小。

居民消费水平直接系数和间接系数都为正，且分别通过了1%和10%的显著性检验，说明居民消费水平提升1个单位，本地包容性增长会提升0.009个单位，居民消费水平提升1个单位，外地包容性增长会提升0.008个单位，原因在于居民消费水平的提升，不仅促进其在本地区消费，而且也会通过网络消费或外地旅游等方式增加到邻近地区的消费，以此带动了本地和邻近地区的包容性增长水平。

在政府干预水平这一指标上，我们可以看出，各地政府行为能够促进本地包容性增长，抑制邻近地区包容性增长。政府在我国经济发展过程中起着关键作用，地区政府的行为能够很大程度上影响该地区的经济、人文等方面。有的地区政府注重基础建设，通过发展基础建设来提高本地经济；有的政府更加注重文化传播，通过传播本地优秀文化来吸引更多的游客。无论是哪种方式，最终的目的都是发展本地的经济，实现本地包容性增长。政府通过各种方式促进本地发展，如人才引进、住房补贴等，这些政策的实施会在一定程度上吸引优秀人才的流入，而人才具有流动性，本地人才的增长必然会引起邻近地区人才的减少，所以会间接阻碍邻近地区的经济发展，抑制其包容性增长。

对外开放程度直接系数为 -0.090，间接系数为 0.100，两者分别通过了 1% 和 5% 的显著性检验，说明对外开放程度提升 1%，本地包容性增长会减弱 0.090%，外地包容性增长会提升 0.100%。其中的扩散带动效应可能是对外开放度的提高促进了生产要素在国内外配置，扩大了知识与技术的溢出效应，各地区可以充分利用国内外市场资源，包括技术、人才、资金等方面的大力支持，促进产业间、产业内结构性升级，为区域经济发展打下基础，同时优化产品市场分工，极大地提高了生产效率，由此促进产品丰富多样，提高居民福利水平，促进地区包容性增长。

如表 5.31 所示，从数字普惠金融不同的维度来看，覆盖广度、使用深度和数字化程度对包容性增长的直接效应的系数分别为 0.000、0.029 和 0.034，且使用深度和数字化程度对本地包容性增长的影响均通过了 1% 的显著性检验，说明两者能够显著助力本地包容性增长，而覆盖广度对本地包容性增长并没有显著影响，同时，数字化程度的系数大于使用深度的系数，说明数字化程度的作用更大。在间接效应上，覆盖广度和数字化程度系数均通过了 1% 的显著性检验，且系数都为正，说明该地区的金融机构数量在增长，金融服务范围有所扩大，且数字化程度也增加了数字普惠金融服务的移动性、实惠性和便利性，使得人们能够以更低的成本享受更优质的金融服务，从而更好地促进邻近地区的包容性增长。使用深度通过了10%的显著性检验，且系数也为正，该地区使用深度的提高，人们多样化和个性化的金融需求能够得到有效解决，促进了本地的经济发展，而本地经济发展得越好，资本以及先进技术外溢得越多，从而促进人才和物质资源的合理分配和流动，导致邻近地区经济水平的上升，从而促进邻近地区的包容性增长。

表5.31 数字普惠金融分维度对包容性增长的空间溢出效应分解结果

变量	（1）覆盖广度			（2）使用深度			（3）数字化程度		
	直接效应	间接效应	总效应	直接效应	间接效应	总效应	直接效应	间接效应	总效应
cov	0.000 (0.01)	0.194*** (5.79)	0.194*** (6.51)						
dep				0.029*** (2.70)	0.026* (1.70)	0.054*** (3.99)			
Dig							0.034*** (4.99)	0.022*** (2.63)	0.056*** (8.06)
Urban	0.263*** (2.97)	-0.018 (-1.02)	0.245*** (2.82)	0.511*** (5.66)	-0.011 (-0.32)	0.501*** (5.29)	0.608*** (7.56)	-0.067* (-1.84)	0.541*** (6.94)
Cpi	0.009*** (3.61)	-0.001 (-1.06)	0.008*** (3.56)	0.011*** (4.38)	-0.000 (-0.34)	0.011*** (4.30)	0.008*** (3.43)	-0.001 (-1.62)	0.007*** (3.42)
Gov	0.079** (2.22)	-0.006 (-0.95)	0.074** (2.20)	0.072* (1.95)	-0.001 (-0.28)	0.070* (1.93)	0.063* (1.84)	-0.007 (-1.25)	0.056* (1.82)
Open	-0.067** (-2.29)	0.005 (0.97)	-0.062** (-2.25)	-0.067** (-2.15)	0.002 (0.31)	-0.066** (-2.11)	-0.086*** (-3.11)	0.010 (1.56)	-0.076*** (-3.07)
N	341	341	341	341	341	341	341	341	341
R^2	0.349	0.349	0.349	0.506	0.506	0.506	0.410	0.410	0.410

注：*、**、***分别表示10%、5%、1%的显著性水平，括号内数值为z值。

5.3 本章小结

本章从微观视角的数字普惠金融助力企业融资效率提升与宏观视角的数字普惠金融助力包容性增长两个维度深入实证分析数字普惠金融助力共同富裕的经济效应。微观视角以我国 2014—2020 年中小企业板和创业板 1632 家中小企业为样本,针对数字普惠金融对中小企业融资效率的直接影响、作用路径和异质性进行了研究,实证分析表明:数字普惠金融促进中小企业融资效率提升,且其覆盖广度、使用深度和数字化程度对中小企业融资效率的影响存在差异;数字普惠金融可以通过减少信息不对称、缓解融资约束来提升中小企业融资效率;数字普惠金融对中小企业融资效率的影响存在行业异质性和地域异质性。宏观视角以我国 2011—2021 年 31 个省份为样本,针对数字普惠金融对包容性增长的直接影响、作用渠道及空间溢出效应展开研究,实证分析表明:数字普惠金融能够促进包容性增长,且其各维度对包容性增长均存在显著正向影响,但影响强度不同;数字普惠金融对包容性增长的影响存在区域异质性、时间异质性和经济规模异质性;数字普惠金融通过正向影响农村家庭消费支出、产业结构升级和企业培育水平而起到促进包容性增长的作用;数字普惠金融对包容性增长的影响有正向的空间溢出效应,分维度来看,覆盖广度、使用深度和数字化程度对包容性增长均具有显著的正向促进作用。

6 数字普惠金融影响共同富裕的作用路径实证分析

6.1 模型设定

本书第 3 章从理论上分析了数字普惠金融助推共同富裕的作用机理，在此基础上采用温忠麟和叶宝娟（2014）的做法，即构建中介效应模型实证研究数字普惠金融通过农村产业融合和高技术产业聚集两个中介变量对共同富裕产生影响的作用机理。中介效应模型可以在探究清楚解释变量与被解释变量之间关系的基础上，进一步探讨这种关系的内部作用机制。在这个过程中把原来用来解释相似现象的理论整合起来，使得研究更加深入，对于事物内在关系把握更加清楚明晰，从而使得已有的理论更为全面系统。

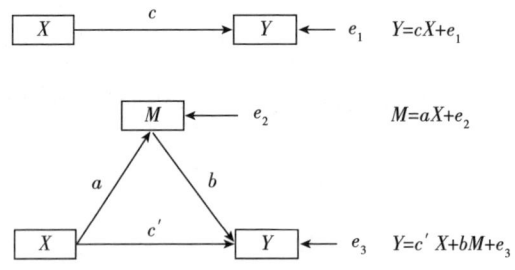

图 6.1 中介效应模型示意图

图 6.1 中，方程 $Y = cX + e_1$ 中的系数 c 代表解释变量 X 对被解释变量 Y 的总效应，系数 c 显著说明 X 对 Y 有着显著的影响，c 为正值则为

显著的正向影响，为负值则说明为负向影响；方程 $M = aX + e_2$ 中的系数 a 为解释变量 X 对中介变量 M 的影响，只有解释变量对中介变量存在影响才能进行进一步的中介效应研究；方程 $Y = c'X + bM + e_3$ 中的系数 b 是在控制了解释变量 X 的影响后，中介变量 M 对被解释变量 Y 的影响。

对于中介效应模型的检验一般采用因果逐步回归检验法，该方法由 Baron 和 Kenny 于 1986 年首次提出，具体检验总共分三步完成。

第一步：对方程 $Y = cX + e_1$ 进行回归，通过检验系数 c 的显著性，判断解释变量 X 对被解释变量 Y 的影响。

第二步：对方程 $M = aX + e_2$ 进行回归，通过检验系数 a 的显著性，判断解释变量 X 对中介变量 M 的影响。

第三步：对方程 $Y = c'X + bM + e_3$ 进行回归，通过检验系数 c' 和 b 的显著性，最终得到结论。

若系数 c 不显著，则停止中介效应分析，认为两个变量之间不具备统计学上的联系；若系数 c 显著，则进行下一步。接着依次对系数 a 和 b 进行检验，若二者都显著，则初步判断存在中介效应，紧接着检验系数 c'，此时若系数 c' 显著，则得出中介效应显著的结论，若系数 c' 不显著，则得出完全中介效应显著的结论；若系数 a 和 b 中至少有一个不显著，则选择 Sobel 模型进行检验，若 Sobel 检验结果显著，则中介效应显著，若 Sobel 检验结果不显著，则认为中介效应不显著，作用机制是否存在从统计学上无法得到验证。

基于以上关于中介效应模型的建立理论与检验思路，本章以数字普惠金融总指数为核心解释变量，共同富裕水平为被解释变量，选取农村产业融合发展水平和高技术产业聚集作为中介变量进行中介效应模型分析，检验这两条作用机制是否客观存在。

首先，为检验数字普惠金融对共同富裕影响的总效应，建立如下模型：

$$Y_{it} = \beta_0 + \beta_1 Difi_{it} + \beta_2 Controls_{it} + Year_t + u_t + \varepsilon_{it} \quad (6.1)$$

其次，为研究数字普惠金融如何通过农村产业融合和高技术产业聚集两个中介渠道对共同富裕产生影响，建立如下中介效应模型：

模型1：

$$Gjs_{it} = \beta_0 + \beta_1 Difi_{it} + \beta_2 Controls_{it} + Year_t + u_t + \varepsilon_{it} \quad (6.2)$$

$$Y_{it} = \beta'_0 + \beta'_1 Difi_{it} + \beta'_2 Gjs_{it} + \beta_3 Controls_{it} + Year_t + u_t + \varepsilon_{it} \quad (6.3)$$

模型2：

$$Conver_{it} = \beta_0 + \beta_1 Difi_{it} + \beta_2 Controls_{it} + Year_t + u_t + \varepsilon_{it} \quad (6.4)$$

$$Y_{it} = \beta'_0 + \beta'_1 Difi_{it} + \beta'_2 Conver_{it} + \beta_3 Controls_{it} + Year_t + u_t + \varepsilon_{it} \quad (6.5)$$

其中，变量的下标 i、t 分别为省份、年份，核心解释变量为数字普惠金融总指数 $Difi$，控制变量 $Controls$ 包括 $Human$、$Open$、$Structure$、$Gover$、$Physical$、$Information$，被解释变量 Y_{it} 为共同富裕水平，Gjs_{it} 和 $Conver_{it}$ 为中介变量，$Controls_{it}$ 为一系列控制变量，ε_{it} 分别为各个模型的随机扰动项。在式（6.2）和式（6.4）中 β_1 显著的条件下，若式（6.3）和式（6.5）中 β'_1 和 β'_2 显著，则说明数字普惠金融对共同富裕存在部分中介效应，若式（6.3）和式（6.5）中 β'_1 不显著，β'_2 不显著，则说明数字普惠金融对共同富裕存在完全中介效应。

6.2 变量选择及数据来源

6.2.1 变量选择

本节被解释变量为4.2节测算得出的共同富裕水平指数，核心解释变量为数字普惠金融总指数，中介变量分别为高技术产业聚集水平和农村产业融合发展水平（$Conver$）。

在科技引领发展的环境下，高技术产业的重要性日益提升，高技术产业的聚集可以提升该地区的创新创业能力，进一步保证经济发展质和量的双提升，因此在促进共同富裕水平提升过程中发挥着重要的作用。高技术产业已经成为国民经济发展中的重要战略性产业，是聚集了知识和高新技术的产业，其为当下我国的经济发展和未来社会的进步都带来了新的发展机遇，当今社会科技进步和技术创新的成果主要体现在高技术产业领域。如今，我国越来越注重科技创新，对高技术产业的投入越来越大，高技术产业发展越来越迅速。同时，由于区域经济一体化进程的加快和市场化水平的提升，我国的高技术产业聚集水平提升，初步形成了多个产业聚集区，如以北京中关村科技园区为中心的环渤海高新技术产业密集区、以上海高新区为中心的沿长江高新技术产业密集区，以深圳高新区为中心的东南沿海高新技术产业密集区、以西安—杨凌高新区为中心的沿亚欧大陆桥高新技术产业密集区等。基于此，本章借鉴已有文献研究，对高技术产业聚集水平（Gjs）进行衡量，采用区位熵对其进行测算，由于 R&D 是技术创新活动的重要组成部分，故采用 R&D 经费支出占 GDP 比重衡量高技术产业发展水平。具体计算公式见式（6.6）：

$$Gjs_{it} = \frac{\frac{x_{it}^j}{x_{it}}}{\frac{x_t^j}{x_t}} \qquad (6.6)$$

其中，Gjs_{it} 代表 t 时期 i 地区高技术产业集聚水平，高技术产业聚集水平即 t 时期 i 地区 R&D 经费支出占当地 GDP 比重与全国 R&D 经费支出占全国 GDP 比重的比重。

自中央一号文件首次发布以来，国家越来越注重农村产业融合发展，推动农村产业融合发展成为解决"三农"问题的着力点。农村产业融合指的就是以农业为基础，在新型经营主体的引领下，在利益的驱动下借助产业联动、要素集聚、技术渗透、体制创新等手段进一步优化配置当地的资金、技术等资源，使农业生产、农产品加工和销售、餐饮、休闲以及其他服务业有机地整合在一起，改变农村地区产业结构不合理的情况，提升农村发展的效率，避免农村发展过度依赖单一产业的发展，使得农村第一、第二、第三产业之间紧密相连、协同发展，最终实现农业产业链延伸、产业范围扩展和农民增收，农村人民生活质量大大提升，居民素质提高。产业融合发展鼓励农村居民创新创业，实现物质富裕和精神富裕水平的提升，进一步缩小城乡差距，有利于共同富裕水平的提升。基于此，对于农村产业融合发展水平的衡量，本章根据已有相关文献研究，从农业产业链延伸、农业多功能性扩展、农业技术渗透、农业服务业融合出发构建评价指标体系并利用熵值法测度各地区的农村产业链融合发展水平，具体指标体系见表6.1。其中，农产品加工能力是衡量现代农业发展水平的一个重要指标，也反映了农业产业链向第二产业的延伸程度，体现了农村产业的融合。本章农产品加工业主营业务收入由农副食品加工业、食品制造业、饮料制造业3个行业主营业务收入求和得到。乡村个体就业人口所占比重反映农村个体就业人数的多少，反映了农村吸纳就业的能力和劳动力结构的情况，这也是农村产业融合发展的重要体现。在农业技术渗透方面，区域内单位耕地面积农业机械总动力越大，说明当地农业机械化能力越高，因此选取该指标反映农业领域的技术化水平。在农业服务业融合方面，选取农林牧渔服务业总产值占第一产业产值的比重反映农林牧渔服务业在生产中发挥的作用，体现农业服务业的融合发展。

表6.1 农村产业融合发展水平指标体系

一级指标	二级指标	度量方法
农村产业 融合发展水平	农业产业链延伸	农产品加工业主营业务收入/第一产业产值
	农业多功能扩展	乡村个体就业人口/乡村人口
	农业技术渗透	农业机械总动力/耕地总面积
	农业服务业融合	农林牧渔服务业总产值/第一产业产值

6.2.2 数据来源

本书利用2011年至2022年的省级面板数据进行实证研究，分析数字普惠金融对共同富裕的影响效果。本书的数据主要来源于北京大学数字金融研究中心开发的北京大学数字普惠金融指数；共同富裕水平测度指标、高技术产业发展水平及控制变量均来源于《中国统计年鉴》及各省份统计局官网；农村产业融合发展水平部分数据来自历年《中国工业统计年鉴》《中国第三产业统计年鉴》《中国农村统计年鉴》《中国经济普查年鉴》《中国人口和就业统计年鉴》。

6.3 实证分析

6.3.1 变量的描述性统计

为保证各变量处于同一量纲，保证实证分析的可行性，本节对数字普惠金融总指数及各子指数做100%缩尾处理，各指标样本数据为372，对各变量的描述性统计见表6.2，包含了对数据的样本量、平均值、最大值、最小值以及标准差的描述，通过变量的描述性统计可以初步掌握了解数据信息，判断是否有极端值、异常值的出现，初步判断各个变量的分布特征。

具体地，从表6.2中可以看出共同富裕水平指标最大值为0.700，最小值为0.121，平均值为0.302，且具体来看，随着时间的推移，共同富裕水平整体逐步上升，2021年和2022年各个省份的共同富裕水平均高于平均值，2018—2020年大部分省份的共同富裕水平均高于平均值水平。2011—2017年大部分省份的共同富裕水平则低于全体样本范围的平均值水平；具体而言，共同富裕水平的最低数值均为2011年的8个省份，体现了共同富裕水平随着时间的推移不断上升。共同富裕水平排名前十的省份中均有北京和上海，2022年上海的共同富裕水平为最高值。

表6.2 变量的描述性统计

变量	样本量	平均值	标准差	最小值	最大值
共同富裕水平	372	0.302	0.094	0.121	0.700
数字普惠金融总指数	372	2.429	1.076	0.162	4.607
覆盖广度	372	2.260	1.107	0.0196	4.560
使用深度	372	2.356	1.074	0.0676	5.107
数字化程度	372	3.118	1.178	0.0758	4.672
人力资本	372	7.868	0.305	6.987	8.633
对外开放水平	372	0.107	0.157	0.000005	0.944
产业结构高级化	372	0.499	0.089	0.327	0.839
政府行为	372	0.291	0.205	0.107	1.354
物质资本	372	0.788	0.274	0.142	1.524
信息化水平	372	0.239	0.114	0.041	0.523
高技术产业聚集水平	372	0.754	0.435	0.016	2.245
农村产业融合发展水平	372	0.135	0.087	0.027	0.650

此外，数字普惠金融总指数平均值为2.429，最大值为4.607，最小值为0.162，说明各地区之间数字普惠金融发展水平差异也较大，究其原因是近年来随着数字化进程的加快，数字普惠金融也实现了较大幅度的跨越式发展，因此，数字普惠金融发展水平也会有较大差异。除2017年的青海外，2017—2022年31个省份的数字普惠金融总指数均高于平均值水平。2011—2014年，所有省份的数字普惠金融总指数均低于平均值水平，体现了数字普惠金融发展水平逐年上升的趋势。具体而言，2022年上海市的数字普惠金融水平较高，2011年西藏的数字普惠金融水平最低。

就中介变量高技术产业聚集水平而言，最小值为0.016，最大值为2.245，均值为0.754，最大值和最小值的差距较大，且最小值由2017年的西藏取得，最大值由2015年的天津取得。分年份来看，每年的31个省份中有大约一半的高技术产业聚集水平高于平均值，所有年份的安徽、福建、广东、湖北、湖南、江苏、辽宁、山东、上海、天津、浙江和重庆的高技术产业聚集水平均高于其均值。云南、新疆、西藏、四川、陕西、山西、青海、内蒙古、吉林、黑龙江、海南、贵州、广西、甘肃的高技术产业集聚水平在各个年份均低于平均值水平，可见，高技术产业聚集水平因地区不同而差异较大。

此外，就中介变量农村产业融合发展水平而言，最小值为0.027，最大值为0.650，均值为0.135，可见，农村产业融合发展水平的差距也较大，且随着时间的推进，农村产业融合发展水平高于其均值的省份越来越多，体现了农村产业融合发展水平随着时间推移而整体实现提升，2022年上海的农村产业融合发展水平取得最高值，2013年青海的农村产业融合发展水平取得最低值。

最后，本书的控制变量除对外开放水平标准差略大于均值外，其余变量的标准差均小于均值，说明本书所选的样本数据较好，没有异常值和极端值，可以进行接下来的实证分析。

6.3.2 多重共线性检验

多重共线性指的是变量之间存在相关性关系，如果存在多重共线性可能会导致模型失真且难以得到准确结论，因此需要在模型回归之前对多重共线性进行检验。具体检验方法有：简单相关系数法、综合统计检验法、方差膨胀因子等。借鉴以往研究，本章使用方差膨胀因子法对多重共线性进行检验。方差膨胀因子（VIF）是将每个解释变量当作目标变量，使用其余解释变量来回归模型，得到一个可决系数R^2，再对可决系数进行求和取倒运算最终得到VIF值。经验表明，VIF值若大于10则认为存在多重共线性。

表6.3展示了使用方差膨胀因子法对各变量进行多重共线性检验，检验各个变量之间是否存在共线性问题的结果。从表6.3中可以看出，本章所选取的核心解释变量、控制变量和中介变量的VIF值都小于10，可以认为9个变量之间不存在共线性问题。

表 6.3　多重共线性检验结果

变量	VIF	1/VIF
Difi	7.96	0.1257
Human	2.53	0.3948
Open	2.42	0.4125
Structure	3.38	0.2957
Gov	2.43	0.4113
Physical	2.20	0.4547
Information	6.96	0.1437
Gjs	2.49	0.4023
Conver	2.43	0.4113

6.3.3　平稳性检验

变量的平稳性是进行计量分析的基本要求之一，它可以检验一个时间序列数据是否具有平稳性。对于面板数据的平稳性检验，常用的方法有 LLC、HT、Breintung、IPS、费雪式和 Hadri LM 等 6 种，具体选择哪种方法要根据面板数据类型来确定。为了防止伪回归问题的出现，本节在此对各变量进行平稳性检验。对面板数据类型进行判断，该面板数据为平衡面板数据，且 $n = 31, T = 12$，即数据的截面数 31 大于时间数 12，判断为平衡短面板数据，故选择 HT 检验。平稳性检验结果见表 6.4，显示变量 *Gov*、*Physical* 通过平稳性检验，其余变量一阶差分后通过平稳性检验。

表 6.4　平稳性检验结果

变量	z 值	P − value	结论
Rich	0.1211	0.5482	不平稳
Δ*Rich*	−21.6625	0.0000	平稳
Difi	0.4698	0.6807	不平稳
Δ *Difi*	−16.3263	0.0000	平稳
Human	3.2328	0.9994	不平稳
Δ *Human*	−11.0532	0.000	平稳

续表

变量	z 值	P-value	结论
Open	0.8715	0.8083	不平稳
$\Delta Open$	-14.2621	0.0000	平稳
Structure	1.9168	0.9724	不平稳
$\Delta Structure$	-10.5766	0.0000	平稳
Gov	-3.0042	0.0013	平稳
Physical	-1.2952	0.0976	平稳
Information	2.8456	0.9978	不平稳
$\Delta Information$	-13.1805	0.0000	平稳
Gjs	2.6889	0.9964	不平稳
ΔGjs	-15.2903	0.0000	平稳
Conver	3.8591	0.9999	不平稳
$\Delta Conver$	-20.316	0.0000	平稳

6.3.4 数字普惠金融对共同富裕影响的中介效应分析

在多重共线性检验和平稳性检验的基础上，本节将根据前文设立的模型对数字普惠金融助推共同富裕的作用渠道进行检验。

对数字普惠金融通过提升高技术产业聚集水平进而促进共同富裕的中介效应检验结果见表6.5，结果显示，数字普惠金融对地区高技术产业聚集具有显著的正向影响［模型（2），$\beta=0.4986$，$p<0.01$］，从模型（3）数字普惠金融和高技术产业聚集水平共同作用于地区共同富裕水平的回归结果来看，数字普惠金融和高技术产业聚集水平均对共同富裕水平有显著的正向影响，说明高技术产业聚集在数字普惠金融与地区共同富裕水平的关系中起到部分中介作用，且计算出的中介效应占比为15.20%，最后采用Sobel检验方法测得相应的p值小于0.01，说明高技术产业聚集的中介效应显著存在，说明从全国范围来看，数字普惠金融通过提升高技术产业聚集水平来促进共同富裕水平的提升。

表 6.5 高技术产业聚集水平的中介效应检验结果

变量	(1) Rich	(2) Gjs	(3) Rich
Difi	0.0876***	0.4986***	0.0743***
	(9.1835)	(5.1203)	(7.7725)
Gjs			0.0267***
			(5.0836)
Human	-0.0023	0.4635***	-0.0146
	(-0.2464)	(4.9724)	(-1.6020)
Open	0.0024	0.9858***	-0.0240
	(0.1516)	(6.1797)	(-1.5043)
Structure	-0.1204***	-0.8919***	-0.0966***
	(-3.5756)	(-2.5949)	(-2.9461)
Gov	0.1550***	0.9412***	0.1298***
	(5.7958)	(3.4495)	(4.9485)
Physical	0.0031	-0.0811	0.0052
	(0.6221)	(-1.6138)	(1.0976)
Information	0.0252	0.8054***	0.0037
	(0.9589)	(3.0032)	(0.1436)
Constant	-0.0023	0.4635***	-0.0146
	(-0.2464)	(4.9724)	(-1.6020)
n	372	372	372
R-squared	0.9677	0.2501	0.9701
时间效应	控制	控制	控制
个体效应	控制	控制	控制

注：＊＊＊表示在1%的水平上显著，括号内估计系数为估计系数对应的 t 值。

对数字普惠金融通过提升农村产业融合发展水平进而促进共同富裕的中介效应检验结果见表6.6，结果显示，数字普惠金融对农村产业融合发展水平具有显著的正向促进影响［模型（2），$\beta=0.1358$，$p<0.01$］，从模型（3）数字普惠金融和农村产业融合发展水平共同作用于地区共同富裕水平的回归结果来看，数字普惠金融和农村产业融合发展水平均对

共同富裕水平有显著的正向促进作用，说明农村产业融合发展水平在数字普惠金融与地区共同富裕水平的关系中起到部分中介作用，且经计算中介效应占比为7.66%，最后采用Sobel检验方法测得相应的p值小于0.05，结果显示，中介效应显著存在，说明从全国范围来看，数字普惠金融通过提升农村产业融合发展水平来促进共同富裕水平的提升。

表6.6 农村产业融合发展水平的中介效应检验结果

变量	(1)	(2)	(3)
	Rich	Conver	Rich
Difi	0.0876***	0.1358***	0.0809***
	(9.1835)	(5.4884)	(8.1655)
Conver			0.0494**
			(2.3174)
Human	-0.0023	-0.0029	-0.0021
	(-0.2464)	(-0.1236)	(-0.2321)
Open	0.0024	0.0121	0.0018
	(0.1516)	(0.2985)	(0.1141)
Structure	-0.1204***	-0.0147	-0.1197***
	(-3.5756)	(-0.1681)	(-3.5779)
Gov	0.1550***	0.1705**	0.1465***
	(5.7958)	(2.4584)	(5.4669)
Physical	0.0031	-0.0098	0.0035
	(0.6221)	(-0.7667)	(0.7245)
Information	0.0252	-0.2669***	0.0384
	(0.9589)	(-3.9165)	(1.4366)
Constant	0.1922***	0.0648	0.1890***
	(2.7623)	(0.3590)	(2.7341)
n	372	372	372
R-squared	0.9677	0.4422	0.9682
时间效应	控制	控制	控制
个体效应	控制	控制	控制

注：**、***分别表示在5%和1%的水平上显著，括号内估计系数为估计系数对应的t值。

6.3.5 数字普惠金融对共同富裕影响中介效应的区域差异分析

为进一步考察数字普惠金融促进共同富裕的作用机理问题,本节将探讨数字普惠金融助推共同富裕的作用渠道是否在不同区域有不同的表现,将全国31个省份分成东部地区、中部地区、西部地区3个子样本,以考察数字普惠金融对共同富裕影响中介效应的区域差异。

6.3.5.1 东部地区实证分析

东部地区样本高技术产业集聚水平的中介效应实证结果如表6.7所示。结果显示,就东部地区而言,数字普惠金融的发展促进了共同富裕水平的提升,且数字普惠金融的发展显著提升了各个地区的高技术产业聚集水平($\beta=0.8122$,$p<0.01$),根据模型(3),将数字普惠金融总指数和高技术产业集聚水平同时作为自变量进行回归时结果显示,高技术产业集聚水平的回归系数和数字普惠金融总指数的回归系数均显著,因此,就东部地区而言,高技术产业聚集发挥的中介效应显著,且进一步计算可得高技术产业聚集在数字普惠金融促进共同富裕的过程中发挥了8.39%的作用。

表6.7 东部地区高技术产业聚集水平的中介效应检验结果

变量	(1) Rich	(2) Gjs	(3) Rich
Difi	0.1403 *** (7.6689)	0.8122 *** (3.8494)	0.1285 *** (6.6292)
Gjs			0.0145 * (1.7164)
Human	0.0072 (0.3398)	0.9057 *** (3.7213)	-0.0060 (-0.2689)
Open	0.0052 (0.1967)	0.6334 ** (2.0814)	-0.0040 (-0.1503)
Structure	-0.2422 *** (-2.6839)	-3.2571 *** (-3.1287)	-0.1949 ** (-2.0833)

续表

变量	(1)	(2)	(3)
	Rich	Gjs	Rich
Gov	0.3101***	5.9362***	0.2238***
	(4.4851)	(7.4443)	(2.6353)
Physical	-0.0065	-0.2671**	-0.0026
	(-0.5810)	(-2.0787)	(-0.2301)
Information	0.0291	0.7025	0.0189
	(0.7236)	(1.5122)	(0.4694)
Constant	0.1854	-6.1556***	0.2748
	(1.0872)	(-3.1297)	(1.5545)
n	132	132	132
R-squared	0.9732	0.5715	0.9740
时间效应	控制	控制	控制
个体效应	控制	控制	控制

注：*、**、***分别表示在10%、5%和1%的水平上显著，括号内估计系数为估计系数对应的 t 值。

东部地区样本农村产业融合发展水平的中介效应实证结果如表6.8所示。结果显示，就东部地区而言，数字普惠金融的发展促进了共同富裕水平的提升，且数字普惠金融的发展显著提升了各个地区的农村产业融合发展水平（$\beta=0.3469$，$p<0.01$），但根据模型（3），将数字普惠金融总指数和农村产业融合发展水平同时作为自变量进行回归时结果显示，农村产业融合总指数水平的回归系数不显著，而数字普惠金融总指数的回归系数显著，因此，就东部地区而言，农村产业融合总指数水平发挥的中介效应不显著，数字普惠金融通过农村产业融合总指数水平提升共同富裕水平的作用机理不成立。

表6.8 东部地区农村产业融合发展水平的中介效应检验结果

变量	(1) Rich	(2) Conver	(3) Rich
Difi	0.1403***	0.3469***	0.1292***
	(7.6689)	(6.1365)	(6.0434)
Conver			0.0320
			(1.0039)
Human	0.0072	0.0769	0.0047
	(0.3398)	(1.1797)	(0.2216)
Open	0.0052	0.2267***	-0.0021
	(0.1967)	(2.7805)	(-0.0755)
Structure	-0.2422***	0.6464**	-0.2629***
	(-2.6839)	(2.3175)	(-2.8402)
Gov	0.3101***	1.0086***	0.2778***
	(4.4851)	(4.7204)	(3.6435)
Physical	-0.0065	-0.0349	-0.0054
	(-0.5810)	(-1.0150)	(-0.4782)
Information	0.0291	-0.1084	0.0326
	(0.7236)	(-0.8710)	(0.8068)
Constant	0.1854	-1.1976**	0.2237
	(1.0872)	(-2.2724)	(1.2804)
n	132	132	132
R-squared	0.9732	0.6499	0.9735
时间效应	控制	控制	控制
个体效应	控制	控制	控制

注：**、***分别表示在5%和1%的水平上显著，括号内估计系数为估计系数对应的t值。

6.3.5.2 中部地区实证分析

中部地区样本高技术产业集聚水平的中介效应实证结果如表6.9所示。结果显示，就中部地区而言，数字普惠金融的发展促进了共同富裕水平的提升，且数字普惠金融的发展显著提升了各个地区的高技术产业聚集水平（$\beta = 0.4064$，$p < 0.01$），但根据模型（3），将数字普惠金融总指数和高技术产业集聚水平同时作为自变量进行回归时结果显示，数字普惠金融总指数的回归系数不显著，而高技术产业集聚水平的回归系数显著，因此，就中部地区而言，高技术产业聚集发挥了完全中介效应，即数字普惠金融对共同富裕的影响全部通过提升高技术产业聚集水平进而提升共同富裕水平这一渠道来实现。为进一步检验中介效应是否显著存在，本节进行Sobel检验，测得相应的p值为0.0097，通过了显著性检验，所以对中部地区而言，数字普惠金融通过提升高技术产业聚集水平进而促进共同富裕水平提升的中介渠道显著存在。

表6.9 中部地区高技术产业聚集水平的中介效应检验结果

变量	(1) Rich	(2) Gjs	(3) Rich
Difi	0.0463 **	0.4064 ***	0.0130
	(2.1012)	(4.0130)	(0.5686)
Gjs			0.0820 ***
			(3.3812)
Human	−0.0202	0.4945 ***	−0.0608 **
	(−0.8498)	(4.5230)	(−2.4092)
Open	−0.0432	−2.0483 ***	0.1248
	(−0.2998)	(−3.0909)	(0.8703)
Structure	0.0269	−0.1100	0.0359
	(0.3316)	(−0.2949)	(0.4743)
Gov	0.0412	−0.2627	0.0628
	(0.3673)	(−0.5092)	(0.5984)
Physical	0.0151	0.0956 **	0.0072
	(1.5802)	(2.1815)	(0.7860)
Information	0.2053 **	2.6236 ***	−0.0098
	(2.2119)	(6.1467)	(−0.0911)
Constant	0.2678	−3.3805 ***	0.5450 ***
	(1.4580)	(−4.0027)	(2.8690)

续表

变量	(1)	(2)	(3)
	Rich	*Gjs*	*Rich*
n	96	96	96
R-squared	0.9787	0.8301	0.9817
时间效应	控制	控制	控制
个体效应	控制	控制	控制

注：**、***分别表示在5%和1%的水平上显著，括号内估计系数为估计系数对应的 t 值。

中部地区样本农村产业融合发展水平的中介效应实证结果如表6.10所示。结果显示，就中部地区而言，数字普惠金融的发展促进了共同富裕水平的提升，且数字普惠金融的发展显著提升了各个地区的农村产业融合发展水平（$\beta = 0.0976$，$p < 0.01$），但根据模型（3），将数字普惠金融总指数和农村产业融合发展水平同时作为自变量进行回归时结果显示，农村产业融合发展水平的回归系数不显著，而数字普惠金融总指数的回归系数显著，因此，就中部地区而言，农村产业融合发展水平发挥的中介效应不显著，数字普惠金融通过农村产业融合发展水平提升共同富裕水平的作用机理不成立。

表6.10 中部地区农村产业融合发展水平的中介效应检验结果

变量	(1)	(2)	(3)
	Rich	*Conver*	*Rich*
Difi	0.0463**	0.0976***	0.0581**
	(2.1012)	(3.0299)	(2.5026)
Conver			-0.1212
			(-1.4963)
Human	-0.0202	-0.0306	-0.0239
	(-0.8498)	(-0.8785)	(-1.0088)
Open	-0.0432	-0.3174	-0.0817
	(-0.2998)	(-1.5058)	(-0.5627)

续表

变量	(1) Rich	(2) Conver	(3) Rich
Structure	0.0269	0.2998**	0.0633
	(0.3316)	(2.5258)	(0.7527)
Gov	0.0412	−0.6142***	−0.0332
	(0.3673)	(−3.7426)	(−0.2727)
Physical	0.0151	0.0575***	0.0220**
	(1.5802)	(4.1305)	(2.0918)
Information	0.2053**	−0.6926***	0.1214
	(2.2119)	(−5.1016)	(1.1262)
Constant	−0.0202	−0.0306	−0.0239
	(−0.8498)	(−0.8785)	(−1.0088)
n	96	96	96
R−squared	0.9787	0.7829	0.9794
时间效应	控制	控制	控制
个体效应	控制	控制	控制

注：**、***分别表示在5%和1%的水平上显著，括号内估计系数为估计系数对应的 t 值。

6.3.5.3 西部地区实证分析

由上文的数字普惠金融促进共同富裕的异质性检验可知，就西部地区而言，数字普惠金融促进共同富裕的作用不显著，出现这种情况的原因是东部是我国经济发达地区，西部是经济欠发达地区，中部的经济发展水平居中。相对东部地区和中部地区而言，西部地区数字普惠金融发展基础差，数字化和信息化水平较低。因此未来的数字普惠金融发展中，要注意加强西部地区基础设施的建设，保证数字普惠金融对该区域共同富裕促进作用得到有效发挥。

6.4 稳健性检验

为保证中介效应分析结果的稳健性，本节将对上文的实证检验进行稳健性检验以保证结论的可靠性。具体的检验方法为替换被解释变量和改变样本范围。

6.4.1 替换被解释变量

上文共同富裕水平是通过熵值法进行赋权测度的，为了保证结果的稳健性，本节将采用主成分分析法并依据上文构建指标体系再次测度共同富裕水平，并用新测度的指标对数字普惠金融对共同富裕的中介效应进行实证分析并作稳健性检验。

高技术产业聚集水平的中介效应稳健性检验结果见表 6.11，由回归结果可得，数字普惠金融促进了共同富裕水平的提升，且数字普惠金融对地区高技术产业聚集水平具有显著的正向影响 [模型（2），$\beta = 0.4986$，$p < 0.01$]，从模型（3）数字普惠金融和高技术产业聚集水平共同作用于地区共同富裕水平的回归结果来看，数字普惠金融和高技术产业聚集水平均对共同富裕水平有显著的正向影响，说明高技术产业聚集水平在数字普惠金融与地区共同富裕水平的关系中起到部分中介作用，且计算出的中介效应占比为 11.42%，最后采用 Sobel 检验方法测得相应的 p 值为 0.008，因此，高技术产业聚集水平的稳健性检验显著存在，进一步地，Bootstrap 方法检验也说明中介效应显著存在，说明从全国范围来看，数字普惠金融通过提升高技术产业聚集水平来促进共同富裕水平的提升。与上文中介效应检验结果一致，中介效应检验结果稳健。

6 数字普惠金融影响共同富裕的作用路径实证分析

表6.11 稳健性检验:高技术产业聚集水平的中介效应检验结果

变量	(1) Rich	(2) Gjs	(3) Rich
$Difi$	0.5652***	0.4986***	0.5007***
	(7.6271)	(5.1203)	(6.5836)
Gjs			0.1294***
			(3.0967)
$Human$	0.0672	0.4635***	0.0072
	(0.9468)	(4.9724)	(0.0988)
$Open$	0.0877	0.9858***	-0.0398
	(0.7228)	(6.1797)	(-0.3144)
$Structure$	-0.6068**	-0.8919***	-0.4914*
	(-2.3201)	(-2.5949)	(-1.8841)
Gov	0.0174	0.9412***	-0.1044
	(0.0836)	(3.4495)	(-0.5005)
$Physical$	0.0509	-0.0811	0.0614
	(1.3324)	(-1.6138)	(1.6215)
$Information$	-0.1761	0.8054***	-0.2804
	(-0.8631)	(3.0032)	(-1.3729)
$Constant$	-1.1297**	-3.0557***	-0.7342
	(-2.0901)	(-4.3021)	(-1.3386)
n	372	372	372
R-squared	0.9573	0.2501	0.9585
时间效应	控制	控制	控制
个体效应	控制	控制	控制

注:*、* *、* * *分别表示在10%、5%和1%的水平上显著,括号内估计系数为估计系数对应的t值。

农村产业融合发展水平的中介效应稳健性检验结果见表6.12,结果显示,数字普惠金融促进了共同富裕水平的提升,且数字普惠金融对农村产业融合发展水平具有显著的正向促进影响[模型(2),$\beta = 0.1358$,$p<0.01$],从模型(3)数字普惠金融和农村产业融合发展水平共同作用于地区共同富裕水平的回归结果来看,数字普惠金融和农村

产业融合发展水平均对共同富裕水平有显著的正向促进作用,说明农村产业融合水平在数字普惠金融与地区共同富裕水平的关系中起到部分中介作用,且经计算中介效应占比为 17.96%,最后采用 Sobel 检验方法测得相应的 p 值为 0.0004,因此,农村产业融合发展水平的稳健性检验显著存在,进一步地,Bootstrap 方法检验也说明中介效应显著存在,说明从全国范围来看,数字普惠金融通过提升农村产业融合发展水平来促进共同富裕水平的提升。与上文中介效应检验结果一致,上文中介效应检验结果稳健。

表 6.12 稳健性检验:农村产业融合发展水平的中介效应检验结果

变量	(1) Rich	(2) Conver	(3) Rich
Difi	0.5652 ***	0.1358 ***	0.4637 ***
	(7.6271)	(5.4884)	(6.1705)
Conver			0.7473 ***
			(4.6246)
Human	0.0672	−0.0029	0.0693
	(0.9468)	(−0.1236)	(1.0080)
Open	0.0877	0.0121	0.0787
	(0.7228)	(0.2985)	(0.6684)
Structure	−0.6068 **	−0.0147	−0.5958 **
	(−2.3201)	(−0.1681)	(−2.3488)
Gov	0.0174	0.1705 **	−0.1100
	(0.0836)	(2.4584)	(−0.5413)
Physical	0.0509	−0.0098	0.0582
	(1.3324)	(−0.7667)	(1.5696)
Information	−0.1761	−0.2669 ***	0.0233
	(−0.8631)	(−3.9165)	(0.1152)
Constant	−1.1297 **	0.0648	−1.1781 **
	(−2.0901)	(0.3590)	(−2.2469)

续表

变量	(1) *Rich*	(2) *Conver*	(3) *Rich*
n	372	372	372
R – squared	0.9573	0.4422	0.9600
时间效应	控制	控制	控制
个体效应	控制	控制	控制

注：＊＊、＊＊＊分别表示在5%和1%的水平上显著，括号内估计系数为估计系数对应的 t 值。

6.4.2 改变样本范围

我国不同地区数字普惠金融发展程度、经济金融基础、自然禀赋和各地政策等都存在明显的区域差异，差异过大导致的极端值会对回归结果产生影响，故本节选择剔除北京、上海、天津和重庆4个直辖市数据再进行重新检验，以保证检验结论的稳健性。

高技术产业聚集水平中介效应的稳健性检验结果见表6.13，由回归结果可得，数字普惠金融促进了共同富裕水平的提升，且数字普惠金融对地区高技术产业聚集水平具有显著的正向影响［模型（2），$\beta = 0.4143$，$p < 0.01$］，从模型（3）数字普惠金融和高技术产业聚集水平共同作用于地区共同富裕水平的回归结果来看，数字普惠金融和高技术产业聚集水平均对共同富裕水平有显著的正向影响，说明高技术产业聚集水平在数字普惠金融与地区共同富裕水平的关系中起到部分中介作用，且计算出的中介效应占比为15.68%，最后采用Sobel检验方法测得相应的 p 值为0.0018，因此，高技术产业聚集水平的稳健性检验显著存在，进一步地，Bootstrap方法检验也说明中介效应显著存在，说明从全国范围来看，数字普惠金融通过提升高技术产业聚集水平来促进共同富裕水平的提升。与上文中介效应检验结果一致，中介效应检验结果稳健。

表6.13 稳健性检验：高技术产业聚集水平的中介效应检验结果

变量	(1) Rich	(2) Gjs	(3) Rich
Difi	0.0811 ***	0.4143 ***	0.0684 ***
	(7.5602)	(5.2046)	(6.2404)
Gjs			0.0307 ***
			(3.8944)
Human	−0.0025	0.2083 ***	−0.0089
	(−0.2576)	(2.8894)	(−0.9240)
Open	−0.0168	0.1070	−0.0201
	(−0.9239)	(0.7919)	(−1.1305)
Structure	−0.0996 ***	−0.2955	−0.0905 ***
	(−2.8767)	(−1.1506)	(−2.6742)
Gov	0.1304 ***	0.2638	0.1223 ***
	(4.8240)	(1.3147)	(4.6241)
Physical	0.0068	0.0501	0.0052
	(1.3332)	(1.3313)	(1.0529)
Information	0.0597 **	1.2529 ***	0.0213
	(2.0566)	(5.8170)	(0.7100)
Constant	0.1714 **	−1.1610 **	0.2070 ***
	(2.3329)	(−2.1290)	(2.8645)
n	324	324	324
R − squared	0.9693	0.2497	0.9709
时间效应	控制	控制	控制
个体效应	控制	控制	控制

注：**、***分别表示在5%和1%的水平上显著，括号内估计系数为估计系数对应的 t 值。

农村产业融合发展水平的中介效应稳健性检验结果见表6.14，结果显示，数字普惠金融促进了共同富裕水平的提升，且数字普惠金融对农村产业融合发展水平具有显著的正向促进影响［模型（2），$\beta = 0.0399$，$p < 0.10$］，从模型（3）数字普惠金融和农村产业融合共同作用于地区共同富裕水平的回归结果来看，农村产业融合发展水平的回归

系数为负,且在10%的水平上显著,数字普惠金融总指数的回归系数显著,因此,删除直辖市后,数字普惠金融通过农村产业融合发展水平提升共同富裕水平的作用机理不成立,因此,这种稳健性检验结果未通过。

表 6.14 稳健性检验:农村产业融合发展水平的中介效应检验结果

变量	(1) Rich	(2) Conver	(3) Rich
$Difi$	0.0811***	0.0399*	0.0832***
	(7.5602)	(1.8982)	(7.7343)
$Conver$			-0.0528*
			(-1.7323)
$Human$	-0.0025	-0.0056	-0.0028
	(-0.2576)	(-0.2958)	(-0.2892)
$Open$	-0.0168	-0.1070***	-0.0225
	(-0.9239)	(-3.0026)	(-1.2191)
$Structure$	-0.0996***	0.0948	-0.0946***
	(-2.8767)	(1.3981)	(-2.7324)
Gov	0.1304***	0.0359	0.1323***
	(4.8240)	(0.6780)	(4.9075)
$Physical$	0.0068	0.0168*	0.0076
	(1.3332)	(1.6963)	(1.5061)
$Information$	0.0597**	-0.0241	0.0584**
	(2.0566)	(-0.4237)	(2.0193)
$Constant$	0.1714**	0.0700	0.1751**
	(2.3329)	(0.4866)	(2.3907)
n	324	324	324
R-squared	0.9693	0.5202	0.9697
时间效应	控制	控制	控制
个体效应	控制	控制	控制

注:*、**、***分别表示在10%、5%和1%的水平上显著,括号内估计系数为估计系数对应的 t 值。

6.5　本章小结

本章探讨了数字普惠金融促进共同富裕的作用机制，主体部分为实证分析检验，以 2011—2022 年我国 31 个省份为样本，在多重共线性检验和平稳性检验的基础上，本章将根据前文设立的模型对数字普惠金融助推共同富裕的作用渠道进行检验，实证结果表明，在全国层面，数字普惠金融通过提高高技术产业聚集水平和农村产业融合发展水平促进共同富裕的作用机理是显著存在的，且高技术产业聚集水平的中介效应通过替换被解释变量和改变样本范围的稳健性检验方法得到证明，农村产业融合发展水平的中介效应通过替换被解释变量的稳健性检验方法得到证明。进一步分区域实证结果显示，东部地区数字普惠金融通过提高高技术产业聚集水平促进共同富裕的作用机理存在，而农村产业融合发展水平这条路径不存在；就中部地区而言，高技术产业聚集水平在数字普惠金融促进共同富裕的过程中发挥了完全中介效应，而农村产业融合发展水平促进共同富裕的作用机理不存在；西部地区数字普惠金融对共同富裕的影响不显著，因此未来的数字普惠金融发展中，要注意加强西部地区基础设施的建设，保证数字普惠金融对该区域共同富裕促进作用得到有效发挥。

7 数字普惠金融对共同富裕影响的拐点效应实证分析

7.1 变量选择与数据来源

7.1.1 变量选择

（1）被解释变量：共同富裕水平（$Rich$）。选取本书第四章测算的2011—2022年各省共同富裕水平作为本章的被解释变量。

（2）核心解释变量：数字普惠金融总指数（$Difi$）。本章采用北京大学数字金融研究中心开发的北京大学数字普惠金融指数来衡量各地区数字普惠金融发展水平，该指数包含数字普惠金融覆盖广度、使用深度、数字化程度3个维度的33个具体指标。数字普惠金融总指数可以较为准确地反映数字技术推动金融的总体发展情况。为深入探讨数字普惠金融对共同富裕的影响效应，本章还选取了数字普惠金融发展的分指数覆盖广度（COV）、使用深度（USE）和数字化程度（DIG）作为核心解释变量的补充。

（3）控制变量：结合现有的研究，本章选取的控制变量如表7.1所示。

表7.1 控制变量

变量	符号	指标解释
人力资本	$Human$	每十万人口高等学校平均在校生数取对数
对外开放水平	$Open$	进出口总额/地方GDP
政府行为	$Gover$	地方财政一般预算支出/地方GDP
产业结构高级化	$Structure$	第三产业增加值/地方GDP

续表

变量	符号	指标解释
物质资本	Physical	固定资产投资/GDP
信息化水平	Information	互联网宽带接入用户数/地区常住人口
城镇化率	Urb	城镇人口/年末常住人口

7.1.2 数据来源

本章利用2011—2022年的省级面板数据进行实证研究，分析数字普惠金融对共同富裕的影响效果。本章的数据主要来源为：北京大学数字金融研究中心开发的北京大学数字普惠金融指数；共同富裕水平测度指标及各控制变量均来源于《中国统计年鉴》及各省份统计局官网。为保证各变量处于同一量纲，确保实证分析的可行性，本章对数字普惠金融总指数及各二级指标进行取对数处理。对各变量的描述性统计见表7.2，各指标样本量为372，除对外开放水平的标准差略大于均值外，其余变量的标准差均小于均值，这表明研究所选的样本数据较好，没有异常值及极端值，可以进行接下来的实证分析。

表7.2 描述性统计结果

变量	样本量	平均值	标准差	最小值	最大值
共同富裕水平	372	0.300	0.090	0.120	0.700
数字普惠金融总指数	372	5.300	0.670	2.790	6.130
覆盖广度	372	5.310	0.650	1.910	6.240
使用深度	372	5.200	0.830	0.670	6.120
数字化程度	372	5.600	0.670	2.030	6.150
人力资本	372	7.870	0.300	6.990	8.630
对外开放水平	372	0.110	0.160	0.000	0.940
产业结构高级化	372	0.500	0.090	0.330	0.840
政府行为	372	0.290	0.210	0.110	1.350
物质资本	372	0.790	0.270	0.140	1.520
信息化水平	372	0.240	0.110	0.040	0.520
城镇化率	372	0.590	0.130	0.090	0.900

7.2 模型设定

本章使用面板数据研究数字普惠金融如何影响共同富裕的发展。在实证研究过程中，利用豪斯曼检验确定面板回归应该选择随机效应模型还是固定效应模型。豪斯曼检验的原假设为建立随机效应模型，备择假设为选择固定效应模型。检验结果表明该面板模型同时存在个体效应与时间效应，因此回归模型选择双向固定效应模型以控制时间效应和个体效应，模型如下：

$$Rich_{it} = \alpha_0 + \alpha_1 Difi_{it} + \alpha_2 Controls + \eta_i + \mu_t + \varepsilon_{it} \tag{7.1}$$

为了研究数字普惠金融对共同富裕的非线性影响，引入数字普惠金融总指数的二次项，验证数字普惠金融与共同富裕水平之间是否存在拐点效应。基于2011—2022年的面板数据，构建如下模型：

$$Rich_{it} = \beta_0 + \beta_{11} Difi_{it}^2 + \beta_{12} Difi_{it} + \beta_2 Controls + \eta_i + \mu_t + \varepsilon_{it} \tag{7.2}$$

其中，i 为各省份；t 为时间；$Rich_{it}$ 为被解释变量共同富裕指数；$Difi_{it}$ 为核心变量数字普惠金融总指数；$Controls_{it}$ 为控制变量，在本章中控制变量包含人力资本、对外开放水平、产业结构高级化、政府行为、物质资本、信息化水平与城镇化率；η_i 和 μ_t 分别为个体固定效应和时间固定效应；ε_{it} 为随机扰动项，服从独立同分布。

此外，本章还选择了数字普惠金融发展的3个二级指标：覆盖广度（COV）、使用深度（USE）和数字化程度（DIG）作为核心解释变量的补充，进一步深入研究数字普惠金融对共同富裕的影响。

7.3 实证分析

本章利用2011—2022年全国31个省份数字普惠金融发展相关数据，建立面板数据模型，通过实证检验研究数字普惠金融对共同富裕的影响及其影响是否具有拐点效应。

7.3.1 基准回归

根据所设立的模型对我国31个省份2011—2022年的数字普惠金融总指数与共同富裕水平进行回归，记为模型1。再分别研究数字普惠金融3个二级指标（覆盖广度、使用深度、数字化程度）对共同富裕水平的影响，得出回归结果，分别为模型2、模型3、模型4，基准回归结果如表7.3所示。对基准回归结果进行分析，数字普惠金融对共同富裕水平有着显著的正向影响。利用数字普惠金融的3个二级指标对解释变量数字普惠金融总指数进行替换，从回归分析的结果中不难看出，数字普惠金融的覆盖广度、使用深度、数字化程度3个维度也在1%的水平上对居民消费表现出显著的正向影响。覆盖广度的回归系数最大，是对居民消费影响最大的一个维度。

表7.3 基准回归结果

变量	模型1	模型2	模型3	模型4
$Difi$	0.022*** (7.37)			
COV		0.018*** (5.98)		
USE			0.015*** (6.48)	
DIG				0.016*** (6.88)
$Human$	0.029** (2.44)	0.034*** (2.76)	0.025** (2.12)	0.032*** (2.66)
$Open$	−0.140*** (−6.30)	−0.153*** (−6.78)	−0.155*** (−6.92)	−0.113*** (−4.78)
$Structure$	0.019 (0.47)	0.038 (0.89)	0.051 (1.24)	0.035 (0.83)

续表

变量	模型1	模型2	模型3	模型4
Gover	0.100 *** (2.68)	0.107 *** (2.79)	0.101 *** (2.66)	0.092 ** (2.46)
Physical	0.005 (0.78)	0.010 (1.39)	0.008 (1.14)	0.009 (1.34)
Information	0.364 *** (14.54)	0.350 *** (13.52)	0.373 *** (14.71)	0.381 *** (15.09)
Urb	0.008 (0.15)	0.072 (1.42)	0.015 (0.27)	0.065 (1.31)
N	372	372	372	372
R^2	0.928	0.924	0.925	0.927

注：括号内为t统计量；＊＊＊、＊＊分别表示1%、5%的显著性水平。

7.3.2 拐点效应

为了研究数字普惠金融对共同富裕的非线性影响，本书参考Lind和Mehlum（2010）的做法，对"U"形拐点的存在性进行检验，检验结果如表7.4所示。检验结果表明，数字普惠金融对共同富裕的影响在1%的水平上存在"U"形拐点，可以进行拐点效应的研究分析。

表7.4 拐点存在性检验

	下限	上限
区间	2.786	6.133
斜率	−0.046	0.118
t	−5.780	10.801
P > t	8.62e−09	8.30e−24

表7.5展示了在回归中加入解释变量二次项后数字普惠金融对共同富裕影响的拐点效应检验结果。根据回归结果，模型1中数字普惠金融总指数的回归系数为−0.182，其二次项的回归系数为0.024，且均在1%的水平上显著，表明数字普惠金融对共同富裕水平的影响具有显著的正"U"形特征，即数字普惠金融发展初期对共同富裕的影响是负向

的。随着数字普惠金融的发展，其对共同富裕的影响由负向转为正向。数字普惠金融在发展初期对于共同富裕水平的影响是负向的，这是因为数字普惠金融的实施需要依托金融科技的发展，但由于发展初期区域间金融科技发展不平衡，实施数字普惠金融的基础条件在不同地域间存在差异。数字普惠金融为金融科技发展较好的地区带来了较大的有利影响，在金融科技发展程度较高的地区，数字普惠金融的基础设施条件得到满足，数字普惠金融得以更好地实施。在这些地区，数字普惠金融的出现弥补了传统金融实施过程中的不足，为当地企业发展提供了金融支持，各行业进入信息化和发展化道路，促进了企业转型升级与创新发展，并进一步促进了该区域经济发展与居民富裕程度的提升。而金融科技发展较为落后的地区不完全具备实施数字普惠金融的基础条件，数字普惠金融的实施效用大打折扣，对于经济发展的推动作用不及金融科技发展程度较高的地区。数字普惠金融的不断发展虽然推动了区域发展，为国民富裕度的提升做出了贡献，但同时由于区域间发展的不平衡，也进一步扩大了地区间的经济发展差距与居民的收入差距，产生了数字鸿沟，从而对共同富裕的发展造成负向影响。

从影响作用方向转变的拐点来看，数字普惠金融对共同富裕影响的拐点为 3.792。当数字普惠金融总指数达到 3.792 后，对共同富裕的影响由负向转为正向。可能的原因是，在数字普惠金融发展过程中，先进的数字技术不断外溢，为金融科技发展较为落后的地区提供了技术支撑，数字普惠金融获得了良好的发展环境。随着数字普惠金融的不断发展，其低成本、广覆盖的普惠性逐渐凸显，经济发展的助推效用得到发挥，能够有效提高发展落后地区的生产效率与收入水平，进而缩小贫富差距，促进共同富裕的发展。

进一步分析数字普惠金融的覆盖广度、使用深度、数字化程度对共同富裕是否具有非线性影响，根据表 7.5 中模型 2、模型 3 与模型 4 的回归结果,数字普惠金融的覆盖广度、使用深度与数字化程度 3 个二级指标的回归系数均显著为负,其二次项的回归系数均在 1% 的水平上显著为正。这说明在数字普惠金融发展过程中,其覆盖广度、使用深度与数字化程度也对共同富裕有着显著影响,且这种影响呈现出正"U"形的拐点效应,其拐点分别为 3.423、2.500、3.643。观察近几年的数字普惠金融发展水平,可以发现当前数字普惠金融水平已经超过拐点值,这说明当前阶段的数字普惠金融发展对共同富裕水平有着显著的正向影响,为共同富裕发展提供了极大推动力。

表 7.5 数字普惠金融对共同富裕影响的拐点效应回归结果

变量	模型 1	模型 2	模型 3	模型 4
$Difi^2$	0.024 *** (9.06)			
$Difi$	-0.182 *** (-8.03)			
COV^2		0.013 *** (6.65)		
COV		-0.089 *** (-5.45)		
USE^2			0.008 *** (6.57)	
USE			-0.040 *** (-4.62)	
DIG^2				0.007 *** (4.09)
DIG				-0.051 *** (-3.10)
$Human$	0.029 *** (2.72)	0.039 *** (3.40)	0.022 ** (1.98)	0.030 ** (2.54)
$Open$	-0.053 ** (-2.39)	-0.098 *** (-4.28)	-0.118 *** (-5.42)	-0.112 *** (-4.84)

续表

变量	模型1	模型2	模型3	模型4
Structure	-0.128*** (-3.14)	-0.057 (-1.35)	-0.060 (-1.40)	0.002 (0.05)
Gover	0.141*** (4.18)	0.145*** (4.00)	0.115*** (3.22)	0.085** (2.31)
Physical	0.004 (0.72)	0.010 (1.58)	0.004 (0.66)	0.005 (0.81)
Information	0.240*** (9.14)	0.294*** (11.39)	0.304*** (11.60)	0.363*** (14.51)
Urb	-0.052 (-1.11)	0.012 (0.25)	-0.056 (-1.09)	0.038 (0.78)
N	372	372	372	372
R^2	0.942	0.933	0.934	0.930

注：括号内为 t 统计量；＊＊＊、＊＊分别表示1%、5%的显著性水平。

7.3.3 区域异质性分析

我国东部、中部、西部地区在经济发展水平、基础设施建设、居民金融素养与数字金融的普及程度等方面都存在一定的差异，这些情况会对数字普惠金融实施效果造成一定程度的区域异质性。因此，本章基于国家统计局2011年发布的地区划分办法将我国划分为东部、中部、西部三个区域。根据区划进行回归分析，回归结果如表7.6所示。

对区域异质性回归的结果进行分析，可以看出，东部地区、中部地区与西部地区数字普惠金融总指数的回归系数均显著为负，其二次项的回归系数均在1%的水平上显著为正，这表明，数字普惠金融对于共同富裕的影响在东部、中部、西部地区均呈现出明显的正"U"形特征，即数字普惠金融发展初期对东部、中部、西部地区共同富裕水平的影响均为负向，在数字普惠金融水平超越拐点值后，对3个地区共同富裕发展的影响由抑制转为促进效应。3个地区的拐点分别为4.263、3.531、3.500。东部地区的拐点略高于西部地区与中部地区。东部、中部、西部地区 2022 年数字普惠金融总指数分别为 6.015、5.920 和 5.871，均在拐点值以上，证明现阶段数字普惠金融的发展对于东部、中部、西部共同富裕的影响均处于上升阶段。

表 7.6 区域异质性分析结果

变量	东部地区	中部地区	西部地区
$Difi^2$	0.054*** (9.26)	0.017*** (3.11)	0.014*** (3.23)
$Difi$	−0.450*** (−8.59)	−0.124*** (−2.72)	−0.091*** (−2.68)
$Human$	0.039* (1.78)	0.018 (1.05)	0.020 (1.33)
$Open$	0.032 (0.85)	−0.015 (−0.11)	0.013 (0.15)
$Structure$	−0.250** (−2.52)	−0.084 (−1.37)	−0.054 (−0.92)
$Gover$	0.359*** (3.67)	0.062 (0.82)	0.080** (2.21)
$Physical$	−0.008 (−0.69)	0.011 (1.19)	0.008 (0.66)
$Information$	0.229*** (4.44)	0.410*** (6.73)	0.222*** (5.09)
Urb	−0.310** (−2.25)	−0.210 (−1.10)	0.027 (0.54)
N	144	108	120
R^2	0.944	0.973	0.956

注：括号内为 t 统计量；＊＊＊、＊＊、＊分别表示 1％、5％、10％的显著性水平。

7.4 稳健性检验

7.4.1 缩短样本期

为了检验上述研究结论的可靠性,首先采用缩短样本区间的方式对回归结果进行稳健性检验。随着数字经济的不断发展成熟,大数据技术在金融中的应用逐渐普及,数字普惠金融在 2016 年的 G20 杭州峰会上首次被提出。此后,数字普惠金融被广泛关注与应用,在一定程度上弥补了传统普惠金融在成本与适用性方面的不足。因此,稳健性检验应对 2016—2022 年的所有数据重新进行回归分析。缩短样本期的回归结果如表 7.7 所示。在缩短样本区间后,回归结果仍与原始结果一致:数字普惠金融对共同富裕水平的影响呈现显著的正"U"形特征。覆盖广度、使用深度与数字化程度对共同富裕水平的回归结果依然显著,与原始结论保持一致,表明结果稳健。

表 7.7 缩短样本期检验结果

变量	模型 1	模型 2	模型 3	模型 4
$Difi^2$	0.221 *** (10.96)			
$Difi$	-2.361 *** (-10.29)			
COV^2		0.138 *** (8.60)		
COV		-1.514 *** (-8.35)		
USE^2			0.169 *** (11.03)	
USE			-1.711 *** (-10.11)	

续表

变量	模型1	模型2	模型3	模型4
DIG^2				0.609*** (7.86)
DIG				-7.097*** (-7.79)
Human	0.014 (1.04)	0.017 (1.13)	0.007 (0.56)	0.015 (1.00)
Open	-0.007 (-0.13)	-0.123** (-2.24)	-0.004 (-0.08)	-0.174*** (-3.06)
Structure	-0.100** (-2.31)	-0.133** (-2.54)	-0.016 (-0.37)	-0.010 (-0.19)
Gover	0.105*** (3.64)	0.126*** (3.66)	0.089*** (3.08)	0.033 (0.96)
Physical	0.002 (0.28)	0.006 (0.71)	0.004 (0.64)	0.004 (0.53)
Information	0.019 (0.53)	0.213*** (6.21)	-0.105** (-2.58)	0.121*** (3.09)
Urb	0.361*** (3.09)	0.550*** (4.50)	0.127 (1.05)	0.613*** (5.32)
R^2	0.945	0.923	0.944	0.920

注：括号内为t统计量；＊＊＊、＊＊分别表示1%、5%的显著性水平。

7.4.2 解释变量滞后一期

为了检验上述研究结果的可靠性，稳健性检验还选取了数字普惠金融总指数及其三个分指数的滞后一期作为核心解释变量重新进行固定效应回归，以排除数字普惠金融实施效应延迟的状况，检验结果如表7.8所示。根据回归结果，数字普惠金融总指数及其覆盖广度、使用深度与数字化程度对共同富裕水平的回归系数依然显著为负，其二次项与共同富裕水平的回归系数显著为正，稳健性检验结果与原始结论相符，表明结果稳健，即数字普惠金融对共同富裕水平的影响呈现显著的正"U"形特征。

表 7.8 解释变量滞后检验结果

变量	模型1	模型2	模型3	模型4
$L.Difi^2$	0.029*** (10.46)			
$L.Difi$	-0.222*** (-9.80)			
$L.COV^2$		0.015*** (8.04)		
$L.COV$		-0.113*** (-7.27)		
$L.USE^2$			0.009*** (6.06)	
$L.USE$			-0.048*** (-5.16)	
$L.DIG^2$				0.006*** (3.27)
$L.DIG$				-0.041** (-2.46)
$Human$	0.033*** (2.98)	0.024** (2.05)	0.031** (2.53)	0.040*** (3.19)
$Open$	-0.039 (-1.39)	-0.117*** (-4.25)	-0.124*** (-4.24)	-0.119*** (-3.99)
$Structure$	-0.094** (-2.26)	-0.014 (-0.33)	-0.036 (-0.78)	-0.027 (-0.58)
$Gover$	0.106*** (3.22)	0.114*** (3.22)	0.086** (2.32)	0.107*** (2.92)
$Physical$	0.008 (1.31)	0.016** (2.43)	0.008 (1.18)	0.003 (0.49)
$Information$	0.201*** (6.35)	0.248*** (7.89)	0.295*** (9.00)	0.372*** (11.99)
Urb	-0.105 (-1.31)	0.104 (1.33)	-0.088 (-0.94)	-0.031 (-0.37)

续表

变量	模型1	模型2	模型3	模型4
R^2	0.938	0.929	0.922	0.922

注：括号内为t统计量；＊＊＊、＊＊分别表示1%、5%的显著性水平。

7.5　本章小结

本章以中国31个省份2011—2022年的面板数据为基础，通过实证检验研究数字普惠金融对共同富裕的影响及其影响是否具有拐点效应。首先，进行了固定效应的基准回归，基准回归结果表明数字普惠金融对共同富裕有着显著的正向影响，即数字普惠金融的发展有助于实现共同富裕。其次，为了进一步研究数字普惠金融对共同富裕影响的拐点效应，在原模型中对引入的解释变量的二次项进行研究，研究结果表明数字普惠金融及其3个二级指标对共同富裕水平的影响呈现显著的正"U"形特征，具有拐点效应。本章进一步研究了数字普惠金融对共同富裕的拐点效应在不同地区间的差异，得出结论：数字普惠金融对于共同富裕的影响在东部、中部、西部地区均具有拐点效应，东部地区的拐点值更高。最后，为了确保研究结论的可靠性，采用缩短样本期与将解释变量滞后一期的方法进行了稳健性检验，结果表明研究结论具有稳健性。

8 数字普惠金融对共同富裕影响的空间溢出效应分析

8.1 变量选择与数据来源

8.1.1 变量选择

被解释变量为共同富裕指数。本书在参考刘培林等（2021）、郁建兴等（2021）研究成果的基础上，从公平和效率两个角度出发，从总体富裕和共享富裕两个维度构建了共同富裕评价指标体系。其中，总体富裕包括物质富裕和精神富裕两个子维度，共享富裕包含城乡共享和区域共享两个子维度。总体富裕维度主要反映社会的总体财富拥有以及人民总体收入增长情况；共享富裕维度主要衡量的是区域、城乡之间的收入差距以及发展成果是否能够公平地惠及每位成员。其具体的测度指标以及变量数据可见本书第4章测算结果。

核心解释变量为数字普惠金融总指数。本书采用北京大学数字金融研究中心开发的北京大学数字普惠金融指数来衡量各地区数字普惠金融发展水平，该指数包含数字普惠金融覆盖广度、使用深度、数字化程度3个维度的33个具体指标，可以较为准确地反映数字技术推动金融的总体发展情况。为了深入探讨数字普惠金融对共同富裕的影响效应，本书还选取了数字普惠金融发展的分指数，即覆盖广度、使用深度和数字化程度作为本章核心解释变量的补充。

控制变量方面，结合已有学者的研究成果，从内部环境、外部环境、政府干预以及人力资本水平等方面选取了人力资本（Inhuman）、对外开放水平（Open）、产业结构高级化（Structure）、政府行为（Gover）、物质资本（Physical）以及信息化水平（Information）6个变量作为控制变量。其中，人力资本为每十万人口高等学校平均在校生取对数后的值；对外开放水平为进出口总额与地方GDP的比值；产业结构高级化为第三产业增加值与地方GDP的比值；政府行为是地方财政一般预算支出占地方GDP的比重；物质资本为固定资产投资与GDP的比值；信息化水平是互联网宽带接入用户数与地区常住人口的比值。

变量说明如表8.1所示。

表8.1 变量说明

变量类型	变量含义	符号	计算方法
被解释变量	共同富裕水平	Rich	详见第4章
解释变量	数字普惠金融总指数	Difi	北京大学数字普惠金融指数
	覆盖广度	Cov	北京大学数字普惠金融指数——覆盖广度
	使用深度	Use	北京大学数字普惠金融指数——使用深度
	数字化程度	Dig	北京大学数字普惠金融指数——数字化程度
控制变量	人力资本	Inhuman	每十万人口高等学校平均在校生数取对数
	对外开放水平	Open	进出口总额/地方GDP
	产业结构高级化	Structure	第三产业增加值/地方GDP
	政府行为	Gover	地方财政一般预算支出/地方GDP
	物质资本	Physical	固定资产投资/GDP
	信息化水平	Information	互联网宽带接入用户数/地区常住人口

8.1.2 数据来源以及描述性统计

本章实证相关数据为省际面板数据，研究对象为中国31个省份，研究区间为2011—2022年。本书的数据主要来源于北京大学数字金融研究中心开发的北京大学数字普惠金融指数；共同富裕水平测度指标及控制变量均来源于《中国统计年鉴》及各省份统计局官网，农村产业融合发展水平部分数据来自历年《中国工业统计年鉴》《中国第三产业统计年鉴》《中国农村统计年鉴》《中国经济普查年鉴》。为保证各变量处于同一量纲，保证实证分析的可行性，本书对数字普惠金融总指数及各子指数做100%缩尾处理。各个变量的描述性统计见表8.2，各指标的样本数为372，除对外开放水平的标准差略大于其均值外，其余变量的标准差都小于其均值，说明本书所选的样本数据较好，没有异常值及极端值，可以进行接下来的实证分析。

表8.2 变量的描述性统计

变量	观测值	均值	标准差	最小值	最大值
共同富裕水平	372	0.3024	0.0937	0.1213	0.7004
数字普惠金融总指数	372	2.4288	1.0764	0.1266	4.6069
覆盖广度	372	2.2601	1.1070	0.0196	4.5593
使用深度	372	2.3560	1.0740	0.0676	5.1069
数字化程度	372	3.1180	1.1783	0.0758	4.6717
人力资本	372	3.4172	0.1323	3.0342	3.7492
对外开放水平	372	0.1071	0.1569	5.2100	0.9440
产业结构高级化	372	0.4989	0.0887	0.3266	0.8386
政府行为	372	0.2906	0.2054	0.1066	1.3538
物质资本	372	0.7884	0.2742	0.1418	1.5241
信息化水平	372	0.2389	0.1137	0.0414	0.5228

8.2 空间权重矩阵

进行空间分析的前提是要构建一个合适的空间权重矩阵。空间权重矩阵，顾名思义，就是反映个体在空间中的相互依赖关系的矩阵。记 n 个区域的空间数据为 $\{x_i\}_{i=1}^n$，下标 i 表示区域 i。定义区域 i 与区域 j 之间的距离为 W_{ij}，则空间权重矩阵 W 的定义如式（8.1）所示。

$$W = \begin{pmatrix} W_{11} & \cdots & W_{1n} \\ \vdots & \ddots & \vdots \\ W_{n1} & \cdots & W_{nn} \end{pmatrix} \quad (8.1)$$

其中，主对角线上的元素 $W_{11} = \cdots = W_{nn} = 0$（同一区域的距离为0）。

不同的空间权重矩阵有不同的特点和适用范围，因此，在不同的情况下运用不同的矩阵会有不同的甚至完全相反的模型结果的产生。

常见的空间权重矩阵包括地理邻接矩阵、地理距离矩阵以及经济权重矩阵等，以下是三种常见的空间权重矩阵的具体介绍。

（1）地理邻接矩阵。现有研究空间溢出效应的文献中，最常用的空间权重矩阵就是地理邻接矩阵，地理邻接矩阵又名0~1矩阵，是按照区域之间是否邻接而构造的空间权重矩阵。不同地域之间的邻接方式一般有三种：车相邻、象相邻以及后相邻。车相邻是指相邻的地理区域存在着共同的边；象相邻是指相邻的地理区域之间存在着共同的顶点，但是没有共同的边；后相邻是指相邻的地理区域之间存在着共同的边或点。地理邻接矩阵可表示为式（8.2）：

$$W_{ij} = \begin{cases} 0, 区域 i 与区域 j 不相邻 \\ 1, 区域 i 与区域 j 相邻 \end{cases} \quad (8.2)$$

（2）地理距离矩阵。基于区域间的距离定义相邻关系的矩阵被称为地理距离矩阵。在空间计量的分析研究中，区域之间的距离通常以两点之间的距离表示，如省会之间的距离以及铁路距离和公路距离的算术平均数等。一般的定义地理距离矩阵的方法是以地理距离的倒数或地理距离的平方的倒数构造空间权重矩阵，具体表达方式如式（8.3）所示：

$$W_{ij} = \begin{cases} \dfrac{1}{d_{ij}}, i \neq j \\ 1, i = j \end{cases} \quad (8.3)$$

（3）经济权重矩阵。在研究区域经济社会发展等问题时，除了区域之间的距离造成的空间效应，不同地域的经济发达程度、教育医疗水平以及社会传统风俗等都会对不同的地域产生交互影响。经济权重矩阵就是在考虑到经济发展水平等的影响下,用人均收入差距的倒数来衡量空间效应的大小,具体的经济权重矩阵的表达式为 $W = W_{ij} \times E_{ij}$,其中,

$$E_{ij} = \begin{cases} 0, i = j \\ \dfrac{1}{|\overline{Y_i} - \overline{Y_j}|}, i \neq j \end{cases} \quad (8.4)$$

Y 描述的是地区的平均经济水平。

8.3 空间自相关分析

根据"地理学第一定律",任何事物都与其他事物相关联,但是较近的事物相比于较远的事物具有更强的关联性。也就是说,在三维地理空间中,所有的观测值在某种程度上都存在着空间依赖性或空间自相关性。因此在研究数字普惠金融对共同富裕的影响时,需要验证本书的主要变量,即数字普惠金融总指数与共同富裕指数,是否存在空间自相关,进而判断是否需要使用空间计量实证方法进行研究。

8.3.1 全局空间自相关

全局空间自相关能够详细刻画我国共同富裕和数字普惠金融的整体分布,并且能够从空间维度上判断共同富裕和数字普惠金融的集聚特征。本书选择莫兰指数(Moran's I)作为全局空间自相关检验的指标来检验数字普惠金融和共同富裕的全局空间相关性,其计算公式如式(8.5)所示。

$$I = \frac{n \sum_{i=1}^{n} \sum_{j=1}^{n} W_{ij}(x_i - \bar{x})(y_i - \bar{x})}{(\sum_{i=1}^{n} \sum_{j=1}^{n} W_{ij}) \sum_{i=1}^{n} (x_i - \bar{x})}, (i \neq j) \quad (8.5)$$

其中,n 为空间单位总个数,$\sum_{i=1}^{n}(x_i - \bar{x})$ 为样本方差,W_{ij} 为空间权重矩阵 (i, j) 元素(用来度量区域 i 与区域 j 之间的距离),$\sum_{i=1}^{n} \sum_{j=1}^{n} W_{ij}$

为所有的空间权重矩阵的和。莫兰指数通常介于 -1~1。当莫兰指数大于零时,表示存在正自相关,也就是高值与高值相邻,低值与低值相邻;当莫兰指数小于零时,表示存在负自相关,即高值与低值相邻;当莫兰指数接近零的时候,则说明空间分布是随机的,不存在空间自相关。

8.3.2 局部空间自相关

局部空间自相关用来衡量某一地区与其邻近地区的关联程度,一般使用 Local Moran's I 指数来进行局部空间自相关检验,其计算如式(8.6)所示:

$$I_i = \frac{(x_i - \bar{x})}{S^2} \sum_{j=1}^{n} w_{ij}(x_j - \bar{x}) \tag{8.6}$$

其中,n 为空间单位总个数,S^2 为样本方差,W_{ij} 为空间权重矩阵 (i, j) 元素(用来度量区域 i 与区域 j 之间的距离),$\sum_{i=1}^{n}\sum_{j=1}^{n} W_{ij}$ 为所有的空间权重矩阵的和。

8.3.3 空间自相关检验结果

基于上述原理,本书借助经济权重矩阵,利用 Stata 软件对我国 31 个省份的数据分别进行了全局空间自相关性检验和局部空间自相关性检验,得到了我国 2011—2022 年 31 个省份的共同富裕水平和数字普惠金融总指数的莫兰指数和莫兰散点图。

(1)全局空间自相关检验结果。本书首先使用了 Global Moran's I 指数对我国的共同富裕水平和数字普惠金融总指数进行了全局空间自相关分析,计算结果如表 8.3 所示。从计算结果来看,我国 2011—2018 年的共同富裕水平和数字普惠金融总指数均在 1% 的水平上显著为正,这说明我国的共同富裕和数字普惠金融发展在空间上并非随机分布,而是存在显著的空间正自相关关系,即两者的分布都呈现"高水平地区集中分布"和"低水平地区集中分布"的特点。总体来看，共同富裕水平和数字普惠金融总指数均通过了全局空间自相关检验，为进行下一步的空间溢出效应分析提供了合理的条件。

表8.3 全局莫兰指数检验结果

年份	Y莫兰指数	p值	X莫兰指数	p值
2011	0.266***	0.000	0.305***	0.000
2012	0.248***	0.001	0.320***	0.000
2013	0.291***	0.000	0.305***	0.000
2014	0.283***	0.000	0.316***	0.000
2015	0.274***	0.000	0.303***	0.000
2016	0.305***	0.000	0.312***	0.000
2017	0.293***	0.000	0.258***	0.001
2018	0.297***	0.000	0.226***	0.004
2019	0.284***	0.000	0.231***	0.003
2020	0.282***	0.000	0.224***	0.004
2021	0.292***	0.000	0.227***	0.004
2022	0.282***	0.000	0.230***	0.004

注：***表示在1%的水平上显著。

（2）局部空间自相关检验结果。为进一步探究我国数字普惠金融发展水平以及共同富裕水平的空间集聚特征，本章使用了 Local Moran's I 指数对其进行描述，并绘制出了其局部莫兰散点图以展示各个地区之间的整体空间相关性，受篇幅限制，本书仅汇报了数字普惠金融总指数以及共同富裕指数在 2011 年和 2022 年的局部莫兰散点图，如图 8.1 至图 8.4 所示。

由图 8.1 至图 8.4 可以看出，2011 年和 2022 年我国 31 个省份中的绝大多数的数字普惠金融发展水平和共同富裕水平都处于第一象限和第三象限，即同样呈现出"低水平集中分布"和"高水平集中分布"的特点，同样证明了我国的数字普惠金融发展水平以及共同富裕水平存在着空间正相关性的特点。

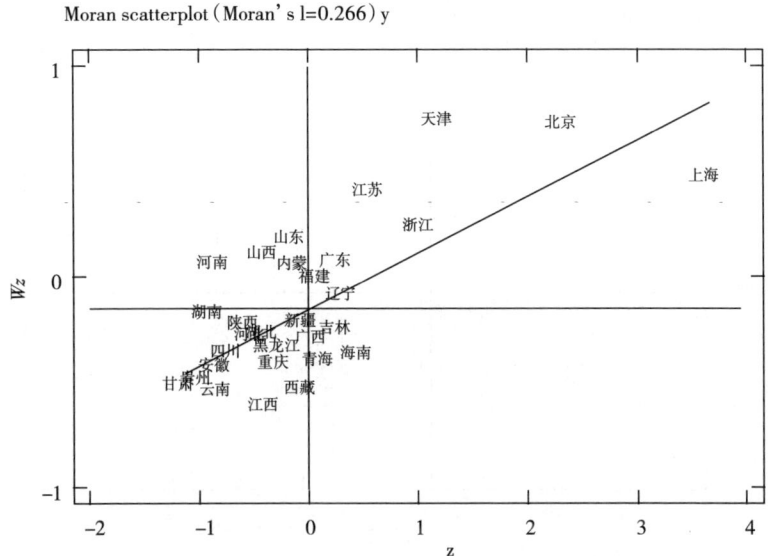

图 8.1 2011 年共同富裕水平 Moran's I 散点图

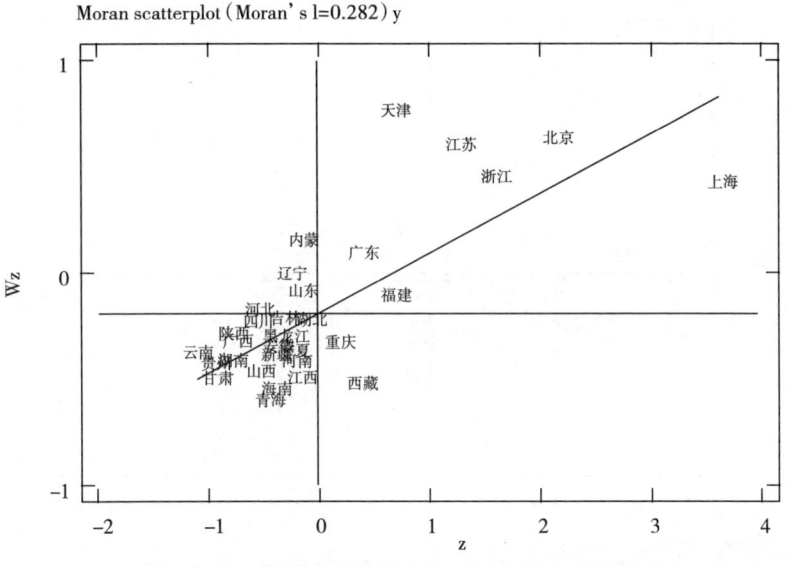

图 8.2 2022 年共同富裕水平 Moran's I 散点图

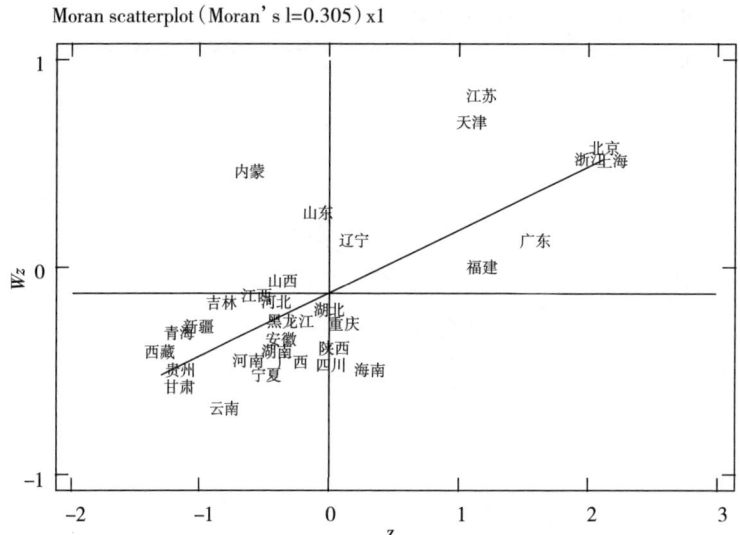

图 8.3　2011 年数字普惠金融总指数 Moran's I 散点图

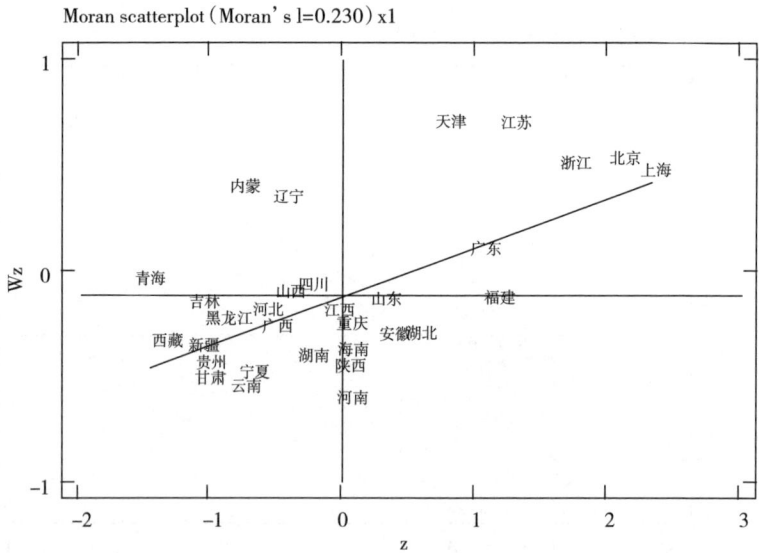

图 8.4　2022 年数字普惠金融总指数 Moran's I 散点图

通过以上分析可知，我国 31 个省份的数字普惠金融发展水平以及共同富裕水平存在着显著的空间相关性，并且主要为空间正相关，为本书从空间维度考察数字普惠金融与共同富裕之间的关系提供了理论基础。

8.4 实证结果

8.4.1 模型简介

根据上文的全局莫兰指数以及局部莫兰散点图可知，我国的数字普惠金融发展水平和共同富裕水平均存在空间依赖性，这为本书的空间溢出效应分析奠定了基础，在此情况下，需要进一步选择合适的空间计量模型。空间计量模型根据变量的依存性以及相关假设的变化，分为空间滞后模型（SLM）、空间误差模型（SEM）以及空间杜宾模型（SDM）三种。在空间滞后模型中，空间的相关性取决于被解释变量；在空间误差模型中，与前者不同，空间的相关性取决于误差项；而空间杜宾模型则综合考虑了上述两个模型，既考虑到了被解释变量对空间相关性的影响，又考虑到了解释变量对空间相关性的影响，同时还可以通过偏微分的方法精准量化空间溢出效应的直接影响和间接影响。三种计量模型的详细介绍如下。

（1）空间滞后模型（Spatial Lag Model，SLM），又名空间自回归模型，与时间序列中的自回归模型相似但是其空间自回归的形式更为复杂：其空间滞后既可以来自不同方向，又可以拥有双向的滞后形式。空间滞后模型一般主要应用于探索经济系统内部某个区域的经济行为对相邻区域的同种经济行为所产生的影响以及其产生的最终的均衡结果。其表达式如式（8.7）所示：

$$y = \lambda W y + X\beta + \varepsilon \tag{8.7}$$

其中，y 为由被解释变量的观测值所构成的 n 维列向量。W 为由 n

个地域相关关系网络结构构成的 n 阶空间权重矩阵。λ 为"空间自回归系数",用来度量空间滞后 Wy 对 y 的影响,它反映了地域之间的空间相关关系,其取值在 $-1 \sim 1$,当其取值小于 0 时,表示某个地区的经济行为会对其相邻地区的经济行为产生负向的影响;当其取值大于 0 时,则表示某个地区的经济行为会带动其相邻地区的经济增长。X 为 $n \times k$ 数据矩阵,包括 k 列解释变量。β 为相应的系数矩阵。ε 为随机干扰项。空间滞后模型可以用来研究数字普惠金融助力共同富裕的空间特征。

(2) 空间误差模型(Spatial Error Model,SEM)。空间误差模型通过误差项来体现空间依赖性,主要适用于不同的地域因其所处的相对位置的不一致性所引起的相互作用存在差异的情形。空间误差模型的表达式为式(8.8):

$$y = X\beta + u \tag{8.8}$$

其中,扰动项 u 的生成过程如式(8.9)所示:

$$u = \rho M u + \varepsilon, \varepsilon \sim N(0, \sigma^2 I_n) \tag{8.9}$$

其中,y 为由溢出成分误差构成的 $n \times 1$ 维列向量;M 为空间权重矩阵;ρ 为空间误差相关系数,用来衡量相邻地域的被解释变量受误差影响后对其本身被解释变量的空间溢出程度,其余参数与空间滞后模型参数含义一致,在此不再赘述。

(3) 空间杜宾模型(Spatial Dubin Model,SDM)。空间杜宾模型是空间滞后模型和空间误差模型的扩展形式,该模型假设被解释变量和解释变量均存在空间自相关性。其表达式为式(8.10):

$$y = \rho W y + X\beta + W X \delta + \varepsilon \quad \varepsilon \sim N(0, \sigma^2 I_n) \tag{8.10}$$

其中,y 为由被解释变量的观测值所构成的 n 维列向量;X 为 $n \times k$ 数据矩阵,包括 k 列解释变量;ρ 为空间滞后自回归系数;β 为相应的系数矩阵;WX 为空间权重矩阵与解释变量的乘积项;ε 为随机干扰项。

8.4.2 模型选择

考虑到各地区数字普惠金融水平与共同富裕水平的空间互动，选择合适的空间计量模型可以更加精确地衡量变量之间的空间溢出效应。为确保所选模型的契合性，本书先后进行了 LM 检验、Hausman 检验以及 LR 检验。

（1）LM 检验。利用 LM 检验和 RobustLM 检验可以判断变量的空间关联性是以误差项存在还是以滞后项存在，进而判断空间误差模型和空间滞后模型哪一个更适合作为本书的空间计量模型。表 8.4 显示了在经济权重矩阵下，模型的 LM-err、RobustLM-err、LM-lag、RobustLM-lag 的检验结果。

表 8.4 LM 检验结果

LM 检验	统计量	p 值
LM-err	13.760	0.000
RobustLM-err	2.165	0.141
LM-lag	13.289	0.000
RobustLM-lag	1.694	0.193

由表 8.4 可知，LM-err、LM-lag 的检验结果都拒绝了原假设，且全部通过了 1% 的显著性水平，这说明空间误差模型和空间滞后模型都不适合本书的研究，空间杜宾模型为最优的选择。

（2）Hausman 检验。通过 LM 检验确定空间杜宾模型后，本章随后进行了 Hausman 检验判定模型是使用固定效应还是使用随机效应。由表 8.5 可知，Hausman 检验的结果在 1% 的水平上拒绝了原假设，因此本章在固定效应和随机效应之间采用固定效应。

表 8.5 Hausman 与 LR 检验结果

	统计量	p 值
Hausman	636.08	0.0000
LR Both Ind	13.79	0.5415
LR Both Time	653.24	0.0000
LR – SLM	100.24	0.0000
LR – SEM	59.08	0.0000

（3）LR 检验。通过 LR 检验可以确定研究是使用个体固定效应、时间固定效应还是使用混合固定效应。LR 的检验结果如表 8.5 所示。LR Both Time 显著，故在时间固定效应和混合固定效应之间选择混合固定效应，而 LR Both Ind 不显著，即在个体固定效应和混合固定效应之间选择个体固定效应。综上考虑，选择个体固定效应。因此，本章研究采用个体固定效应的 SDM 模型，分析数字普惠金融对共同富裕的空间溢出效应。此外，还可以用 LR 检验判断空间杜宾的个体固定效应是否优于空间误差和空间滞后。由检验结果可知，LR – SLM 与 LR – SEM 的统计量均在 1% 的水平上通过了显著性检验，说明使用个体固定效应的空间杜宾模型不会退化为空间滞后模型或者空间误差模型。因此，本书使用个体固定效应的空间杜宾模型。

8.4.3 模型确定

本书采用经济权重矩阵作为权重矩阵，空间杜宾模型如下：

$$y_{it} = \beta_0 + \rho_1 \sum_{j=1}^{n} W_{ij} y_{it} + \beta_1 x1_{it} + \rho_2 \sum_{j=1}^{n} W_{ij} x1_{it} + \beta_2 contorls_{it} + \varepsilon_{it} \quad (8.11)$$

$$\varepsilon = \lambda W \varepsilon + \mu \quad (8.12)$$

其中，y_{it} 为省份 i 在 t 年的共同富裕水平；$x1_{it}$ 为省份 i 在 t 年的数字普惠金融总指数；W 为经济权重矩阵；$contorls_{it}$ 为控制变量的集合，包括人力资本、对外开放水平、产业结构高级化、政府行为、物质资本以及信息化水平；β 为待估参数；ρ 为被解释变量空间滞后项的自回归系数；ε 为随机误差项；λ 为空间自相关误差项的待估参数；μ 为误差项。

8.4.4 空间杜宾模型回归

表8.6中模型1至模型4分别给出了在经济权重矩阵下，数字普惠金融总指数（$Difi$）与共同富裕、数字普惠金融覆盖广度（Cov）与共同富裕、数字普惠金融使用深度（Use）与共同富裕以及数字普惠金融数字化程度（Dig）与共同富裕在空间杜宾模型下的回归结果。

表8.6 空间计量模型回归结果

变量	模型1	模型2	模型3	模型4
$Difi$	0.0798 *** (0.00804)			
Cov		0.0728 *** (0.0102)		
Use			0.0385 *** (0.00531)	
Dig				0.0238 *** (0.00350)
$lnhuman$	0.000315 (0.0195)	−0.0325 (0.0208)	0.0382 * (0.0212)	−0.0124 (0.0208)
$Open$	0.000884 (0.0154)	−0.0265 * (0.0160)	0.00312 (0.0164)	−0.0221 (0.0161)
$Structure$	−0.0860 *** (0.0291)	−0.0473 (0.0302)	−0.0665 ** (0.0305)	−0.0613 ** (0.0306)
$Gover$	0.136 *** (0.0231)	0.123 *** (0.0243)	0.138 *** (0.0245)	0.131 *** (0.0247)
$Physical$	0.00836 * (0.00440)	0.0145 *** (0.00452)	0.0119 *** (0.00457)	0.0146 *** (0.00459)
$Information$	0.0424 * (0.0243)	0.0105 (0.0261)	0.0656 ** (0.0256)	0.0619 ** (0.0259)

续表

变量	模型1	模型2	模型3	模型4
$W \times Rich$	0.492 ***	0.459 ***	0.510 ***	0.508 ***
	(0.0662)	(0.0694)	(0.0647)	(0.0631)
$W \times Difi$	−0.0718 ***			
	(0.00906)			
$W \times Cov$		−0.0635 ***		
		(0.0114)		
$W \times Use$			−0.0356 ***	
			(0.00594)	
$W \times Dig$				−0.0222 ***
				(0.00376)
$W \times lnhuman$	0.0575	0.0710	0.0359	0.0812 *
	(0.0446)	(0.0488)	(0.0440)	(0.0469)
$W \times Open$	−0.151 ***	−0.160 ***	−0.200 ***	−0.158 ***
	(0.0383)	(0.0398)	(0.0388)	(0.0407)
$W \times Structure$	0.0490	0.00188	0.0680	0.0871
	(0.0612)	(0.0624)	(0.0584)	(0.0546)
$W \times Gover$	−0.0705	−0.0594	−0.0795	−0.136 **
	(0.0595)	(0.0629)	(0.0646)	(0.0613)
$W \times Physical$	0.0136	0.0154	0.0167 *	0.0144
	(0.00972)	(0.00999)	(0.00955)	(0.0101)
$W \times Information$	0.132 ***	0.175 ***	0.122 ***	0.130 ***
	(0.0405)	(0.0431)	(0.0426)	(0.0437)
$sigma2\_e$	0.000104 ***	0.000116 ***	0.000116 ***	0.000118 ***
	(7.78e−06)	(8.65e−06)	(8.64e−06)	(8.79e−06)
R^2	0.365	0.270	0.311	0.184

注：＊＊＊、＊＊和＊分别表示在1%、5%和10%的水平上显著。

模型1表示数字普惠金融总指数与共同富裕在空间杜宾模型下的回归结果，通过回归结果可以得出，数字普惠金融的发展水平会显著影响本地区的共同富裕水平，并且影响方向显著为正。首先，从总体回归结果可以看出，数字普惠金融水平总指数的系数在1%的水平上显著为正,说明数字普惠金融能够助力我国共同富裕,并且数字普惠金融总指数每提高 1 个单位,共同富裕水平会提高 0.0798 个单位。从空间回归结果来看,数字普惠金融总指数的空间滞后项系数($W \times Difi$)在 1% 的水平上显著为负,说明周边地区的数字普惠金融水平的提高会抑制本地区共同富裕的发展。其原因可能在于我国的共同富裕水平在各个省份之间的差异较大,并且不同地域数字普惠金融的发展存在着一定的竞争关系,本地的发展会不断地吸收周边地区的各类资源,从而抑制周边地区共同富裕的发展。

其次,共同富裕水平的空间滞后项($W \times Rich$)系数在 1% 的水平上显著为正,这表明周边地区的共同富裕水平会对本地区的共同富裕水平起到显著的正向空间溢出效应,周边地区的共同富裕水平每提高 1 个单位,本地区的共同富裕水平就会提高 0.492 个单位,这与我国共同富裕发展的均衡性、充分性、全面性有关。

最后,在控制变量中,人力资本的总回归系数和空间滞后项系数均不显著,即无论是本地区还是周围地区的人力资源水平都不会影响本地的共同富裕水平,可能的原因是本书使用每十万人口高等学校平均在校生数的对数衡量人力资本具有单一性。对外开放水平的空间回归系数均显著为负,说明周边地区的对外开放水平都抑制了本地区共同富裕水平的提升,对外开放水平有负向的空间溢出效应,可能的原因是我国中西部地区大部分省份的对外开放水平均较低,并且我国对外开放程度较高的省份如山东等,其出口产业主要集中于大宗商品制造业,与居民的日常生活联系较少,且加速了资源的流出,因此未能显著提升地区的共同富裕水平。产业结构高级化的空间滞后项系数不显著,说明产业结构高级化不存在空间溢出效应,但其总回归系数显著为负,即产业结构高级化会抑制本地区的共同富裕水平,其原因可能在于本章将第三产业增加值占地区生产总值的比重作为产业结构高级化的衡量指标,未能准确反映产业结构高级化对共同富裕水平的促进作用。政府行为的总回归系数显著为正,即政府的投资行为会促进本地区的共同富裕水平,其空间滞后项的系数不显著,则说明政府行为不存在空间溢出效应。政府在社会经济生活中扮演着重要的角色,政府的助力不仅能够提升居民的收入水平,更能促进共同收入,实现共同富裕。物质资本总回归系数显著为正,空间滞后项系数不显著,即本地的物质资本水平会助力本地区的共同富裕水平。这可能是因为一个地区物质资本发展水平的提高能极大地带动本地区的经济发展,而经济发展水平又与共同富裕是密不可分的。信息化水平总回归系数以及空间滞后项系数均显著为正,表明不单本地区的信息化水平的提升能够促进本地区的共同富裕水平,周边地区的信息化水平也能带动本地区共同富裕水平的提升。本地区以及周边地区的信息化水平的提高,能够加快各类资源在不同地区之间流动的速度,从而带动人民生活水平的提升,促进共同富裕目标的实现。

模型2至模型4刻画的是数字普惠金融覆盖广度、数字普惠金融使用深度以及数字普惠金融数字化程度与共同富裕水平在空间杜宾模型下的回归结果。结果显示,数字普惠金融的3个维度的总回归系数均在1%的水平上显著为正,说明三者均对提升本地区的共同富裕水平起到积极的正向作用,并且3个维度的系数依次变小,说明助力的效用也依次减弱。可能的原因在于:首先,数字普惠金融的覆盖广度,描述的是有多少人获得了金融服务,覆盖广度越大则意味着人们获得的普惠金融服务越多,通过数字普惠金融助力共同富裕的机会也就越多;其次,数字普惠金融的使用深度,刻画的是人们对数字普惠金融服务的实际应用水平和程度,使用深度越深则表明人们所接触到的数字普惠金融服务类型越多,在地区经济发展过程中,移动支付使用越频繁、网上理财可选择的种类越多、小微信贷以及互联网保险等使用场景越深入,则人们的收入增加以及保障等方面的途径越多元,则地区的共同富裕水平就越高；最后，数字普惠金融的数字化程度表现的是有多少数字技术被应用到了普惠金融当中，数字普惠金融的数字化程度越高，代表着金融服务的数字化与智能化程度就越高，金融服务的过程就越简便，对于文化程度有限的部分群体来说金融服务就越容易接受，就越有利于促进社会公平、实现共同富裕。

8.4.5 效应分解

为了进一步探究数字普惠金融助力共同富裕的空间溢出效应，本章继续使用求偏微分的方法计算，对空间杜宾模型解释变量系数和控制变量系数的效应进行分解，分解为直接效应、间接效应与总效应。直接效应表示本地区的数字普惠金融水平对本地区的共同富裕水平的影响效应，间接效应表示本地区的数字普惠金融水平对周围地区的共同富裕水平的影响效应，总效应代表的是在考虑周边地区影响因素的情况下，数字普惠金融水平对共同富裕水平的影响情况，也就是直接效应与间接效应之和。三种情况的回归结果如表8.7所示。

表8.7 模型效应分解

变量	直接效应	间接效应	总效应
Difi	0.0767***	−0.0617***	0.0150*
	(0.00782)	(0.0110)	(0.00772)
lnhuman	0.00850	0.111	0.120
	(0.0191)	(0.0820)	(0.0882)
Open	−0.0152	−0.283***	−0.298***
	(0.0148)	(0.0734)	(0.0773)
Structure	−0.0855***	0.0179	−0.0676
	(0.0297)	(0.111)	(0.122)
Gover	0.136***	−0.00115	0.135
	(0.0232)	(0.114)	(0.122)
Physical	0.0102**	0.0330*	0.0432**
	(0.00454)	(0.0191)	(0.0214)

续表

变量	直接效应	间接效应	总效应
Information	0.0585 **	0.286 ***	0.344 ***
	(0.0248)	(0.0633)	(0.0670)

注：***、**和*分别表示在1%、5%和10%的水平上显著。

从回归结果来看，数字普惠金融总指数的直接效应在1%的水平上显著为正，说明本地区的数字普惠金融对本地的共同富裕水平具有显著的直接促进作用；数字普惠金融总指数的间接效应在1%的水平上显著为负，即存在负向的空间溢出效应，代表周边地区的数字普惠金融的发展会抑制本地区的共同富裕水平，可能的原因在于周边地区数字普惠金融的发展挤压了本地区资源，从而削减了本地区数字普惠金融对共同富裕的作用。数字普惠金融总指数的总效应，即直接效应与间接效应之和，在10%的水平上显著为正，说明了数字普惠金融在整体上对共同富裕水平的提高具有正向的促进作用。

在控制变量方面，人力资本的直接效应、间接效应以及总效应都不显著，即无论是本地区的高学历人才数量还是周边地区的人口受教育水平，都对当地的共同富裕水平没有显著影响，本书认为该现象背后的原因在于我国普遍存在的一种现象：高学历人才多数投入学术研究，不从事具体的生产，并且学术成果转换率长期低下。对外开放水平的直接效应不显著，间接效应和总效应均在1%的水平上显著为负，说明对外开放水平不但存在负向的空间溢出效应，在整体上还会抑制共同富裕水平的提高，可能的原因在于对外开放水平高的地方，其金融等方面的业务发展相对较好，其收益率远高于实体经济，从而吸引大量资金投入虚拟经济，忽视了共同富裕的发展。产业结构高级化的直接效应在1%的水平上显著为负，其间接效应和总效应均不显著，说明本地区产业结构高级化水平会抑制本地区的共同富裕水平，原因可能在于我国第三产业的快速发展挤出了制造业的发展资金，阻碍了制造业创新驱动力的提升，从而抑制了共同富裕的发展。政府行为的直接效应在1%的水平上显著为正，其间接效应和总效应均不显著，说明一个地区的公共财政支出仅会助力当地共同富裕的发展。物质资本的直接效应、间接效应与总效应均显著为正，这说明任何地区在经济的发展过程中都不是一个完全独立的个体，都会通过物质资源与要素的流动影响到周围的地区。信息化水平的直接效应、间接效应与总效应均显著为正，这说明周边地区与本地区的信息化水平的提高都会对本地区的共同富裕起到一个正向的促进作用。基于新一代的云计算、大数据以及人工智能等信息技术，不同地域之间基于"万物互联"的网络构成了一个整体，实现了各类资源之间的关联与沟通，进而形成了一个以共同富裕为目标的有机整体。

8.4.6 区域异质性分析

中国是一个国土辽阔、物资丰厚、人口众多的国家，从东部沿海地区到西部边疆地区，从最北方的温带季风气候到最南方的热带季风气候，人口分布非常分散。此外，受资源禀赋、风俗文化以及地理方位等的影响，各个地区的共同富裕水平以及数字普惠金融水平都存在较大的差异。因此，为探索数字普惠金融对各省份的共同富裕可能存在的区域层面上的一致性，本章将全国31个省份划分为东部、中部和西部地区，分别对各地区的数字普惠金融对共同富裕的影响的区域异质性进行了分析，回归结果如表8.8所示。

表8.8　区域异质性回归分析

变量	东部地区	中部地区	西部地区
$Difi$	0.129 ***	0.0390 **	0.00775
	(0.0137)	(0.0184)	(0.0189)
$\ln human$	0.00225	0.0508	−0.000251
	(0.0466)	(0.0503)	(0.0274)
$Open$	−0.0461 *	−0.0963	−0.0213
	(0.0251)	(0.147)	(0.0691)

续表

变量	东部地区	中部地区	西部地区
Structure	-0.165**	0.0313	-0.0265
	(0.0685)	(0.0680)	(0.0434)
Gover	0.369***	0.0884	0.107***
	(0.0682)	(0.0914)	(0.0267)
Physical	-0.0119	0.0168**	0.00348
	(0.00990)	(0.00820)	(0.00802)
Information	0.0848**	0.251***	-0.0445
	(0.0401)	(0.0943)	(0.0446)
$W \times Rich$	0.430***	0.0299	0.0857
	(0.101)	(0.142)	(0.142)
$W \times Fin$	-0.122***	-0.0266	0.00591
	(0.0153)	(0.0199)	(0.0195)
$W \times lnhuman$	-0.00439	0.197**	0.289***
	(0.0643)	(0.0841)	(0.0958)
$W \times Open$	-0.0307	-0.314	-0.0956
	(0.0668)	(0.223)	(0.345)
$W \times Structure$	0.159	0.0308	0.206**
	(0.0975)	(0.0981)	(0.102)
$W \times Gover$	-0.650***	0.217	-0.0687
	(0.141)	(0.139)	(0.0619)
$W \times Physical$	0.0664***	-0.00695	0.0248
	(0.0183)	(0.0155)	(0.0207)
$W \times Information$	0.171**	-0.0164	0.187***
	(0.0704)	(0.127)	(0.0710)

注：***、**和*分别表示在1%、5%和10%的水平上显著。

通过回归结果可知，东部地区的总体回归系数显著为正，说明东部地区数字普惠金融的发展会显著提升本地区的共同富裕。与中西部地区相比，东部地区经济发展更快，数字化程度更高，从而数字普惠金融的释能更加充分，能够更好地满足客户的需求。东部地区的空间溢出系数显著为负，说明在东部地区，数字普惠金融存在显著的负向空间溢出效应，数字普惠金融发展较好的省份会阻碍周边地区的共同富裕进程，可能的原因是数字普惠金融的发展在带动当地共同富裕水平时，同时产生了虹吸效应，即抢夺了周边地区的资源，从而降低了相邻地区的共同富裕水平。

中部地区的总体回归系数显著为正，说明在中部地区，数字普惠金融的发展会助力本地区共同富裕的发展。原因可能在于，相较于东部地区，中部地区经济发展较为落后，数字普惠金融在中部地区对共同富裕所起的作用具有更大的边际效用。但中部地区的空间溢出系数不显著，说明中部地区的数字普惠金融不存在空间溢出效应。相对于东部地区，中部地区缺乏完善的基础设施和人才储备，相对于西部地区，中部地区缺乏精准的扶贫政策，因此，中部地区数字普惠金融的空间溢出效应不显著。

西部地区的总体回归系数与空间溢出系数均不显著，由于西部地区的经济发展水平较低，数字化水平不高，基础设施不够完善，金融市场不健全，因而居民所获得的金融服务也不多，从而使得西部地区的数字普惠金融对共同富裕不存在显著的促进作用。因而要加快推进西部大开发战略，加强西部地区的基础设施建设，进一步发挥数字普惠金融对西部地区共同富裕的助力作用。

8.5 稳健性检验

本章通过调整样本期法、改变权重矩阵法以及补充变量法等三种方法进行数字普惠金融对共同富裕的空间溢出效应的稳健性检验。本章通过调整样本期法，选取了2017—2022年的样本数据重新进行回归，回归结果如表8.9中模型1所示；本章通过改变权重矩阵法，将地理距离权重矩阵更改为邻接矩阵进行回归，结果如表8.9中模型2所示；本章采用补充变量法，去掉了控制变量中的人力资本水平，结果如表8.9中模型3所示。三个模型的检验结果均表明，本章的实证分析是可靠的。

表 8.9 稳健性检验

变量	模型 1	模型 2	模型 3
$Difi$	0.0549***	0.0396***	0.0790***
	(0.0135)	(0.0132)	(0.00802)
$lnhuman$	0.0453	−0.0279	
	(0.0279)	(0.0203)	
$Open$	−0.0428	−0.0408**	0.00538
	(0.0468)	(0.0162)	(0.0151)
$Structure$	0.00942	−0.150***	−0.0921***
	(0.0455)	(0.0295)	(0.0288)
$Gover$	0.160***	0.171***	0.134***
	(0.0277)	(0.0231)	(0.0231)
$Physical$	−0.00523	−0.00451	0.00794*
	(0.00702)	(0.00447)	(0.00421)
$Information$	−0.156***	0.0320	0.0457*
	(0.0435)	(0.0248)	(0.0241)
$W \times Rich$	0.225*	0.335***	0.505***
	(0.125)	(0.0629)	(0.0648)
$W \times Difi$	−0.0119	−0.0288**	−0.0689***
	(0.0197)	(0.0135)	(0.00877)
$W \times lnhuman$	0.0261	0.0719**	
	(0.0692)	(0.0338)	
$W \times Open$	0.0373	0.0401*	−0.139***
	(0.107)	(0.0217)	(0.0359)
$W \times Structure$	−0.148	0.124***	0.00595
	(0.100)	(0.0456)	(0.0516)
$W \times Gover$	−0.0317	−0.0762*	−0.0694
	(0.0795)	(0.0426)	(0.0595)
$W \times Physical$	0.00772	0.0388***	0.0152
	(0.0240)	(0.00744)	(0.00962)
$W \times Information$	0.232***	0.229***	0.151***
	(0.0777)	(0.0341)	(0.0372)

注：***、**和*分别表示在1%、5%和10%的水平上显著。

通过表8.9中模型1、模型2与模型3的回归结果可以看出，解释变量的回归系数均在1%的水平上显著为正，多数控制变量的系数符号和显著性也未发生改变，证明了本章回归结果的稳健性。

8.6 本章小结

本章从空间的角度出发，进一步分析了数字普惠金融对共同富裕的空间溢出效应。以我国31个省份2011—2022年的面板数据为基础，在空间自相关分析、LM检验、Hausman检验以及LR检验的基础上，采用空间杜宾回归模型对数字普惠金融助力共同富裕的空间溢出效应进行实证分析。实证结果表明，数字普惠金融会显著提升本地区的共同富裕水平，但对周边地区的共同富裕水平会有负向的空间溢出效应，数字普惠金融的3个维度同样仅对本地区的共同富裕水平有积极的正向影响，而对周边地区的共同富裕水平有负向的作用。进一步的效应分解结果显示，数字普惠金融会显著地促进本地区的共同富裕水平，抑制周边地区的共同富裕水平，但促进作用大于抑制作用。因此，总体上看，数字普惠金融会助力共同富裕水平。就区域异质性结果来看，东部地区数字普惠金融的发展会显著提升本地区的共同富裕水平，但会阻碍周边地区共同富裕的发展。在中部地区，数字普惠金融的发展会助力本地区共同富裕的发展，但不会对周边地区的共同富裕水平有显著影响。西部地区的数字普惠金融对本地区以及周边地区的共同富裕均不存在显著的促进作用，因而要加快推进西部大开发战略，加强西部地区的基础设施建设，进一步发挥数字普惠金融对西部地区共同富裕的助力作用。

9 数字普惠金融助力共同富裕的推进路径以及模式创新

9.1 数字普惠金融助力共同富裕推进路径的思路框架

顾名思义，数字普惠金融具有两大属性，"数字"意味着信息技术属性，"普惠金融"意味着金融普惠属性，而"普惠"二字又可以拆解为"普的广度"和"惠的深度"，分别指的是"覆盖广度"和"使用深度"，故总结而言，数字普惠金融的三个维度分别是覆盖广度、使用深度和数字化程度。郁建兴和任杰（2021）的分析勾勒出了在当代中国推动共同富裕的几个关键元素，即共同富裕同样包含三层内涵，分别是全面富裕、全民共享和发展可持续。数字普惠金融是在普惠金融概念的基础上增加了数字技术的使用，但就其本质而言，普惠金融与共同富裕存在内在的一致性，而数字技术成为新时代普惠金融助力共同富裕的重要载体和依托。

从数字普惠金融自身功能视角出发，其助力物质层面共同富裕的直接路径可以从三个角度分析，分别是提高信贷可得性、拓展投资渠道以及提高融资效率。直接作用路径见效快，效果明显。

相对于直接推进路径而言，从经济发展的生产要素视角出发，数字普惠金融助力物质层面共同富裕的间接路径则引发了学术界的关注与讨论，综合已有研究成果，本章从"做大蛋糕"与"分好蛋糕"两个层面切入，"做大蛋糕"指的是服务实体经济，而"分好蛋糕"指的是缩小收入差距，在这一推进机制中，数字普惠金融又能够通过激发创业活力、推动技术创新以及促进产业结构升级三条路径服务实体经济，进而实现物质层面的共同富裕。

共同富裕其本身的内涵要求物质与精神层面都实现共同富裕，因此，根据张金林等（2022）构建的框架，对于精神层面的共同富裕，数字普惠金融能够分别通过优化健康、社会保障、教育和文娱四个方面来推动。为清晰体现数字普惠金融助力共同富裕的推进路径体系，本章的技术路线见图9.1。

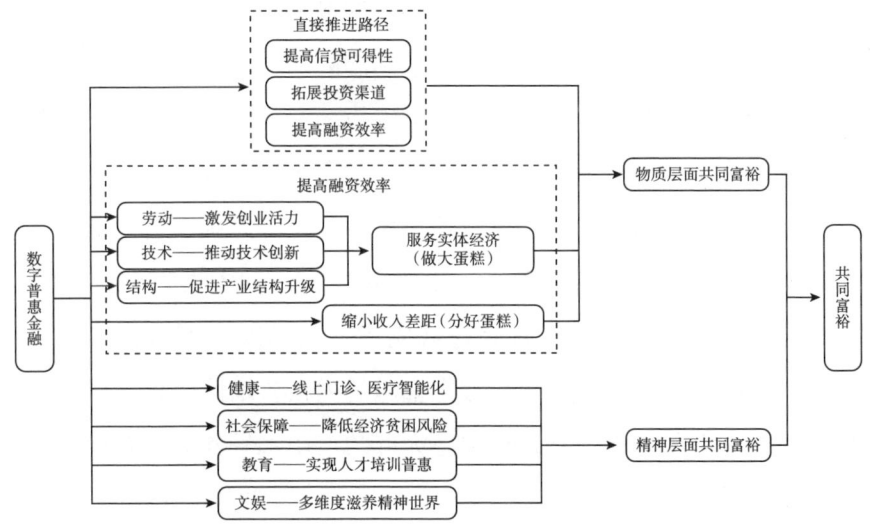

图9.1 数字普惠金融助力共同富裕推进路径的思路框架

9.2 数字普惠金融助力共同富裕的推进路径体系

数字普惠金融基于其信息技术属性和金融普惠属性，分别能够以直接和间接的方式最终作用于共同富裕。而从内涵来讲，共同富裕包含两个层面，分别是物质层面共同富裕和精神层面共同富裕，人们往往重点关注物质层面共同富裕，而物质生活水平的提高也能够间接作用于精神层面。物质层面共同富裕的推进路径可以从直接和间接两个层面进行阐述。

9.2.1 数字普惠金融助力物质层面共同富裕的直接推进路径

数字普惠金融助力物质层面共同富裕,其直接的推进路径主要从数字普惠金融自身的功能出发进行分析,具体而言,数字普惠金融能够提高信贷可得性、拓展投资渠道以及提高融资效率。

第一,提高农村地区的信贷可得性。传统金融机构在农村地区的覆盖主要通过物理网点的增加实现,而建设物理网点、安排协调劳动力等都面临较高成本,因此,农村地区的金融服务覆盖率难以不计成本地上升。金融机构基于盈利性原则,在追求利润的前提下,农村地区物理网点甚至出现撤并的现象,无法满足广大农村地区的融资需求。在此背景下,数字普惠金融应运而生,并且能够通过大数据等数字化技术,打破城区限制,实现对农村信贷需求方信用风险的精准识别,更大范围、更深层次地触达潜在金融需求群体,让金融服务深入农村地区成为可能,尤其为偏远地区、低收入人群获得低成本贷款畅通了渠道、打开了空间。提高信贷的可得性,是数字普惠金融的内核,因此,数字普惠金融能够有效甄别低收入群体和偏远地区人群的信用水平并对其放贷,直接推进物质生活的共同富裕。

第二,拓展农村居民的投资渠道。在传统金融模式下,金融服务难以深入农村,出于成本考量,部分农村的物理网点也往往出现金融产品种类有限、专业技术人员不足的难题,这一现象提高了农村居民了解金融产品、参与金融活动的门槛,成为我国普惠金融推行中的较大阻碍。而数字普惠金融借助数字化技术通过推动人脸识别等应用落地,开拓网上开户等新的方式,提高了农村地区的信贷可得性,还能够基于人工智能技术进行金融产品的智能讲解并提供智能问答服务,极大丰富了农村居民进行金融投资的产品和渠道,有效解决了传统金融模式的弊端,在低成本的前提下将金融服务向广大农村地区铺开，让农村居民也能获得金融投资的机会和能力，并从金融投资中改善经济状况，促进物质生活水平的提高，进而实现物质层面的共同富裕。

第三，数字普惠金融相比传统金融天然能够提高融资效率。在传统金融体系中，融资过程往往面临流程烦琐、周期较长等问题，增加了大型企业的融资成本，也提高了中小微企业和个体创业者的融资门槛。而数字普惠金融作为一种新型金融模式，通过运用先进的科技手段，能够有效提高融资效率，为广泛的人群提供更便捷、更灵活的融资服务，从而助力共同富裕的实现。

具体而言，提高融资效率可以从不同的参与主体入手进行分析。对于融资方即资金需求者而言，传统的融资往往要求较高的信用和抵押品，而数字普惠金融通过大数据分析等科技手段，为信用达不到贷款要求或没有抵押品的个人和企业提供融资机会，从而降低融资门槛。对于投资者即资金供给者而言，数字普惠金融能够借助数字技术，提高融资的透明度，让借款人和投资人更清楚地了解并理解融资流程和所需费用，避免信息不对称所引发的市场低效率。对于将供给和需求双方对接起来的金融中介而言，数字普惠金融能够在事前整合多元化的融资渠道，如商业银行、互联网金融、投资基金等；事中打通在线申请、快速审批等数字化途径，大大简化融资流程；事后利用人工智能和大数据技术，对借款人的信用和风险进行快速准确的评估，且能够实时跟踪借款人的信用情况并及时进行风险提醒，避免信用风险演变成真正的违约行为。

总结而言，数字普惠金融通过提高农村地区的信贷可得性、拓展农村居民的投资渠道以及提高融资效率直接推进物质层面的共同富裕。由于传导机制较为直接，不经过中介变量，故而能快速产生较大作用，对于促进共同富裕具有直接的贡献，也是奠定间接推进路径体系的基础。

9.2.2 数字普惠金融助力物质层面共同富裕的间接推进路径

对于数字普惠金融助力物质层面共同富裕的间接推进路径而言，主要可以从两个层面进行分析。如果将财富比作蛋糕，那共同富裕其本身的内涵可以从"做大蛋糕"和"分好蛋糕"两个层面进行比喻。其中，"做大蛋糕"指的是服务实体经济这一路径，因为实体经济是国民经济的基石，是国民经济的立身之本、财富之源，是国家强盛的重要支柱，是现代化经济体系的坚实基础，因此经济发展不能脱实向虚，要始终以壮大实体经济为导向。

而另一层面的"分好蛋糕"指的则是缩小收入差距，通过收入的三次分配政策对物质财富进行合理分配，能够破解地区收入不平衡和城乡收入不平衡，这就是分蛋糕的过程。共同富裕不是平均主义，也不是劫富济贫，不能"齐步走"，所以不能以打压沿海地区经济和城市发展为前提，只有破解地区和城乡之间的收入不平衡，才能实现真正的共同富裕。

9.2.2.1 做大蛋糕——服务实体经济

"做大蛋糕"是"分好蛋糕"的前提，从经济发展的生产要素视角出发，要发展实体经济，分别需要从劳动、技术和结构三个方面进行分析。

9.2.2.1.1 劳动——激发创业活力

激发创业活力是从劳动角度来讲的推进路径。创业是就业之源，对于稳定和扩大就业具有重要意义。而数字普惠金融具有微利特点，改变了传统的资本逐利的性质，从而能够为低收入群体创业提供必要的资金支持。低收入群体参与创业的比例较低，要鼓励低收入群体创业需要有两方面的必备条件——一方面是相关知识技能素养，另一方面是低成本的充足资金支持。

众所周知，收入与学历水平呈现一定的正相关性，低收入群体所具备的知识技能素养有欠缺，数字普惠金融可利用数字技术提供便利的信息平台，有针对性甚至个性化地提高低收入群体的工作技能水平，为更高水平就业甚至自主创业培养良好的劳动力素质。

中低收入群体或蓝领阶层，部分个体具有创业相关知识技能素养和创业想法，但资金紧张成为创业的最大阻碍。由于其自身条件限制，从金融机构等正规渠道获得贷款的难度较大、金额较少，不足以支撑其创业梦想，而民间借贷利息高，且资金来源不够稳定、靠谱，因此大大打击了中低收入群体创业的积极性。而基于信息技术属性，数字普惠金融能够打破金融市场信息不对称的困境，比如通过电子信用体系的完善降低信息不透明度，以较低成本对中低收入群体发放贷款作为其创业的重要资金来源，从而能够给中低收入群体开展自主创业提供可靠的资金保障。而基于金融普惠属性，数字普惠金融能够提供创新的金融产品，根据创业者的需求提供定制化的金融产品和服务，满足不同阶段的创业需求。具体而言，数字普惠金融能够通过提供小额贷款和微贷款，降低融资门槛，利于开展创业活动或扩大业务范畴；移动支付和电子钱包的诞生，让创业者更加方便地进行交易，并低成本地进行资金管理，降低了创业过程中现金管理的风险和成本；融资租赁和分期付款等让融资方式更加灵活，极大程度降低了创业者对资金不足的担忧。

9.2.2.1.2 技术——推动科技创新

推动科技创新是从技术角度来讲的推进路径。在现代社会，科技创新是经济增长和社会进步的关键驱动力之一，数字普惠金融通过推动科技创新，为实现物质层面共同富裕提供了重要支持。

近年来，中国经济进入高质量发展阶段。高质量发展主要体现在三个方面：产业层面，产业逐渐从低端向高端发展，重点发展高新技术产业；产品层面，产品逐渐从低端向高端发展，尤其是工艺难度大、集成创新多、高毛利率、高附加值产品；商业模式层面，商业模式由被动转向主动，提高流动性、压低负债率的商业模式备受青睐。而综观三个层面，高质量发展的核心内涵即从低端向高端发展，故其关键在于技术创新。工业革命以来，技术创新的四条主线分别是能源技术方向、信息技术方向、生物技术方向和材料技术方向。一旦技术创新被大众认可，很有可能开发出新的市场，并通过技术创新引领商业模式创新，以技术驱动数字经济发展，由此与高质量发展的内涵契合，从而最终实现共同富裕。

作为金融科技领域的重要组成部分，数字普惠金融体现了金融科技与普惠金融深度融合的特点，利用互联网技术、人工智能、区块链、大数据和云计算等新兴技术，为更广泛的人群带来更多机会和福祉。对于促进技术创新这一路径，具体而言可以通过两个机制实现。

第一个机制是融资约束缓解机制。首先，数字普惠金融可以通过提供融资支持，帮助科技创新企业开展研发和创新。创新往往需要巨额资金投入，而传统金融机构对于创新项目的融资而言往往存在较高门槛和风险，这就需要数字普惠金融的介入。其次，数字普惠金融可以通过创新的金融产品和服务，为创新企业提供更加灵活、便捷的融资途径，帮助他们实现技术创新和商业化应用。目前，国内外学者普遍认为融资约束是制约企业创新的关键问题，没有充足的低成本的资金供给，国内企业难以在技术创新上进行有益的探索，从而导致部分企业生产技术止步不前，无法满足新时代高质量发展的要求。而数字普惠金融具有去中介功能，优化传统金融服务的供给机制，在金融资源供给与企业资金需求之间架起桥梁，有效缓解了融资约束问题，进而为企业技术创新提供可靠的资金保障。

具体而言，数字普惠金融从两个方面助力缓解融资约束。一方面，拓宽融资渠道，降低融资成本。传统金融机构在为中小企业提供信贷时，为了降低信用风险、避免坏账发生，需要投入大量时间精力及人力资源审查中小企业的信贷资格，而这一行为的代价即是将高昂的审查费用通过提高贷款利率的方式转嫁给中小企业，更进一步提高中小企业从传统金融服务机构获得信贷的门槛。面对传统信贷渠道的阻滞，中小企业倾向于利率更高的民间借贷，融资成本高所引发的现金流问题变本加厉，当自身的经营运转难以保证之时，谈及技术创新有如挟泰山以超北海，非不为也，实不能也。而数字普惠金融能够拓宽融资渠道，降低融资成本，缓解金融资源错配，降低中小企业的贷款门槛。另一方面，提高信息透明度，避免信息不对称。基于投资者的风险厌恶偏好，信息透明度低容易导致投资者误判企业价值、减少投资。而数字普惠金融利用大数据和云计算等信息技术对传统的金融风险控制体系进行完善，有利于投资方了解企业的征信等级、运营状况等信息，从而缓解融资约束，提高资源配置效率。

第二个机制是资源错配矫正机制。金融资源错配是现实生产生活中的固有难题，政府的干预与控制往往引致资源错配和要素扭曲，大大限制了企业进行技术创新的动力和能力。而数字普惠金融借助大数据和云计算等技术手段降低信息不对称，增进银企互信，畅通放贷流程，从而为企业创新提供充足低成本的资金支持。

具体而言，数字普惠金融从两个方面矫正资源错配现象。一方面，数字普惠金融凭借数字技术，打破了空间即地理界限对传统金融服务的限制，强化金融机构的信息搜集能力，深化金融触达能力，减少资金供需双方的信息不对称，甚至能够智能匹配供需不同主体的信息，构建准确、可靠的征信体系，提高金融机构和企业供需双方进行匹配的质量和效率，通过在供需双方之间建立直接联系，减少由于信息不对称和征信体系不完善所导致的资本流动障碍，极大缓解资源错配引发的市场低效率。另一方面，在不同产业之间，由于数字普惠金融天然具有政策性，因而能够对资源配置产生导向作用，即引导资金流向成长性好、回报率高的产业。而金融要素对劳动力、土地和技术要素具有较强的引导作用，通过要素传导效应引导其他生产要素也向这些行业、产业流动，从而改善广义上的资源错配情形。产业高级化发展不仅能够反哺生产要素，利于产业的可持续发展，还能合理降低对生产要素的需求量，从而使生产要素自动根据新的产业结构进行流动和重新配置，亦能够间接改善资源错配。

此外，在为创新企业提供金融支持的基础上，数字普惠金融可以建立创新生态系统，促进技术创新的合作与交流。如组织创新大赛和展会，促进创新成果的推广和交流，并搭建平台连接科研机构、企业和投资者，实现供给和需求的有效对接，促进金融和创新的资源整合，从而为实现物质层面共同富裕的目标提供重要支撑。

9.2.2.1.3　结构——促进产业结构升级

促进产业结构升级是从结构角度来讲的推进路径。在传统经济模式下，产业结构较为单一，存在低附加值和高污染的问题，制约了经济的可持续发展和人民生活水平的提高。而数字普惠金融的发展能够通过多种方式促进产业结构的升级，有助于更加快速、高效地实现共同富裕。

首先，数字普惠金融可以为新兴产业提供融资支持，推动产业结构向技术密集型、知识密集型和高附加值的方向升级。新兴产业往往需要大量的资金投入，而传统金融机构对于新兴产业的融资而言往往存在较高的风险和门槛。数字普惠金融通过提供灵活、便捷的融资服务，能够为新兴产业提供更多发展机会，帮助其扩大规模、提高技术水平，推动产业结构的升级。

其次，数字普惠金融可以促进传统产业的转型升级。传统产业往往面临着技术老化、产能过剩等问题，数字普惠金融可以通过提供技术创新、管理系统创新等方面的支持，帮助传统产业实现转型升级，提高产业附加值，增加就业机会，从而促进物质生活共同富裕。

此外，产业协同发展是推动产业结构升级的重要方式，数字普惠金融还可以通过促进产业协同发展，推动产业结构的优化和升级。产业协同发展能够促进产业链各环节的合作与协同，形成产业集群效应，提高整个产业链的效率和竞争力，为实现共同富裕创造更有利的条件。

9.2.2.2 分好蛋糕——缩小收入差距

在"做大蛋糕"实现实体经济的繁荣之后，"分好蛋糕"即缩小收入差距对于共同富裕目标的实现同样重要。故共同富裕的核心难题和重点是缩小三大差距，分别是地区差距、城乡差距和收入差距，这三者并非简单的并列关系，其中收入差距讨论的重点可囊括另外两个差距，即可以进一步细分为地区收入差距和城乡收入差距。

城乡收入差距在度量指标上具体指的是城镇居民人均可支配收入和农村居民人均可支配收入的比值。统筹城乡发展的实质就是解决"三农"问题，促进城乡二元经济结构转变为现代结构。就地区收入差距而言，官方的统计体系中缺少合理的衡量方式，或也导致了学术界对地区收入差距的关注度和讨论度相对较低。但根据龚斌磊、钱泽森、李实（2023）等人的研究，地区收入差距在度量指标上具体指的是收入均值的地区间差距，若是分为城乡两部分考虑，则是城镇收入均值的地区间差距和农村收入均值的地区间差距，这为地区收入差距的定量分析提供了参考。

无论地区收入差距还是城乡收入差距，要缩小收入差距，应优化收入的三次分配机制，才能逐步实现全民共享经济发展成果。

（1）初次分配是指劳动所得的公允性，由于是市场行为，故讲求效率。对于最为基础的初次分配，主要可以从以下两个方面入手：

一方面，提高低收入者收入。低收入者财产较少，其收入主要来源于工资性收入或经营性收入，收入结构单一。数字普惠金融基于金融普惠属性，利用大数据技术完善信用体系，减小信息不对称的负面影响，有助于改善传统金融服务的金融排斥现象，允许更多低收入者参与到投资、信贷、货币基金、保险等业务中去，能够在一定程度上缓解不平衡、不充分发展的问题。具体而言，参与投资、货币基金活动，能够实现自有资产的保值增值；参与信贷活动，有更大概率在正规渠道得到贷款并以较低成本缓解资金周转困难；另外，参与保险活动，若能合理配置，将极大提高家庭的抗风险能力，故能够降低脆弱性概率。在数字技术的赋能下，低收入者能够更方便快捷、低成本地进行上述金融活动，将为低收入者获得多渠道收入打开更大空间。

另一方面，增加就业岗位。数字普惠金融基于其信息技术属性，将数字技术与普惠金融深度融合，可以通过组织信息技术培训，让更多劳动力匹配所需要的信息技术，从而为更多劳动力创造摆脱夕阳产业并进入现代产业的机会；另外，数字技术的发展日新月异，同样能够创设大量新兴岗位需求，当拥有相应技术的人才流向数字技术相关岗位时，为其他传统行业岗位的人员缺口让渡了空间，总体上使得初次分配产生的收入有所提升。

（2）二次分配是政府行为，不患寡而患不均，讲求公平。在再分配环节，数字普惠金融能够借助数字技术优化政策执行流程、提高政策执行效率。

首先，数字普惠金融将通过优化社会福利保障系统降低贫困和脆弱性概率，通过技术手段使得社会医疗保险最大程度惠及民生，精准识别失业保险覆盖人群，为传统普惠金融容易忽略但确有需求的老年人、残疾人等社会弱势个体提供相应的社会福利和保障。

其次，数字普惠金融依托大数据、云计算等技术，提高税收征管效率，引导企业合理合法避税，完善税收监管能力，打击高收入群体逃税漏税行为。

最后，房产税政策在部分大城市如上海、重庆等以较高起征点开展试点工作后，或将迎来房产税政策全面铺开的关键历史节点，房产税将限制投机炒作房地产行为，大力打击房地产市场的"寄生虫"——炒房客，从而释放大量房源，缓解我国房地产市场的供需矛盾，对我国房地产市场将产生深远影响。在房产税推出的重大历史节点，数字普惠金融将发挥数字化技术的优势，利用人工智能优化房源信息平台，并结合个性化需求进行推荐以促成交易，引导房源供需进行合理配置，使较低收入者的刚性住房需求得以满足。

（3）第三次分配是社会行为，讲求以公益慈善扶弱济困，鼓励因时代机遇获得巨额财富的巨富阶层回馈社会。对于第三次分配，数字普惠金融一方面将借由数字技术对善款流转实施更加智能化的跟踪与监督，确保政府慈善组织及社会公益机构的善款最终流向帮扶对象，打击慈善行为的贪污腐败现象，维护慈善行为的纯粹性和可持续性；另一方面将通过人工智能、大数据、云计算等新兴技术搭建智能的灾难善款捐助平台，打通信息渠道和善款捐助渠道，实时更新灾情信息及救助信息，合理安排善款流向并使得最终慈善效益最大化。

9.2.3 数字普惠金融助力精神层面共同富裕的推进路径

中国式现代化是物质文明和精神文明相协调的现代化。应杜绝物质主义过度膨胀，丰富精神生活、提高精神追求，物质富有和精神富有才能实现人的全面发展，这也与共同富裕的本质要求相契合。因此，在谈及共同富裕时，必须将精神层面的共同富裕也纳入考量。

首先，健康是个人生命最基本的保障，而医疗资源是生命健康的重要保障，因此当地医疗卫生机构的数量和质量决定了地区整体的健康保障能力。实体医院还能够为患者就医体检提供智能报告，开辟线上渠道，通过线上平台的搭建实现智能问诊，数字普惠金融通过信息技术能够嵌入在线支付方式实现线上医疗服务的闭环，必要时患者还可以购买云端存储的健康数据，有利于患者对自身健康的个性化追踪管理。

其次，社会保障是构建一个公平、稳定、可持续社会的基石，它能够为人民生活提供最低保障，尤其是医疗保险和失业保险。医疗保险让人病有所医，失业保险在人事业上的缓冲与过渡期给其提供救济，是提高人民精神生活水平的重要机制。在"分好蛋糕"即缩小收入差距这一路径中，根据收入的三次分配，在提升物质生活水平的同时，也能够促进精神生活共同富裕。在初次分配、再分配和第三次分配中，再分配即二次分配就是通过福利保障系统的完善来实现缩小收入差距的目标。对于医疗保障体系来说，数字普惠金融能够通过开发医疗保险产品或提供医疗储蓄账户等方式为支付医疗费用提供财力支持，扩大医疗保障体系的覆盖范围并让更多人从中受益，通过优化在线理赔服务流程、提升预约就诊便捷度等方式来改善服务质量，甚至能够进行健康监测、数据分析并生成智能报告，为人们提供健康管理服务，极大减少人们对于自身健康状况的担忧，对于疾病及时发现、尽早治疗、保险兜底，保障人民的生命健康安全，疏解工作对于个人的精神压力，有利于实现精神生活的共同富裕。对于失业保障体系来说，数字普惠金融可以设计并推出更灵活、可负担的失业保险产品，争取覆盖无法或难以受益于传统"五险二金"要求的边缘地带劳动者，失业一旦发生，在数字化技术的支持下，能够大大简化理赔流程、提高理赔效率，确保失业人员及时获得经济支持，通过技能培训服务帮助失业人员提升就业技能，并提供智能职业规划和就业岗位匹配功能，帮助其重新融入就业市场。

再次，除了医疗，受教育程度是提高人民生活质量和促进社会整体知识文化水平提升的基础，教育能够提高个人的素质和能力，使其更具竞争力，也能够培养人的创造力、创新能力和解决问题的能力，数字普惠金融能够使助学贷款的办理流程更加简便，让更多家庭困难的孩子有机会接受义务教育、高级中等教育和高等教育。

最后，在健康、社会保障和教育的基础上，文娱教育支出是精神层面的更高级需求，它能够促进文化的传承与创新，提高人们的审美水平，有助于个人的知识增长和兴趣培养，在观看或共同参与文化娱乐活动的过程中增进相互理解与沟通，从而增强社会凝聚力，促进个人的全面发展并提高精神生活的富足程度。在数字经济时代，数字普惠金融的发展为老年人消费提供了新的契机，能够更好支持老年人走进老年大学，丰富晚年精神生活；与此类似，近几年大都市的青年夜校也开始爆火，一课难求的背后，反映的是夜校优质稀缺的文化供给与当代年轻人蓬勃旺盛的文化需求；邮储银行等金融机构，也创新式组织"金融夜校进农村"的活动，努力解决农村地区金融知识匮乏、农民理财意识不强的问题，进一步拓宽普惠金融的服务领域，激发村民金融服务需求及农村金融活力。故此，基于马斯洛的需求层次理论，数字普惠金融的发展在安全需求的基础上，能够更好满足人们的尊重需求和自我实现需求，尤其是能够提高农村居民的生活满意度、提升老年群体和城市青年群体的精神丰富度，最终助力精神层面共同富裕的实现。

总结而言，物质层面共同富裕和精神层面共同富裕是推进共同富裕的两个必要方面，切不可失之偏颇、顾此失彼，物质与精神兼顾才能实现真正意义上的共同富裕。

9.3 数字普惠金融助力共同富裕推进路径的模式创新

9.3.1 建立"积极创富 + 成果共享"的体系模式

基于上述对数字普惠金融助力共同富裕的推进路径，可知"做大蛋糕"与"分好蛋糕"是实现共同富裕的两个方面，因此，为了实现数字普惠金融助力共同富裕的目标，建立"积极创富 + 成果共享"的体系模式至关重要。共同富裕的内涵中，"做大蛋糕"与"分好蛋糕"

的含义分别是"创富"与"共享",故推进路径的模式创新也应当从这两个层面分别入手。"积极创富+成果共享"这一模式旨在通过促进积极的财富创造和有效的成果共享,实现经济的包容性增长和社会的共同繁荣。积极创富可以通过激发个人创业和企业创新的活力,推动经济的发展,为共同富裕打下基础;成果共享则可以确保经济增长的成果更加合理地惠及社会各个阶层,缩小贫富差距,增强社会的凝聚力和稳定性,提升人民生活的幸福感,是彰显"共同富裕"核心内涵的重要抓手。

在服务实体经济方面,数字普惠金融可以通过激发创业活力、推动科技创新和促进产业结构升级三条路径实现,从而积极创富,将蛋糕做大。通过数字化支付和借贷平台,让更多的小微企业和有资金需求的个人能够获得资金支持,从而扩大经营规模或开展创业;数字技术能够提高经济活动的效率、激发金融科技创新活力,进一步促进财富的积极创造;基于信息技术属性,数字普惠金融的数字化技术能够降低金融服务的门槛和成本,从而提高融资效率,为更多人提供融资和投资的机会;数字普惠金融通过提供便捷的金融服务,促进小微企业发展,从而推动产业结构升级。

在成果共享方面,主要是指缩小收入差距的政策导向。数字普惠金融发挥工具作用,在有为政府的支持下对有效的成果共享机制进行积极保障。例如,利用数字技术扩大社会保障的覆盖范围并提高效率,确保更多弱势群体能够分享经济增长的成果。同时,数字技术还可以提供更多元化的教育和职业培训机会,帮助个人提升技能,增加就业机会,使其参与到劳动市场中,进而共同分享经济发展的成果。

综合来看,"积极创富+成果共享"的体系模式是数字普惠金融助力共同富裕的核心原则。通过这一模式,可以实现经济的可持续增长和社会的稳定发展,为构建一个更加公平、包容和繁荣的社会奠定坚实基础。

9.3.2 构建"产业联动+乡村振兴"的运行模式

在"积极创富+成果共享"体系模式总原则的基础上,以"积极创富"为中心展开——为使实体经济协调高效运转来积极创富,推动产业之间的联动是必要的实现途径;而结合当下国情政策走向,全面脱贫之后对于农村经济的工作重心必然是乡村振兴。若能将产业联动与乡村振兴二者有机地结合起来,就能够更好彰显数字普惠金融在推进共同富裕中的效果。

习近平总书记在中央农村工作会议上强调,产业振兴是乡村振兴的重中之重。数字普惠金融能够为新兴产业提供更加充裕的资金支持,通过产业结构升级加强产业联动。因此,构建"产业联动+乡村振兴"的运行模式,以产业联动为根本,以乡村振兴为抓手,充分发挥数字普惠金融在助力共同富裕中的作用。在当前经济形势下,脱贫攻坚已取得重大胜利,传统的乡村经济模式已经无法满足我国城乡二元结构协调发展的需求,需要结合数字普惠金融通过创新性举措助力乡村振兴。数字普惠金融具有低成本、高效率、广覆盖的优点,若能加以充分推进运用,就能够为产业联动和乡村振兴提供重要支持,促进农村经济的发展和农民收入的增加。

具体而言,产业联动是指数字普惠金融可以通过建立金融服务平台促进城乡产业的深度融合。搭建数字金融平台,能够为农民和农村企业提供融资、支付、保险等多种金融服务,支持其发展壮大。同时,数字普惠金融还可以通过大数据和人工智能技术,为产业链的优化和协调提供科学的决策依据,提高产业链的效益和竞争力。

而在乡村振兴方面,数字普惠金融可以通过创新金融产品和服务,满足农民的多样化需求。如推出适合农村居民的小额贷款、农业保险等金融产品,帮助他们解决生产经营中的资金难题。同时,数字普惠金融还可以借助数字化技术推动乡村金融服务的现代化和智能化,提升金融服务的便捷性和效率，促进乡村经济的发展，从而实现乡村振兴的战略目的。

产业联动是乡村振兴的工作重心，产业联动可以促进农村产业结构的优化和升级，提高农民的经济收入，从而增加他们对金融服务的需求和使用。而数字普惠金融的发展，则为产业联动提供了必要的金融支持和保障，从而推动产业联动与乡村振兴进入良性循环。

构建"产业联动+乡村振兴"的运行模式，能够更好地实现数字普惠金融助力共同富裕，促进城乡经济的一体化发展，破解地区和城乡之间发展的不平衡，在实现乡村振兴目标的基础上追求共同富裕。这一运行模式将数字普惠金融与乡村经济振兴有机结合起来，借时代机遇与国家政策之东风，为农村地区提供了新的发展路径和机遇，发挥了数字普惠金融在促进经济社会发展中的作用并扩大了其影响。

9.3.3 搭建"两层协同+三次分配"的保障模式

同样，在"积极创富+成果共享"体系模式的大框架下，以"成果共享"为中心展开，更加强调收入差距缩小的重要意义。根据前文分析，本章将精神层面的共同富裕同样纳入考量，并指出缩小收入差距这一路径能够同时作用于两个层面的共同富裕。因此，搭建"两层协同+三次分配"的保障模式，旨在通过以三次分配为依托的数字普惠金融助力物质与精神并重的共同富裕。这一模式强调了物质生活共同富裕和精神生活共同富裕两个层面的协同发展，同时以三次分配政策为指引，实现全面的共同富裕。

两层协同是指共同富裕内涵中物质与精神两个层面的协同，数字普惠金融可以在其间发挥关键作用。在物质生活共同富裕方面，数字普惠金融可以通过提供金融产品和服务，支持农村产业发展和农民增收。而在精神生活共同富裕方面，数字普惠金融可以通过提供教育、文化、医疗等公共服务，改善农村居民的生活品质，促进其全面发展。

三次分配政策是缩小收入差距的重要指引，数字普惠金融可以实现初次分配、再分配和第三次分配的有机结合。对于初次分配，数字普惠金融可以通过提供就业机会和创业支持，增加农村居民的收入来源；对于再分配，数字普惠金融可以推动教育、医疗、文化等公共服务的均等化和优质化，提升农村居民的生活品质；对于第三次分配，数字普惠金融可以帮助个人和家庭更好地管理和运用自己的收入，以公益慈善扶弱济困，实现经济增长与社会稳定的双赢。

两层协同和三次分配之间紧密联系、相互促进。只有实现物质层面和精神层面的共同富裕，才能真正实现共同富裕的全面目标；而数字普惠金融则为实现这一目标提供了重要支持和保障，通过缩小收入差距促进两者之间的协同发展。因此，搭建"两层协同+三次分配"的保障模式，将数字普惠金融与共同富裕目标有机结合起来，强调了共同富裕物质与精神并重的内涵，为我国各个地区提供了新的发展思路和机遇，发挥了数字普惠金融在促进经济社会发展中的作用并扩大了其影响，为最终实现物质与精神两个层面上的共同富裕提供机制保障。

10　数字普惠金融助力共同富裕的对策建议

10.1　全面推动数字普惠金融的进一步发展

10.1.1　强化数字普惠金融的基础设施建设

数字普惠金融的发展离不开完善的数字化基础设施，成熟的数字化技术及其配套的基础设施是数字普惠金融实现可持续性发展的重要先决条件。本书第6章实证检验了数字普惠金融可以通过提高高技术产业聚集水平显著促进共同富裕的发展，且在中部地区高技术产业聚集水平在数字普惠金融促进共同富裕的过程中发挥了完全中介效应。数字化基础设施建设的不健全是阻碍各省份数字普惠金融更进一步发展的重要原因，因此，需要关注数字化基础设施和市场化程度等因素在金融体系中所扮演的重要角色，重视数字技术在促进共同富裕方面的推动作用。在此基础上，我们将进一步完善数字化基础设施的建设，打通数字服务的"最后一公里"，确保数字普惠金融的覆盖广度。当前，我国的数字基础设施建设整体上呈现出"乡村滞后于城市、中西部滞后于东部"的发展态势，此外，数字普惠金融发展对各区域的作用系数均为正值，对东部地区的作用程度最为显著，其次是中部地区，而对西部地区则相对滞后。为此，必须要对数字普惠金融的基础资源进行合理的规划与布局，以加强中部地区、西部地区和乡村三个区域的数字化基础设施建设为重点，积极推进"网络覆盖"工程和"宽带中国"战略的执行，继续扩大贫困地区的基站覆盖面，增加互联网投入，扩大网络覆盖面积，持续提升欠发达地区的数字化水平，加速边远地区 5G 等具有重要支撑功能的基础设施建设，保证落后地区能够享有优质的数字化服务。

与此同时，要提高金融服务的效率，加强对金融服务行为的规范，使农村地区的金融机构布局更加合理，弥补农村地区的金融服务缺口；推动数字化技术的发展，建立健全征信体系与客户画像，实现对借款人信贷风险的有效、准确辨识，在保障数字普惠金融发展的前提下，有效防控金融机构可能面临的风险，为提升数字普惠金融服务质量奠定坚实的基础。加强数字普惠金融基础设施建设，研究开发人工智能和大数据等新兴科技，从而提高金融机构的服务能力。要想实现数字普惠金融的高质量发展，必须对贷款客户违约风险进行有效评估，这既要有足够的数据支撑，又要有精确的解析模型。人工智能、大数据、云计算等新兴科技的发展，使我们处理大量的数据成为可能，所以亟须推动银行等金融机构发展数字化技术，完善风险度量模型，提高银行业的风险管控水平。充分结合各层面的信息，通过对区域发展、经济社会结构尤其是区域金融发展情况的观察和监测，实现对区域金融发展的有效管控，另外，通过开发数字化技术，提升对顾客微观信息的实时跟踪能力，降低对顾客的搜寻和跟踪成本。通过对大数据、云计算和人工智能等技术的运用和更新，构建风险管理模型，增强风险预测的能力，从而全面提升银行的风险管控能力，推动数字化普惠金融服务的发展。

10.1.2 健全多层次的数字普惠金融服务体系

从大型银行、地方城乡商业银行以及小微贷款公司三个维度健全多层次的数字普惠金融体系。首先，针对大型的银行我们应该鼓励其充分利用自身的优势，积极开展数字普惠金融业务。尽管与一些金融科技企业相比，我国的大型国有银行、民生银行以及全国性的股份制银行在数字普惠金融方面的起步较晚，但是凭借其雄厚的资本、先进的技术、丰富的管理经验，这些银行具有后发优势。与此同时，大型银行也有不足之处，大型银行的人员考评体系过分强调业务交易数额，而忽视业务量，对坏账比例的要求也很高，这与小型贷款的小额、分散、高风险的特征极不相符。为此，一是鼓励大型银行发挥自身的技术优势与已有的数据优势，通过创新信贷评级与贷款定价模式，减少单笔小额贷款的违约风险，并将不良贷款率控制在可控范围内；二是提出了一种新的思路，即通过对大型银行的监管标准进行调整，引导其根据数字普惠金融的特征，建立一套适合自身特点的员工考核体系，真正实现金融机构为实体经济服务的目标，并以此来解决中小企业融资难、融资贵的问题。

其次，对于地方的城市商业银行和农村商业银行，鼓励其根据各自的地域特点，发展具有鲜明特色的数字普惠金融业务。尽管大部分的农村商业银行、城市商业银行都是刚刚完成股份制改造的，资金、技术力量都比不上大型银行，但是它们对当地的县域或乡村环境有深刻的认识，而且在农村享有良好的声誉。所以建议政府部门应该加大对城市商业银行和农村商业银行的扶持力度，把它们作为与公安、民政等各部门信息共享的试点银行，充分发挥城市商业银行和农村商业银行各自的优势，积极研发符合地方经济发展水平和社会特征的数字化金融产品，为小微企业、个体工商户和农户提供优质的服务，构建一个完善、高效的县域商业生态，为地方"三农"事业的发展提供强有力的支撑，从而促进乡村经济的发展。

最后，就一些小额贷款公司和担保公司而言，指导其完成数字化的升级改造。小额贷款公司和担保公司是我国农村地区金融系统的主体，但是在其发展的同时，也出现了不少问题。近年来，随着各地金融监管机构的设立，以及金融监管力度的加大，大量小微企业、担保机构面临破产危机。为此，建议指导小额贷款公司在运用大数据技术的基础上，通过供应链、产业链、当地商圈等已存在的经济关系，对小微企业和个体进行定位,将重点放在零售业务上,发展新的经营模式,引导担保公司在现有基础上,依托地区信用系统,充分发掘数据的潜力,将其改造成地方性的评级公司或开展相关的业务,促进县域普惠金融系统的建设,与其他金融机构一起,为小微企业的融资、实体经济的发展提供有力的支持。

10.1.3　加强对金融市场的风险监控,增强对系统风险的防范

为加强对金融市场的风险监控以及防范系统风险,需要政府清晰界定监管范围、制定监管制度、科学实施监管并加大对专业人才的培养力度。随着数字普惠金融的发展,人们对金融服务的使用便利程度的需求大大提高,然而,我们也应该认识到,数字技术存在风险,随着数字化技术的提升,数字普惠金融的发展必然会加速风险的传递;与此同时,弱势群体也缺少相关的金融知识,以及不具备对风险的认知与承受力,并且近几年来,随着数字普惠金融的发展,一些互联网金融公司也逐渐崛起,它们不但与传统金融机构形成了竞争、互补、融合的局面,还对金融系统中各机构之间的联系程度和模式产生了一定的影响,其中既有网络金融机构之间的联系,也有网络金融机构与传统金融机构之间的联系。这成为金融风险和监管领域的一个重要研究内容,由于金融市场的高度相关性以及银行之间的风险可以快速地积累和扩散,这就对数字普惠金融的监管提出了更高的要求,随着数字金融业务的全面渗透,要对金融市场的风险进行综合监控,适当地对金融机构之间的关联变化做出反应,从而有效地防止系统风险的产生。为此,要求政府界定监管领域,防止出现边界不清的违法行为,不断完善和强化数字普惠金融市场的监管制度和市场准入制度,努力为实体经济发展提供更好的环境。在加强数字技术应用推广的同时,要对高危漏洞、网络隐患、信息泄露等实际问题给予高度重视,当地政府要充分发挥自己的金融监督作用,提高数字经济的治理能力,提高数字经济的安全性,利用区块链、大数

据、人工智能等技术，加强对金融风险的监控，并对其进行标准化管控，制定一套合理、有效的监管制度，提高监管的时效性和便利性，加强对创新的规范指导，持续提高数字普惠金融的运用，并利用科技手段来防范和化解系统的金融风险。同时，要加大对金融、科技、法律等方面专业人才的培养和储备力度，以及对金融创新进行更好的规范。要以科研推动改革，探究企业产生问题的根本原因，对创新的"伪装术"进行解析，增强风险预警能力，提高对创新风险及早防范和及早处理的能力，增强对消费者权益的及时有效保护能力。最后，政府根据自身的职责，在为中小企业提供融资支持的同时，应加大对企业金融风险的监督力度，并在此基础上，对企业进行金融风险管理，以保障企业和投资者的合法利益。同时，要将重点放在增强中小企业可持续发展与抵御风险的能力上，从根源上破解融资约束，以促进数字化普惠金融的发展，促进共同富裕。

10.2 疏通数字普惠金融对共同富裕的传导路径

10.2.1 缓解弱势群体、中小企业的融资约束

为缓解弱势群体以及中小企业的融资约束，可以从政府层面、金融机构层面以及公司层面三个不同的角度疏通数字普惠金融对共同富裕的传导路径。目前，我国的数字普惠金融还没有彻底解决金融排斥的问题，仍然有一些弱势群体、中小微企业享受不到应有的融资服务。中小企业与个体经济组织作为我国经济发展的基石，它们所遇到的融资难题，不仅关系到它们自己的发展，而且还会严重地影响国家的经济发展，进而影响共同富裕的目标实现。对个体贷款者来说，让弱势群体切实享有所需的金融服务，确保弱势群体能够得到贷款，并鼓励有创业意愿的居民开展创业，同时还能解决住房、教育、医疗、生活必需品等刚

性支出,这将有助于促进人们进行创业,解决他们的就业问题,还能防止社会事件的发生,保障人们的生活质量。对企业来说,要保证对创新企业和高新技术企业的贷款,要保障有盈利能力的中小微企业的融资需要,同时让创业者和中小企业的财务状况得到更好的保障,从而让他们能够正常地进行运营。这样才能让市场充满活力,才能更好地推动创新的发展,从而促进经济的稳定与复苏。

本书第5章实证检验了数字普惠金融通过助力企业融资效率的提升,对融资约束进行缓解从而推动共同富裕的发展,接下来从不同的层面来探讨应该怎么做。首先,在政府部门层面,国家财政、金融部门需要在企业的税收方面给予更多的支持,对企业贷款的还本付息期限、信贷支持政策的执行时间进行适当的调整。与此同时,政府相关部门要对非公有制企业的发展给予更多的帮助,提高对非公有制经济的服务质量,在信贷、股权和债券三大融资主渠道上,为非公有制企业提供更多的融资便利。比如,各国央行应该加强对商业银行的非公有制企业贷款投放指标的考核,拓宽非公有制企业的融资渠道。同时,积极引导金融机构、社会资本等多方的参与,对有资金困难的非公有制企业进行分阶段的融资支持,中国证券监督管理委员会可以通过发行技术创新企业债券,适当放宽民营企业债券回购质押池的准入条件,来进一步加大对民营企业债券的支持力度。其次,在金融机构层面,要利用数字化的优势,对企业的信用评估方式进行创新,通过大数据对企业的经营行为和关联关系等进行挖掘和分析,将数据资产作为信贷额度的重要参考,降低对抵押担保的过分依赖,在为中小企业提供全面的融资信贷服务的同时,也可以防止金融机构承担过高的违约风险。同时,通过对普惠金融的融资方式进行创新,运用供应链金融对产业链上下游企业进行融资,使其能够更加方便地获取供应链应收账款融资、供应链授信融资等,从而使民营企业在融资难和融资贵方面的问题得到更好的解决。最后,在公司层面，公司应该全方面提升自己的核心竞争力，积极地为自己的融资创造良好的环境，将自己的产品和技术能力充分发挥出来，提高公司的信誉，为将来的融资打下坚实的基础。与此同时，公司要进一步健全经营管理体制，完善内部治理体系，并规范财务运作，提高信用等级，为减轻融资约束奠定良好的基础。

10.2.2 加强对企业创业和技术创新的支持

通过政府出台优惠政策、国家成立专项扶持基金加大对金融资源的配置力度以及深化经济体制改革来加强对企业创业和技术创新的支持。数字普惠金融的发展能够通过科技创新、企业创业等途径对共同富裕产生作用。通过数字普惠金融来支持大众创业、万众创新，增加就业岗位，推动经济增长和提升居民收入消费水平，从而逐渐达到共同富裕。

目前，我国在科技创新与区域创业方面取得了长足的进步，但仍面临许多问题，阻碍了数字普惠金融对共同富裕的促进作用。所以，在"大众创业，万众创新"的背景下，鼓励大家开展创业活动。一个好的经营环境能够对公司的经营风险进行有效的控制，并增强公司的盈利能力，因此，政府应该出台各种优惠政策，把金融支持与数字普惠金融发展相结合，为企业提供更好的营商环境，创造更多的就业机会，从而提高全民创业的热情，用数字化的普惠金融来激发企业的活力，加速实现共同富裕目标。一方面，国家应加强对数字普惠金融机构的监督与支持，建立一项专门的扶持基金，开设专用的业务通道，将居民创业特别是农村地区的创业贷款利率尽可能地降下来，同时也要为金融机构提供更多的财政补助，推动金融机构发展多样化的金融产品与服务，满足中小微企业与个人的金融需要，提高创业的积极性和家庭的创业热情。另一方面，指导数字普惠金融加大对创业的金融资源的支持力度，充分发掘广大具有创业需求的人群的金融需要，最大限度地优化劳动力、资金和技术等生产要素的分配，推动金融资源在各地区之间的有效流通，发挥区域资源、人才、技术等优势，营造一个公平、公正、自由的创业创新环境，培育高素质的创新创业主体，引导金融机构为创业者提供更为便利的数字普惠金融服务，帮助创业者降低融资成本，从而带动大众创业，真正实现普惠于民，最终达到共同富裕的目的。

此外，我们还需要通过技术创新、深化经济体制改革等手段，完善数字普惠金融对共同富裕的作用机制，强化普惠金融与数字化技术的深度结合，推动技术创新，推动人工智能、大数据等技术的迅猛发展，加速传统金融机构的转型，创新金融产品与服务，提升普惠金融的服务品质，从而满足不同人群的个性化需要，优化产业结构，提升企业的生产率，反过来提升金融产品的市场供给，激发和满足消费需求，推动经济增长，为实现共同富裕作出贡献。

10.2.3 促进产业结构优化升级

数字普惠金融可以分别从第一、第二、第三产业的不同层面通过产业结构的优化升级带动居民的收入增长。政府应充分挖掘数字普惠金融的开放性、普惠性和融合性，以解决我国市场的信息不对称问题，在产业发展、中小企业发展等方面起到积极的推动作用，利用数字普惠金融推动产业之间的生产要素在行业之间的流动，推动产业结构的升级，推动资源的最优分配，使资源流向具有不同利益分配和不同风险的行业，从而提高资源的流动性。在资源配置的过程中，资源的流动性表现为向高收益行业的集中，大力发展数字普惠金融，可以为那些高回报的产业提供强大的资金支撑，可以极大地促进产业结构的调整和升级，推动新旧动能的不断转化，还可以增加居民的收入，使整个社会特别是低收入人群受益，缩小产业差距，逐渐达到共同富裕的目的。首先，在第一产业方面，要高效运用数字普惠金融手段，解决"三农"融资问题，实现应贷尽贷，产业形态不发达的区域具备后发优势，发展数字普惠金融可以推动落后地区产业结构优化，提高数字普惠金融的供给与数字化水平，并在此基础上，通过对农村居民自主创业与农业企业的扶持，加大对农业生产机械化的投资力度，提升农业生产力，释放更多的农村劳动力，提高农民的收入，从而进一步缩小城乡收入差距。其次，让第二、第三产业同样享受到数字普惠金融发展的好处，增加数字普惠金融对工业和服务业小微企业的支持，推动中小微企业的稳定生存和发展，增加更多的工作岗位，为更多的城市失业人口提供就业机会，从而提升整个社会的收入，逐渐优化产业结构，缓解相对贫困，缩小收入差距。最后，在推进数字普惠金融的过程中，政府要充分利用区域的特色优势资源，将地方资源、技术和人才等方面的优势结合起来，制定出对金融服务数字化的扶持政策，促进优势产业的结构优化升级，提升区域经济的硬实力，让中产阶级和低收入人群能够更多地享受到产业增值的好处。

10.2.4　加快金融机构的数字化转型升级

金融机构可以通过把握政策支持的机遇、完善信息披露与加强行业自律来推进金融机构数字化转型。运用大数据、云计算、区块链等信息技术，对居民与企业的交易信息及交易数据进行分析，创新个性化的金融产品，开展针对性的服务，以降低传统金融机构的交易成本与监管成本，扩大金融机构的覆盖面，提高普惠性，破解客观上的金融排斥与数字鸿沟等难题，推动合理配置金融资源，推动实体经济发展，让更多的人享受到数字化普惠金融带来的红利，为实现共同富裕的目标迈出坚实的一步。一方面，金融机构应该抓住政府政策支持的机会，利用机遇，主动寻求机构之间的跨行业合作，充分发挥数字普惠金融的规模效应，实现用户、企业和政府之间的互动数据的集成与分享，缓解信息不对称难题。要充分关注数字普惠金融的各个层面，不断拓宽金融服务的范围，不断完善支付、信贷、保险、投资等数字化功能，提升其便捷性，减少其风险与费用，最终达到数字普惠金融推动共同繁荣的目的。另一方面，金融机构也需要完善信息披露制度和加强行业自律，以防止出现系统性的金融风险。数字化技术的应用、金融产品的创新以及金融服务的优质供给，都对风险管理系统提出更高的需求，这就需要各大金融机构主动承担起自己的社会责任，积极运用大数据等科技手段来优化风险管理系统，提高风险管理水平，从而促进数字普惠金融的可持续发展。

10.3 数字普惠金融助力共同富裕的长效机制

10.3.1 推动区域协调发展

因地制宜，分别针对经济发达地区与经济欠发达地区制定差异化政策来推动区域协调发展。由第 7 章的实证结果可知，数字普惠金融对共同富裕的影响呈现出显著的正"U"形特征，且数字普惠金融对于共同富裕的影响在东部、中部、西部地区均具有拐点效应，鉴于各区域、各城市经济发展水平、数字技术水平及金融发展水平的不平衡，数字普惠金融在各区域、各城市推动共同富裕的效果存在着差异，很难真正达到全体人民的共同富裕，为此，应针对不同发展水平的地区和城市的数字普惠金融发展采取差别化的策略，因地制宜，制定差异化政策，推动区域间的协调发展。在具体的政策制定中，要发挥数字普惠金融在资源配置上的优势，针对各区域的资源特征和生产要素特征，建立具有特色的数字金融服务体系。各地区和城市应结合自身资源条件、数字化基础设施建设水平，因地制宜，制定适合自己的数字普惠金融发展政策，推动数字普惠金融与行业良性互动，促进数字普惠金融发展。

一方面，对于经济发达地区，例如，我国的东部地区应该重视数字普惠金融的创新与试点工作，起到良好的示范作用，在巩固自己优势的同时，也要弥补自己的不足，在扩大数字普惠金融覆盖面的基础上，进一步促进其使用深度和数字化程度的发展。针对这样的地区和城市，数字普惠金融已经发展到了一个相当高的程度，并且与经济、产业发展等各个领域的配合都已经比较成熟了，在巩固自己的优势的同时，应该更多地关注和深度地探讨如何最大限度地发挥数字普惠金融对共同富裕的推动作用，突破数字普惠金融的核心技术瓶颈，为实现共同富裕而进行创新和实验，从而加速科技成果的转化。侧重于推动金融产品与服务创新、推出个性化定制等新业态的同时，进一步提升数字普惠金融在推动共同富裕中的功能，增强其对经济的带动效应，推动地区间的资源分享与经验交流，并充分利用自己的优势，带动周边及欠发达地区开展数字普惠金融及基础设施建设。另一方面，在经济不发达的区域和城市中，因为它们的经济发展水平和资源禀赋都与东部地区有一定的差距，所以，政府应该把政策重点放在不发达和落后的区域上，把重点放在补齐经济短板上，重点建设普惠金融网络，强化与之有关的基础设施和平台建设，主动吸纳人才、资本等资源，消除资源禀赋上的差距，为数字普惠金融营造良好的发展环境。与此同时，要充分利用自己的发展潜能，挖掘发展的空间，将自己的发展潜能激发出来，从而提高落后区域的数字金融竞争力，拓展数字普惠金融在地方的覆盖范围和深度，提升金融服务的效能，满足广大人民群众的各种金融需要，使数字化普惠金融的包容性得到最大程度的发挥。强化区域间的联动协作，引导经济较发达的地区进一步深化数字普惠金融的发展；发展较差的地区通过学习先进地区和城市的经验，降低数字普惠金融的"马太效应"，缩小与发达地区、城市间的差距，推动区域协调发展，为实现共同富裕贡献一分力量。

10.3.2 培育金融素养和学习金融知识

可以通过金融机构联合相关部门、大学以及个人自身等路径培育金融素养和学习金融知识。金融是现代经济的核心，也是国家的核心竞争力。学习和掌握金融知识，既是时代发展的需要，也是个人追求自我价值的必然要求。大众对于数字普惠金融的认知程度不断提高，他们的金融思维和金融素质也在不断提高，这有助于降低使用金融产品的门槛，破解金融排斥问题，增强居民获取金融服务的意愿，进而提高普惠金融中数字技术的使用效率。由于受教育程度的不同，一些居民对于科技产品有较大的接受难度，他们不信任或不理解数字金融产品和服务。为此，我们在开展数字普惠金融的同时，应加强对其的宣传与推广，培育居民的数字化金融素养，减少数字鸿沟。在实践中，可以从金融教育与自主学习两个角度进行。在金融教育领域，我国欠发达地区、农村地区受教育程度较低，对数字普惠金融的认识还不够深入，缺乏通过数字普惠金融平台获得金融资源的知识，以及对互联网的参与度不高，同时这些地区的数字普惠金融基础设施建设还不够健全，金融市场发展滞后。因此，金融机构必须联合相关部门，进行金融知识的培训，以通俗易懂的方式传播金融知识，利用网络在线教育等平台，加强对数字普惠金融的推广和宣传，提高公众对自身金融素质的关注。特别是针对低收入、低文化程度、农村地区等弱势人群，降低他们主观上的排斥意识，减少他们的盲目投资行为。政府组织金融宣传活动，消除金融认识上的误区，制定出有针对性的帮扶策略，并设计出一系列的金融知识下乡的激励措施，通过简单的方式将最新的金融政策、金融服务等传播到缺乏金融知识的地区和人群中。金融机构可结合实际发生的真实案例，不断普及金融常识，如信贷、防诈骗等，并向居民开展金融教育；有关部门应积极利用电视、网络和报纸等媒介，对数字普惠金融的特征和优点进行宣传，让人们对金融常识有更多的了解，增强其对金融的认识，并引导居民正确合理地运用金融工具。另外，要充分发挥大学在促进知识传播方面的中介作用，培养大学生的金融素养，加深欠发达地区和乡村学生对金融的认识，并利用课程实践，将大学里的金融知识带回家乡，让村民受益。在自主学习方面，个人应主动地进行金融知识的学习，提高金融素质。金融影响到我们生活的方方面面，只有具备了这些金融常识,才能在面对金融问题时,理智应对,并对自身的合法权益进行合理的保护。在数字化时代背景下,除政府和金融机构的努力之外,我们还必须学会主动地去学习、去提升自己的金融素质,加深对数字普惠金融的理解,增强对金融风险的防范能力,让我们能够更多地接触正规的金融服务,满足个人的金融需要,这样才能缩小贫富差距,切实实现共同富裕的目标。

10.3.3 加强欠发达地区互联网推广

可以通过强化欠发达地区的数字基础设施、增加对移动终端的补贴以及优化数字中心布局来加强对欠发达地区互联网推广。数字普惠金融的发展依赖于数字化技术,而数字化技术是建立在互联网基础上的,区域互联网的发展程度将会对数字普惠金融推动共同富裕的效应产生一定的影响,这主要是由于互联网发展不充分的区域,居民获取创业和金融信息的途径十分有限。与此同时,在欠发达地区,数字普惠金融的发展潜力是无法估量的,其发展空间也是非常广阔的。为此,为破解欠发达地区互联网发展水平制约数字普惠金融服务于共同富裕的难题,充分挖掘欠发达区域的数字普惠金融潜力,提出以下建议:首先,数字普惠金融交易的成功开展,主要依赖于互联网、移动终端等数字化基础设施的完善,国家应当完善欠发达地区的数字基础设施,提高欠发达地区的数字经济发展水平,让互联网能够最大程度地覆盖到欠发达地区,保证其网络速度的稳定性,将优惠政策倾斜给欠发达地区,并增加财政投入,让欠发达地区的群众也能够用上网络。其次,有了良好的网络基础,还需要有相应的装备来实现,所以在欠发达地区,要增加手机、电脑等移动终端的补贴,让他们可以买得起用得起,会使用。通信器材如手机、电脑等是网络应用的载体,只要人们能够使用,就可以让互联网真正触及每个主体,从而使普惠金融的功能得到最大程度的发挥。最后,在此基础上,优化我国欠发达区域的数据中心布局,加强以互联网为核心的信息技术在我国的推广和应用，引导金融机构将个性化的数字化产品和服务投放到欠发达地区，扩大数字普惠金融的覆盖面，消除信息鸿沟，通过数字化红利改善贫困地区人民的生活质量，缩小贫富差距，最终达到共同富裕的目的。

10.3.4 提高欠发达地区人力资本水平

人才是国家繁荣的基础，也是国家发展的关键。习近平总书记在党的二十大报告中指出，要牢牢抓住"人才是第一资源"这一根本要求，要把人才放在首位。在数字普惠金融推动共同富裕的进程中，人力资本水平对其产生了重要影响，这是由于在人力资本水平较低的条件下，农村居民对利用信贷进行科技研究与发展、产业结构升级等方面的认识不足。为此，本书提出了有效的对策，即通过消除人力资本制约，优化产业结构，实现共同富裕。具体的做法如下：一方面，人才是第一资源，在欠发达地区，要科学、合理地引进人才，尤其是高层次的人才，这是实现产业结构升级不可或缺的一环。在欠发达地区，要主动而不盲目地引进高层次人才，让他们的引进效果更好，并根据本地行业特点，制订一份详尽的人才引进计划，加大对稀缺的技术型人才的引进力度，并完善相关的配套设施，使之不仅能够被吸引，也能够被留住。另一方面，在引进人才的过程中，要加强对欠发达地区居民的继续教育和培养，以提升其文化素质。缓解对人力资本水平的制约，促进共同富裕目标的实现。

参考文献

[1] Leyshon A, Thrift N. The Restructuring of the UK Financial Services Industry in the 1990s: Areversal of Fortune[J]. Journal of Rural Studies,1993(4):223-241.

[2] Kempson E, Whyley C. Understanding and Combating Financial Exclusion [J]. Insurance Tends,1999(21):18-22.

[3] Mckillop D G, Ward A M, Wilson J O S. The Development of Credit Unions and Their Role in Tacking Financial Exclusion[J]. Public Money and Management, 2007,27(1):37-44.

[4] 焦瑾璞. 普惠金融导论[M]. 北京:中国金融出版社,2019.

[5] 谭燕芝,李维扬. 中国农村金融排斥困境的成因与破解路径[J]. 系统工程,2016,34(5):15-22.

[6] Regan S W Paxton. Beyond Bank Accounts: Full Financial Inclusion [J]. London Institute for Public Policy Research and the Citizens Advice Bureau,2003 (11):9-27.

[7] Ivatury G. Using Technology to Build Inclusion Financial Systems [R]. Working Paper,2006:140-164.

[8] 曹凤岐. 建立多层次农村普惠金融体系[J]. 农村金融研究,2010(10):64-67.

[9] 王曙光,王东宾. 双重二元金融结构? 农户信贷需求与农村金融改革——基于11省14县市的田野调查[J]. 财贸经济,2011(5):38-44,136.

[10] 肖本华. 包容性增长视角下的普惠制金融研究[J]. 上海金融学院学报,2011(6):17-22.

[11]郑中华,特日文.中国三元金融结构与普惠金融体系建设[J].宏观经济研究,2014(7):51-57.

[12]华桂宏,费凯怡,成春林.金融结构优化论——基于普惠金融视角[J].经济体制改革,2016(1):144-149.

[13]Allen F,Demirguc-Kunt A,Klapper L,Peria M S M. The Foundations of Financial Inclusion Understanding Ownership and Use of Formal Accounts[R]. World Bank Policy Research Working Paper,2010:6290.

[14]Fernande A P. The Role of Self Help Affinity Groups in Promoting Financial Inclusion of Landless and Marginal small Farmers[R]. Rural Management Systems Series Paper,2006:46.

[15]Leeladhar V. Taking Banking Services to the Common Man-Financial Inclusion[J]. Reserve Bank of India Bulletin,2006(1):73-77.

[16]Sarma M. Index of Financial Inclusion[R]. Indian Council for Research on International Economic Relations(ICRIER)Working Paper,2008:215.

[17]Chakravarty S R,R Pal. Measuring Financial Inclusion:An axiomatic approach. Indira Gandhi Institute of Development Research[R]. Working Paper,2010.

[18]田霖.金融包容:新型危机背景下金融地理学视阈的新拓展[J].经济理论与经济管理,2013(1):69-78.

[19]王国红.中国金融包容指标体系的构建[J].湖北经济学院学报,2015,13(1):29-36.

[20]Nanda K,Kaur M. Financial Inclusion and Human Development:A Cross-country Evidence[J]. Management and Labour Studies,2016,41(2):127-153.

[21]杜晓山.建立可持续性发展的农村普惠性金融体系——在2006年中国金融论坛上的讲话[J].金融与经济,2007(2):33-34+37.

[22]夏园园.普惠金融视角下小额信贷机制发展研究[J].湖北社会科学,2010(9):88-91.

[23]星焱.普惠金融:一个基本理论框架[J].国际金融研究,2016(9):

21-37.

[24]田霖.基于统筹联通的农村金融体系重构[J].财经研究,2008(5):29-39.

[25]朱喜,马晓青,史清华.信誉、财富与农村信贷配给——欠发达地区不同农村金融机构的供给行为研究[J].财经研究,2009,35(8):4-14,36.

[26]马九杰,吴本健.农村信用社改革的成效与反思[J].中国金融,2013(15):59-61.

[27]杜晓山.非政府组织小额信贷机构可能的发展前景[J].中国农村经济,2008(5):4-10+55.

[28]贝多广,李焰.数字普惠金融新时代[M].北京:中信出版社,2017:4-39.

[29]Manyika J, Lund S, Singer M, et al. Digital Finance For All: Powering Inclusive Growth in Emerging Economies[J]. McKinsey Global Institute, 2016(1).

[30]郭峰,王靖一,王芳,等.测度中国数字普惠金融发展:指数编制与空间特征[J].经济学(季刊),2020,19(4):1401-1418.

[31]吕家进.发展数字普惠金融的实践与思考[J].清华金融评论,2016(12):22-25.

[32]Peterson K, Ozili. Impact of Digital Finance on Financial Inclusion and Stability[J]. Borsa Istanbul Review, 2017,18(4):329-340.

[33]宋晓玲.数字普惠金融缩小城乡收入差距的实证检验[J].财经科学,2017(6):14-25.

[34]牛余斌.中国数字普惠金融发展对贫困减缓的实证研究[D].山东大学,2018.

[35]董玉峰,赵晓明.负责任的数字普惠金融:缘起、内涵与构建[J].南方金融,2018(1):50-56.

[36]梁双陆,刘培培.数字普惠金融、教育约束与城乡收入收敛效应[J].产经评论,2018,9(2):128-138.

[37]何龙森．数字普惠金融对经济高质量发展的影响研究[D]．重庆工商大学,2021．

[38]林玲．数字普惠金融研究综述和展望[J]．北方经贸,2021(6):97-99．

[39]Beck T Demirguc-Kunta,Periam S M. Reaching Out:Access to and Use of Banking Servicesacross Countries[R]. Policy Research Working Paper,2007．

[40]包钧,谢霏,许霞红．中国普惠金融发展与企业融资约束[J]．上海金融,2018(7):34-39．

[41]邹伟,凌江怀．普惠金融与中小微企业融资约束——来自中国中小微企业的经验证据[J]．财经论丛,2018(6):34-45．

[42]马彧菲,杜朝运．普惠金融指数测度及减贫效应研究[J]．经济与管理研究,2017,38(5):45-53．

[43]刘亦文,丁李平,李毅,胡宗义．中国普惠金融发展水平测度与经济增长效应[J]．中国软科学,2018(3):36-46．

[44]Lauer K, Lyman T. Digital Financial Inclusion:Implications for Customers, Regulators, Supervisors, and Standard-Setting Bodies[R]. Washington, DC:Consultative Group to Assist the Poor (CGAP),2015．

[45]Upadhyay A, Reddy K S. Digital Financial Inclusion-demand Side vs. Supply Side Approach[J]. International Journal of Electronic Finance, 2021, 10(3):191-210．

[46]冯兴元,孙同全,董翀,燕翔．中国县域数字普惠金融发展:内涵、指数构建与测度结果分析[J]．中国农村经济,2021(10):84-105．

[47]赫国胜,耿哲臣,蒲红霞．数字普惠金融对私营企业及个体就业的影响[J]．财经论丛,2021(5):49-58．

[48]薛莹,胡坚．金融科技助推经济高质量发展:理论逻辑、实践基础与路径选择[J]．改革,2020(3):53-62．

[49]钱海章,陶云清,曹松威,曹雨阳．中国数字金融发展与经济增长的理

论与实证[J]. 数量经济技术经济研究, 2020, 37 (6): 26-46.

[50]郝云平, 雷汉云. 数字普惠金融推动经济增长了吗？——基于空间面板的实证[J]. 当代金融研究, 2018(3): 90-101.

[51]姜松, 周鑫悦. 数字普惠金融对经济高质量发展的影响研究[J]. 金融论坛, 2021, 26 (8): 39-49.

[52]贺健, 张红梅. 数字普惠金融对经济高质量发展的地区差异影响研究——基于系统 GMM 及门槛效应的检验[J]. 金融理论与实践, 2020 (7): 26-32.

[53]成学真, 龚沁宜. 数字普惠金融如何影响实体经济的发展——基于系统 GMM 模型和中介效应检验的分析[J]. 湖南大学学报(社会科学版), 2020, 34 (3): 59-67.

[54]Itay G, Wei J, Andrew K G. To FinTech and Beyond[J]. The Review of Financial Studies, 2019, 32(5): 1647-1661.

[55]李柳颖. 我国数字普惠金融对包容性增长的影响研究[D]. 天津财经大学, 2019.

[56]滕磊, 马德功. 数字金融能够促进高质量发展吗？[J]. 统计研究, 2020, 37 (11): 80-92.

[57]周利, 冯大威, 易行健. 数字普惠金融与城乡收入差距:"数字红利"还是"数字鸿沟"[J]. 经济学家, 2020 (5): 99-108.

[58]李牧辰, 封思贤, 谢星. 数字普惠金融对城乡收入差距的异质性影响研究[J]. 南京农业大学学报(社会科学版), 2020, 20 (3): 132-145.

[59]李连梦, 吴青. 数字普惠金融对城镇弱势群体收入的影响[J]. 经济与管理, 2021, 35 (2): 47-53.

[60]孙继国, 赵俊美. 普惠金融是否缩小了城乡收入差距？——基于传统和数字的比较分析[J]. 福建论坛(人文社会科学版), 2019(10): 179-189.

[61]张彤进, 蔡宽宁. 数字普惠金融缩小城乡居民消费差距了吗？——基于中国省级面板数据的经验检验[J]. 经济问题, 2021 (9): 31-39.

[62]高婧,唐宇宙. 服务下沉视角下金融发展与城乡居民消费差距关系探讨——基于数字普惠金融与传统金融的比较分析[J]. 商业经济研究,2021(7):176-179.

[63]倪瑶,成春林. 普惠金融数字化对城乡居民福利差异影响的对比研究[J]. 金融发展研究,2020(3):49-57.

[64]金发奇,黄晶,吴庆田. 数字普惠金融调节城乡居民福利差异效率及影响因素研究——基于DEA-Malmquist-Tobit模型[J]. 金融理论与实践,2021(3):14-22.

[65]唐文进,李爽,陶云清. 数字普惠金融发展与产业结构升级——来自283个城市的经验证据[J]. 广东财经大学学报,2019,34(6):35-49.

[66]孙倩,徐璋勇. 数字普惠金融助力 县域禀赋与产业结构升级[J]. 统计与决策,2021,37(18):140-144.

[67]杜金岷,韦施威,吴文洋. 数字普惠金融促进了产业结构优化吗?[J]. 经济社会体制比较,2020(6):38-49.

[68]涂强楠,何宜庆. 数字普惠金融、科技创新与制造业产业结构升级[J]. 统计与决策,2021,37(5):95-99.

[69]Park C Y,Rogelio U Mercado. Does Financial Inclusion Reduce Poverty and Income Inequality in Developing Asia[M]. London:Palgrave Macmillan UK,2016:61-92.

[70]Jin D. The Inclusive Finance Have Effects on Alleviating Poverty[J]. Open Journal of Social Sciences,2017,5(3):233-242.

[71]韩晓宇. 普惠金融的减贫效应——基于中国省级面板数据的实证分析[J]. 金融评论,2017,9(2):69-82+125-126.

[72]卢盼盼,张长全. 中国普惠金融的减贫效应[J]. 宏观经济研究,2017(8):33-43.

[73]刘锦怡,刘纯阳. 数字普惠金融的农村减贫效应:效果与机制[J]. 财经论丛,2020(1):43-53.

[74]黄倩,李政,熊德平. 数字普惠金融的减贫效应及其传导机制[J]. 改革,2019(11):90-101.

[75]方观富,许嘉怡. 数字普惠金融促进居民就业吗——来自中国家庭跟踪调查的证据[J]. 金融经济学研究,2020,35(2):75-86.

[76]周利,廖婧琳,张浩. 数字普惠金融、信贷可得性与居民贫困减缓——来自中国家庭调查的微观证据[J]. 经济科学,2021(1):145-157.

[77]Ozili P K. Impact of Digital Finance On Financial Inclusion and Stability[J]. BorsaIstanbul Review,2018,18(4):329-340.

[78]Aziz A,Naima U. Rethinking Digital Financial Inclusion:Evidence From Bangladesh[J]. Technology in Society,2021(64):101509.

[79]于江波,白凯,王晓芳. 数字金融能否引领全要素生产率和经济产出跨越胡焕庸线[J]. 山西财经大学学报,2022,44(2):31-46.

[80]马述忠,胡增玺. 数字金融是否影响劳动力流动?——基于中国流动人口的微观视角[J]. 经济学(季刊),2022,22(1):303-322.

[81]冯大威,高梦桃,周利. 数字普惠金融与居民创业:来自中国劳动力动态调查的证据[J]. 金融经济学研究,2020,35(1):91-103.

[82]张杰. 民营经济的金融困境与融资次序[J]. 经济研究,2000(4):3-10,78.

[83]胡鞍钢,杨韵新. 就业模式转变:从正规化到非正规化——我国城镇非正规就业状况分析[J]. 管理世界,2001(2):69-78.

[84]张龙耀,杨军,张海宁. 金融发展、家庭创业与城乡居民收入——基于微观视角的经验分析[J]. 中国农村经济,2013(7):47-57,84.

[85]江维国,李立清. 互联网金融下我国新型农业经营主体的融资模式创新[J]. 财经科学,2015(8):1-12.

[86]王子敏,李婵娟,季仁春. 信息披露、投资偏好与大众创业的互联网金融支持——基于人人贷数据的研究[J]. 财经论丛,2017(11):33-42.

[87]谢绚丽,沈艳,张皓星,郭峰. 数字金融能促进创业吗?——来自中

国的证据[J]. 经济学(季刊),2018,17(4):1557-1580.

[88]何婧,李庆海. 数字金融使用与农户创业行为[J]. 中国农村经济,2019(1):112-126.

[89]杨艳琳,付晨玉. 中国农村普惠金融发展对农村劳动年龄人口多维贫困的改善效应分析[J]. 中国农村经济,2019(3):19-35.

[90]曾之明,余长龙,张琦,汪晨菊. 数字普惠金融支持农民工创业机制的实证研究[J]. 云南财经大学学报,2018,34(12):58-65.

[91]杨伟明,粟麟,王明伟. 数字普惠金融与城乡居民收入——基于经济增长与创业行为的中介效应分析[J]. 上海财经大学学报,2020,22(4):83-94.

[92]黄漫宇,曾凡惠. 数字普惠金融对创业活跃度的空间溢出效应分析[J]. 软科学,2021,35(2):14-18,25.

[93]罗新雨,张林. 数字普惠金融的创业效应:机制、门槛及政策价值[J]. 金融理论与实践,2021(2):17-26.

[94]Luo Y,Peng Y,Zeng L. Digital Financial Capability and Entrepreneurial Performance[J]. International Review of Economics and Finance,2021(76):55-74.

[95]张勋,杨桐,汪晨,万广华. 数字金融发展与居民消费增长:理论与中国实践[J]. 管理世界,2020,36(11):48-63.

[96]何宗樾,宋旭光. 数字金融发展如何影响居民消费[J]. 财贸经济,2020,41(8):65-79.

[97]Jennifer T,Lai,Isabel K M Yan,Xingjian Yi,Hao Zhang. Digital Financial Inclusion and Consumption Smoothing in China[J]. China and World Economy,2020,28(1):64-93.

[98]Germana C,Luisa C. Inclusive Finance for Inclusive Gowth and Development[J]. Current Opinion in Environmental Sustainability,2017(24):19-23.

[99]Corrado G,. Corrado L. Inclusive Finance for Inclusive Growth and Devel-

opment[J]. Current Opinion in Environmental Sustainability,2017(24):19-23.

[100]尹志超,张号栋. 金融可及性、互联网金融和家庭信贷约束——基于 CHFS 数据的实证研究[J]. 金融研究,2018(11):188-206.

[101]邹新月,王旺. 数字普惠金融对居民消费的影响研究——基于空间计量模型的实证分析[J]. 金融经济学研究,2020,35(4):133-145.

[102]谢家智,吴静茹. 数字金融、信贷约束与家庭消费[J]. 中南大学学报(社会科学版),2020,26(2):9-20.

[103]王刚贞,刘婷婷. 数字普惠金融对农村居民消费的异质性影响研究[J]. 山西农业大学学报(社会科学版),2020,19(5):74-83.

[104]邢天才,张夕. 互联网消费金融对城镇居民消费升级与消费倾向变动的影响[J]. 当代经济研究,2019(5):89-97+113.

[105]江红莉,蒋鹏程. 数字普惠金融的居民消费水平提升和结构优化效应研究[J]. 现代财经(天津财经大学学报),2020,40(10):18-32.

[106]张李义,涂奔. 互联网金融对中国城乡居民消费的差异化影响——从消费金融的功能性视角出发[J]. 财贸研究,2017,28(8):70-83.

[107]易行健,周利. 数字普惠金融发展是否显著影响了居民消费——来自中国家庭的微观证据[J]. 金融研究,2018(11):47-67.

[108]庄雷,赵成国. 金融创新效应:互联网金融的宏观效率研究[J]. 国际商务(对外经济贸易大学学报),2017(6):121-131.

[109]韩立岩,蔡红艳. 我国资本配置效率及其与金融市场关系评价研究[J]. 管理世界,2002(1):65-70.

[110]韩立岩,杜春越. 收入差距、借贷水平与居民消费的地区及城乡差异[J]. 经济研究,2012,47(S1):15-27.

[111]吴雨,李成顺,李晓,弋代春. 数字金融发展对传统私人借贷市场的影响及机制研究[J]. 管理世界,2020,36(10):53-65,138.

[112]李政,李鑫. 数字普惠金融与未预期风险应对:理论与实证[J]. 金融研究,2022(6):94-114.

[113] Fuster A, Plosser M, Schnabl P, Vickery J. The Role of Technology in Mortgage Lending[J]. The Review of Financial Studies,2019,32(5):1854-1899.

[114]丁骋骋,余欢欢. 数字金融对居民的债务扩张效应[J]. 国际金融研究,2022(10):38-48.

[115]李增泉,辛显刚,于旭辉. 金融发展、债务融资约束与金字塔结构——来自民营企业集团的证据[J]. 管理世界,2008(1):123-135,188.

[116]王馨. 互联网金融助解"长尾"小微企业融资难问题研究[J]. 金融研究,2015(9):128-139.

[117]刘满凤,赵珑. 互联网金融视角下小微企业融资约束问题的破解[J]. 管理评论,2019,31(3):39-49.

[118]安宝洋. 互联网金融下科技型小微企业的融资创新[J]. 财经科学,2014(10):1-8.

[119]万佳彧,周勤,肖义. 数字金融、融资约束与企业创新[J]. 经济评论,2020(1):71-83.

[120]张玉明,迟冬梅. 互联网金融、企业家异质性与小微企业创新[J]. 外国经济与管理,2018,40(9):42-54.

[121]袁鲲,曾德涛. 区际差异、数字金融发展与企业融资约束——基于文本分析法的实证检验[J]. 山西财经大学学报,2020,42(12):40-52.

[122]任晓怡. 数字普惠金融发展能否缓解企业融资约束[J]. 现代经济探讨,2020(10):65-75.

[123]莫炳坤,李资源. 十八大以来党对共同富裕的新探索及十九大的新要求[J]. 探索,2017(6):15-22.

[124]孙业礼. 共同富裕:六十年来几代领导人的探索和追寻[J]. 党的文献,2010(1):80-87.

[125]朱步楼. 论共同富裕目标与现阶段的贫富差距[J]. 马克思主义与现实,2001(1):30-36.

[126]邱海平. 共同富裕的科学内涵与实现途径[J]. 政治经济学评论,

2016,7(4):21-26.

[127]杨静,魏依庆,任振宇,胡文涛.新时代共同富裕的政治经济学研究[J].政治经济学评论,2022,13(2):69-87.

[128]胡鞍钢,周绍杰.2035中国:迈向共同富裕[J].北京工业大学学报,2022,22(1):1-22.

[129]刘培林,钱滔,黄先海,董雪兵.共同富裕的内涵、实现路径与测度方法[J].管理世界,2021,37(8):117-129.

[130]王伟光.走共同富裕之路是发展中国特色社会主义的战略选择[J].红旗文稿,2012(1):1,4-7.

[131]侯惠勤.论"共同富裕"[J].思想理论教育导刊,2012(1):51-54.

[132]刘旭雯.新时代共同富裕的科学意蕴[J].北京工业大学学报(社会科学版),2022,22(3):40-50.

[133]顾光青.共同富裕:中国特色社会主义的理论和实践探索[J].毛泽东邓小平理论研究,2008(6):5-11,84.

[134]卫兴华.论社会主义共同富裕[J].经济纵横,2013(1):1-7.

[135]李松龄.中国特色社会主义能够发展中国的逻辑及意义[J].经济问题,2021(9):1-9.

[136]杨承训,李怡静.共享发展:消除两极分化,实现共同富裕——新常态下优化公有制经济"主体"功能探析[J].思想理论教育导刊,2016(3):58-64.

[137]檀学文.走向共同富裕的解决相对贫困思路研究[J].中国农村经济,2020(6):21-36.

[138]袁银传,高君.习近平关于共同富裕重要论述的历史背景、科学内涵和时代价值[J].思想理论教育,2021(11):33-39.

[139]逄锦聚.中国共产党带领人民为共同富裕百年奋斗的理论与实践[J].经济学动态,2021(5):8-16.

[140]杨煌.共同富裕:中国共产党百年的奋斗与追求[J].世界社会主义

研究,2021,6(9):23-37,102-103.

[141]黄泰岩,刘宇楷.共同富裕的理论逻辑与价值取向[J].理论导报,2021(9):13-16.

[142]董志勇,秦范.实现共同富裕的基本问题和实践路径探究[J].西北大学学报,2022,52(2):41-51.

[143]贾磊.共同富裕的时代内涵、现实挑战和实践路径[J].西华师范大学学报(哲学社会科学版),2022(3):10-18.

[144]李军鹏.共同富裕:概念辨析、百年探索与现代化目标[J].改革,2021(10):12-21.

[145]王维国,杨婷.把走共同富裕道路的优势更好地发挥出来——基于合作的公共性维度[J].北京联合大学学报(人文社会科学版),2020(1):69-75.

[146]王春光.迈向共同富裕——农业农村现代化实践行动和路径的社会学思考[J].社会学研究,2021,36(2):29-45,226.

[147]黄承伟.论乡村振兴与共同富裕的内在逻辑及理论议题[J].南京农业大学学报(社会科学版),2021,21(6):1-9.

[148]武建奇.中国特色共同富裕理论的新境界[J].河北经贸大学学报,2021,42(6):8-15.

[149]李实,杨一心.面向共同富裕的基本公共服务均等化:行动逻辑与路径选择[J].中国工业经济,2022(2):27-41.

[150]张来明,李建伟.促进共同富裕的内涵、战略目标与政策措施[J].改革,2021(9):16-33.

[151]朱恒鹏,杨志勇,洪俊杰,等.深入学习贯彻习近平总书记"七一"重要讲话精神笔谈[J].经济学动态,2021(9):3-21.

[152]李毅.理解共同富裕的丰富内涵和目标任务[N].人民日报,2021-11-11(12).

[153]任碧云,刘佳鑫,数字普惠金融发展与区域创新水平提升——基于内

部供给与外部需求视角的分析[J].西南民族大学学报(人文社会科学版),2021,42(2):99-111.

[154]李逸飞,王盈斐.迈向共同富裕视角下中国中等收入群体收入结构研究[J].金融经济学研究,2022,37(1):88-100.

[155]陈正伟,张南林.基于购买力评价下共同富裕测算模型及实证分析[J].重庆工商大学学报(自然科学版),2013,30(6):5.

[156]申云,李京蓉.我国农村居民生活富裕评价指标体系研究——基于全面建成小康社会的视角[J].调研世界,2020(1):42-50.

[157]邹克,倪青山.普惠金融促进共同富裕:理论、测度与实证[J].金融经济学研究,2021,36(5):48-62.

[158]向云,陆倩,李芷萱.数字经济发展赋能共同富裕:影响效应与作用机制[J].证券市场导报,2022(5):2-13.

[159]杨宜勇,王明姬.更高水平的共同富裕的标准及实现路径[J].人民论坛,2021(23):72-74.

[160]邓石军,陈晓霞.数字经济促进了共同富裕吗[J].统计理论与实践,2022(3):19-25.

[161]郑健壮,许晗雪,靳雨涵.共同富裕的测度与实施路径——基于我国31个省份的实证研究[J].浙江树人大学学报,2022,22(6):35-45.

[162]袁惠爱,赵丽红,岳宏志.数字经济、空间效应与共同富裕[J].山西财经大学学报,2022,44(11):1-14.

[163]郑月明,梅澳裕,陈家帅.数字经济与共同富裕的耦合协调及驱动机制——基于湖北省地级市的探讨[J].调研世界,2023(2):77-88.

[164]周升起,吴欢欢.数字经济助推共同富裕:作用与机制研究[J].调研世界,2023(2):23-32.

[165]陶章,黄晓月.数字经济、产业结构升级与共同富裕[J].金融教育研究,2022,35(5):14-23.

[166]郭健,谷兰娟,王超.税制结构与共同富裕——兼论经济发展水平的

门槛效应[J].宏观经济研究,2022(4):64-80,129.

[167]陈丽君,郁建兴,徐铱娜.共同富裕指数模型的构建[J].治理研究,2021,37(4):2,5-16.

[168]李金昌,余卫.共同富裕统计监测评价探讨[J].统计研究,2022,39(2):3-17.

[169]万海远,陈基平.共同富裕的理论内涵与量化方法[J].财贸经济,2021,42(12):18-33.

[170]钞小静,任保平.新发展阶段共同富裕理论内涵及评价指标体系构建[J].财经问题研究,2022(7):3-11.

[171]李光亮,谭春兰,郑沃林.基于空间计量模型的共同富裕演化特征及驱动因素研究——以长三角区域一体化为例[J].调研世界,2022(4):39-48.

[172]韩亮亮,彭伊,孟庆娜.数字普惠金融、创业活跃度与共同富裕——基于我国省际面板数据的经验研究[J].软科学,2022(2):1-18.

[173]张金林,董小凡,李健.数字普惠金融能否推进共同富裕?——基于微观家庭数据的经验研究[J].财经研究,2022(3):1-15.

[174]翟宛东,唐升.民生财政支出对城乡收入差距的异质性影响研究[J].价格理论与实践,2021(5):106-109.

[175]高帆.新型政府—市场关系与中国共同富裕目标的实现机制[J].西北大学学报(哲学社会科学版),2021,51(6):5-17.

[176]江亚洲,郁建兴.第三次分配推动共同富裕的作用与机制[J].浙江社会科学,2021(9):76-83,157-158.

[177]梁东亮,赖雄麟.数字经济促进共同富裕研究——基于均衡增长视角[J].理论探讨,2022(3):57-62.

[178]蒋永穆,亢勇杰.数字经济促进共同富裕:内在机理、风险研判与实践要求[J].经济纵横,2022(5):21-30,135.

[179]刘儒,张艺伟.数字经济与共同富裕——基于空间门槛效应的实证研究[J].西南民族大学学报(人文社会科学版),2022,43(3):90-99.

[180]陈岑,张彩云,周云波.新时代背景下的共同富裕:挑战与路径选择[J].西南金融,2022(4):31-43.

[181]张荣花.数字普惠金融与共同富裕:影响机制与实证研究[D].兰州财经大学,2023.

[182]李智敏.数字普惠金融对共同富裕的影响研究[D].山西财经大学,2023.

[183]杨飞,范从来.产业智能化是否有利于中国益贫式发展?[J].经济研究,2020,55(5):150-165.

[184]曹晶晶.电商经济发展对共同富裕的影响机制分析——基于收入分配视角[J].商业经济研究,2021(21):81-84.

[185]宋冬林,田广辉,徐英东.数字金融改善了收入不平等状况吗?——基于创业的收入与就业效应研究[J].兰州大学学报(社会科学版),2022,50(3):38-51.

[186]周广肃,丁相元.数字金融、流动性约束与共同富裕——基于代际流动视角[J].数量经济技术经济研究,2023,40(4):160-179.

[187]郑石明,邹克,李红霞.绿色发展促进共同富裕:理论阐释与实证研究[J].政治学研究,2022(2):52-65,168-169.

[188]罗润东,郭怡笛.人工智能技术进步会促进企业员工共同富裕吗?[J].广东社会科学,2022(1):54-63.

[189]罗明忠,刘子玉.数字技术采纳、社会网络拓展与农户共同富裕[J].南方经济,2022(3):1-16.

[190]万广华,江葳蕤,赵梦雪.城镇化的共同富裕效应[J].中国农村经济,2022(4):2-22.

[191]孙学涛,于婷,于法稳.新型城镇化对共同富裕的影响及其作用机制——基于中国281个城市的分析[J].广东财经大学学报,2022,37(2):71-87.

[192]史琳琰,胡怀国.高质量发展与居民共享发展成果研究[J].经济与

管理,2021,35(5):1-9.

[193]覃成林,杨霞. 先富地区带动了其他地区共同富裕吗——基于空间外溢效应的分析[J]. 中国工业经济,2017(10):44-61.

[194]刘国光. 是"国富优先"转向"民富优先"还是"一部分人先富起来"转向"共同富裕"?[J]. 探索,2011(4):54-57,76.

[195]文雁兵,张梦婷,俞峰. 中国交通基础设施的资源再配置效应[J]. 经济研究,2022,57(1):155-171.

[196]苏红键. 地区收敛与共同富裕:进程、归因及其实现[J]. 西南民族大学学报(人文社会科学版),2022,43(7):99-107.

[197]郭王玥蕊,张伯超. 二元经济要素错配的收入分配效应研究[J]. 现代经济探讨,2022(6):33-46.

[198]罗娟,彭伟辉. 共同富裕目标下我国收入分配结构优化路径[J]. 经济体制改革,2022(1):35-42.

[199]李松龄. 初次分配推进共同富裕和美好生活的理论逻辑[J]. 消费经济,2022,38(1):11-18.

[200]岳希明,范小海. 共同富裕:不同的收入分配目标需要不同施策[J]. 国际税收,2022(1):3-12.

[201]戴安林. 特定时期的"共同富裕"重要论述及其启示[J]. 改革,2011(6):6-16.

[202]蔡萌,岳希明. 我国居民收入不平等的主要原因:市场还是政府政策?[J]. 财经研究,2016,42(4):4-14.

[203]黄祖辉,叶海键,胡伟斌. 推进共同富裕:重点、难题与破解[J]. 中国人口科学,2021(6):2-11,126.

[204]陈宗胜. 试论从普遍贫穷迈向共同富裕的中国道路与经验——改革开放以来分配激励体制改革与收入差别轨迹及分配格局变动[J]. 南开经济研究,2020(6):3-22.

[205]蔡昉. 共同富裕三途[J]. 中国经济评论,2021(9):14-16.

[206]郭晗,任保平. 中国式现代化进程中的共同富裕:实践历程与路径选择[J]. 改革,2022(6):1-10.

[207]习近平谈治国理政(第3卷)[M]. 北京:人民出版社,2020:238.

[208]程恩富,刘伟. 社会主义共同富裕的理论解读与实践剖析[J]. 马克思主义研究,2012(6):41-47,159.

[209]方世南. 新时代共同富裕:内涵、价值和路径[J]. 学术探索,2021(11):1-7.

[210]马艳,冯璐,宋欣洋. 我国非公经济对共同富裕影响作用的理论分析[J]. 经济纵横,2022(5):11-20,135.

[211]何德旭,王学凯. 金融如何助力共同富裕[J]. 财经智库,2022,7(1):5-20,145-146.

[212]张晓晶,张明,费兆奇,等. 三重压力下的中国金融发展[J]. 金融评论,2022,14(1):1-22,121.

[213]张明,刘瑶. 金融三方面助力实现共同富裕[J]. 中国金融,2021(17):32-34.

[214]易纲. 金融助力全面建成小康社会[J]. 中国金融,2020(Z1):14-18.

[215]燕连福,张亚丽. 全体人民共同富裕的核心内涵、基本遵循与发展路径[J]. 西安交通大学学报(社会科学版),2022,42(1):1-9.

[216]郁建兴,任杰. 共同富裕的理论内涵与政策议程[J]. 政治学研究,2021,158(3):13-25,159-160.

[217]许永兵. 扩大中等收入群体:实现共同富裕的重要路径[J]. 河北经贸大学学报,2022,43(3):34-41.

[218]徐政,郑霖豪. 高质量发展促进共同富裕的内在逻辑与路径选择[J]. 重庆大学学报(社会科学版),2022,28(4):39-52.

[219]Kapoor A. Financial Inclusion and The Future of the Indian Economy[J]. Futures,2014(56):35-42.

[220]蒋长流,江成涛. 数字普惠金融能否促进地区经济高质量发展?——基于258个城市的经验证据[J]. 湖南科技大学学报(社会科学版),2020,23(3):75-84.

[221]Rita Rena Pudyastuti. Digital Inclusive Finance,Innovation and Entrepreneurship[J]. Journal of Commerce and Management Thought,2006,1(7).

[222]褚翠翠,佟孟华,李洋,费威. 中国数字普惠金融与省域经济增长——基于空间计量模型的实证研究[J]. 经济问题探索,2021(6):179-190.

[223]Hasanul Banna,Md Rabiul Alam. Impact of Digital Financial Inclusion on ASEAN Banking Stability:Implications for the Post-Covid-19 Era[J]. Studies in Economics and Finance,2021,38(2):504-523.

[224]Ahmad M,Majeed A,Khan M A,et al. Digital Financial Inclusion and Economic Growth:Provincial Data Analysis of China[J]. China Economic Journal,2021,14(3):291-310.

[225]王永仓,温涛. 数字金融的经济增长效应及异质性研究[J]. 现代经济探讨,2020(11):56-69.

[226]张勋,万广华,张佳佳,等. 数字经济、普惠金融与包容性增长[J]. 经济研究,2019,54(8):71-86.

[227]Kim D-W,Yu J-S,Hassan M K. Financial Inclusion and Economic Growth in OIC Countries[J]. Research in International Business and Finance,2018(43):1-14.

[228]Mushtaq R,Bruneau C. Microfinance,Financial Inclusion and ICT:Implications for Poverty and Inequality[J]. Technology in Society,2019(59):101154.

[229]Myovella G,Karacuka M,Haucap J. Digitalization and Economic Growth:A Comparative Analysis of Sub-Saharan Africa and OECD Economies[J]. Telecommunications Policy,2020,44(2):101856.

[230]张贺,白钦先. 数字普惠金融减小了城乡收入差距吗?——基于中国省级数据的面板门槛回归分析[J]. 经济问题探索,2018(10):122-129.

[231]卢丁全,马利军. 数字普惠金融助力共同富裕路径探析——基于甘肃视角[J]. 甘肃金融,2021(11):77-82.

[232]Ji Xuanming,Wang Kun,Xu He,Li Muchen. Has Digital Financial Inclusion Narrowed the Urban-Rural Income Gap:The Role of Entrepreneurship in China[J]. Sustainability,2021,13(15):8292.

[233]Liangpeng Chen,Nimanussorinkul C,Pastpipatkul P. The Impact of digital financial inclusion on the urban-rural income gap in China[C]. International Conference on Education Technology, Management and Humanities Science, 2022(10):8.

[234]蔡宏宇,阳超. 数字普惠金融、信贷可得性与中国相对贫困减缓[J]. 财经理论与实践,2021,42(4):24-30.

[235]王小华,程琳. 数字普惠金融与城乡收入差距:机遇还是鸿沟[J]. 广西师范大学学报(哲学社会科学版),2022,58(5):127-146.

[236]邹静,张宇. 数字金融的研究现状、热点与前沿——基于Cite Space的可视化分析[J]. 产业经济评论,2021(5):133-146.

[237]Zhang X, Wan G, Zhang J, et al. Digital Economy, Financial Inclusion and Inclusive Growth[J]. China Economist,2020, 15(3):92-105.

[238]Klapper L, Singer D. The role of Informal Financial Services in Africa[J]. Journal of African Economies,2015, 24(1):12-31.

[239]Allen F, Demirguc-Kunt A, Klapper L, et al. The Foundations of Financial Inclusion:Understanding Ownership and Use of Formal Accounts[J]. Journal of Financial Intermediation,2016(27):1-30.

[240]赵健兵. 推进乡村数字普惠金融发展[J]. 中国金融,2022(6):101.

[241]张志元,李胯. 共同富裕背景下数字普惠金融减贫有效性研究[J]. 济南大学学报,2022(1):117-132.

[242]Jian Ye,Xiaolan Huang. Is Digital Financial Inclusion a Booster for CommonProsperity?[J]. Frontiers in Economics and Management,2021(2):396-404.

[243]刘心怡,黄颖,黄思睿,张桃霖.数字普惠金融与共同富裕:理论机制与经验事实[J].金融经济学研究,2022,37(1):135-149.

[244]梁榜,张建华.中国普惠金融创新能否缓解中小企业的融资约束[J].中国科技论坛,2018,271(11):94-105.

[245]喻平,豆俊霞.数字普惠金融发展缓解了中小企业融资约束吗[J].财会月刊,2020,871(3):140-146.

[246]贺茂斌,杨晓维.数字普惠金融、碳排放与全要素生产率[J].金融论坛,2021,26(2):18-25.

[247]陈武元,程章继,蔡庆丰.家庭教育期望视角下的教育公平——数字普惠金融对非自致性家庭因素的缓解效应[J].教育研究,2021,42(10):122-137.

[248]任碧云,李柳颖.数字普惠金融是否促进农村包容性增长——基于京津冀2114位农村居民调查数据的研究[J].现代财经(天津财经大学学报),2019,39(4):3-14.

[249]孙继国,韩开颜,胡金焱.数字金融是否减缓了相对贫困？——基于CHFS数据的实证研究[J].财经论丛,2020,267(12):50-60.

[250]李涛,王志芳,王海港,等.中国城市居民的金融受排斥状况研究[J].经济研究,2010,45(7):15-30.

[251]李建军,韩珣.金融排斥、金融密度与普惠金融——理论逻辑、评价指标与实践检验[J].兰州大学学报(社会科学版),2017,45(4):19-35.

[252]叶文辉,龚灵枝.数字普惠金融与包容性增长:理论分析与展望[J].经济问题,2023(12):49-57.

[253]周建华,张文婷."共同富裕"概念与内涵的历史演进[J].江西社会科学,2022,42(9):15-21.

[254]黄园.毛泽东共同富裕思想的理论渊源、实践逻辑、价值意蕴[J].湖南科技学院学报,2023,44(6):32-36.

[255]肖玉明.传承与发展:毛泽东邓小平江泽民共同富裕思想之比较

[J].湖北行政学院学报,2004(3):26-32.

[256]萧冬连.目标与路径——重温邓小平共同富裕构想的思考[J].中共党史研究,2022(02):25-31.

[257]于成文.中国共产党人共同富裕思想研究述评[J].探索,2011(4):21-27.

[258]徐紫嫣,夏杰长.共同富裕思想的演进脉络和实践指引[J].学习与探索,2022(3):133-140.

[259]李春玲.我国超大城市率先壮大中等收入群体、促进共同富裕研究[J].中央社会主义学院学报,2023(6):85-92.

[260]孟书广.习近平关于共同富裕重要论述的原创性贡献[J].科学社会主义,2023(6):42-48.

[261]刘凡璠,邹克.数字普惠金融对共同富裕的影响及其区域异质性——基于富裕、平等和共享协同的视角[J].湖南农业大学学报(社会科学版),2024(3):1-10.

[262]张汉飞,吴童.数字普惠金融对农民收入增长的影响——来自中国家庭金融调查的微观证据[J].农村经济,2024(2):66-76.

[263]段坪利,王淑敏.数字普惠金融与居民收入增长研究——基于地级市和CLDS的证据[J].财会月刊,2021(10):153-160.

[264]张海燕,田孟乡.数字普惠金融对共同富裕影响研究——基于空间计量的实证研究[J].财经理论与实践,2024,45(1):119-126.

[265]彭中文.知识员工流动、技术溢出与高技术产业聚集[J].财经研究,2005(4):93-102.

[266]王敏,张誉文.陕西省数字金融、高技术产业聚集与经济高质量增长——基于中介效应模型[J].延安大学学报(社会科学版),2023,45(4):2,70-80.

[267]崔建军,赵丹玉.数字普惠金融能够促进城乡融合发展吗？——基于门槛效应模型的实证检验[J].经济问题探索,2023(3):79-96.

[268]周孟亮,陈文喆. 数字普惠金融与农村产业融合[J]. 湘潭大学学报(哲学社会科学版),2023,47(2):121-127.

[269]庞金波,吴逦霖. 数字普惠金融对农村产业融合发展的影响效应与机制研究[J]. 湖北民族大学学报(哲学社会科学版),2023,41(2):94-103.

[270]汪虹希. 数字普惠金融的收入分配效应:马太效应抑或涓滴效应?[J]. 广东社会科学,2024(1):48-57.

[271]王小华,李昕儒,宋檬等. 数字金融、数字鸿沟与家庭金融资产组合有效性——基于城乡差异视角的分析[J]. 当代经济科学,2024(3):1-17.

[272]郑展鹏,刘笑言,曹玉平. 数字普惠金融与城乡收入差距:马太效应抑或长尾效应?[J]. 经济体制改革,2023(6):5-13.

[273]杨艳,林凌,王理. 数字经济时代的"红利"与"鸿沟":异质性劳动力的微观表征[J]. 统计与决策,2024,40(3):10-15.

[274]肖翔,王晋梅,董香书. 数字化转型如何影响制造业实质性创新?——基于"数字赋能"与"数字鸿沟"的视角[J]. 浙江大学学报(人文社会科学版),2023,53(10):28-50.

[275]陈昱燃,张桥云,熊德平. 中国金融发展在缩小城乡收入差距中的作用——基于直接普惠与间接普惠的视角[J]. 当代经济研究,2022(11):117-128.

[276]王曙光,刘彦君. 数字普惠金融是否有助于缩小城乡收入差距?[J]. 农村经济,2023(2):75-84.

[277]张晓燕,李金宝. 数字普惠金融、融资约束与企业价值——基于中国2011—2018上市A股公司的经验数据[J]. 金融发展研究,2021,476(8):20-27.

[278]唐红梅,赵军. 数字普惠金融、创业活跃度与包容性增长[J]. 技术经济与管理研究,2022,317(12):74-80.

[279]周小亮,吴武林. 中国包容性绿色增长的测度及分析[J]. 数量经济技术经济研究,2018,35(8):3-20.

[280]Baron R M and Kenny D A. The Moderator-Mediator Variable Distinction

in Social Psychological Research: Conceptual, Strategic, and Statistical Considerations[J]. Journal of Personality and Social Psychology,1986,51(6):1173-1182.

[281]温忠麟,叶宝娟.中介效应分析:方法和模型发展[J].心理科学进展,2014,22(5):731-745.

[282]方先明,吴越洋.中小企业在新三板市场融资效率研究[J].经济管理,2015,37(10):42-51.

[283] David Easley et al. Liquidity, Information, and Infrequently Traded Stocks[J]. The Journal of Finance, 1996, 51(4):1405-1436.

[284] Yakov Amihud. Illiquidity and Stock Returns: Cross-Section and Time-Series Effects[J]. Journal of Financial Markets, 2002, 5(1):31-56.

[285] Sreedhar T Bharath, Paolo Pasquariello, Guojun Wu. Does Asymmetric Information Drive Capital Structure Decisions?[J]. The Review of Financial Studies, 2009, 22(8):3211-3243.

[286] Charles J Hadlock, Joshua R Pierce. New Evidence on Measuring Financial Constraints: Moving Beyond the KZ Index[J]. The Review of Financial Studies, 2010, 23(5):1909-1940.

[287]雷辉,金敏.银行数字普惠金融、银行竞争与企业融资约束[J].财经理论与实践,2021,42(6):2-9.

[288]彭亚倩,刁节文.数字普惠金融对京津冀科技型中小企业融资效率影响研究[J].中国物价,2022,404(12):61-64.

[289]韩华为,苗艳青.地方政府卫生支出效率核算及影响因素实证研究——以中国31个省份面板数据为依据的DEA-Tobit分析[J].财经研究,2010,36(5):4-15,39.

[290]肖仁桥,钱丽,陈忠卫.中国高技术产业创新效率及其影响因素研究[J].管理科学,2012,25(5):85-98.

[291]朱乃平,朱丽,孔玉生,沈阳.技术创新投入、社会责任承担对财务绩效的协同影响研究[J].会计研究,2014(2):57-63,95.

[292]马晓河. 推进农村一二三产业融合发展的几点思考[J]. 农村经营管理,2016(3):28-29.

[293]Lind J T, Mehlum H. With or Without U? The Appropriate Test for a U-Shaped Relationship[J]. Oxford Bulletin of Economics and Statistics, 2010, 72(1): 109-118.

[294]张新月,师博,甄俊杰. 高质量发展中数字普惠金融促进共同富裕的机制研究[J]. 财经论丛, 2022 (9): 47-58.

[295]张金林,董小凡,李健. 数字普惠金融能否推进共同富裕?——基于微观家庭数据的经验研究[J]. 财经研究,2022,48(7):4-17,123.

[296]吴本健,牛林漪,罗献晓. 数字普惠金融推进民族地区农民农村共同富裕:理论机制、现实挑战与优化路径[J]. 农村金融研究,2023(8):3-14.

[297]杨玉文,张云霞. 数字普惠金融、创业活力与共同富裕[J]. 中南民族大学学报(人文社会科学版), 2023, 43 (6): 129-138+186.

[298]龚斌磊,钱泽森,李实. 共同富裕的测度与驱动机制研究[J]. 数量经济技术经济研究,2023,40(12):5-26.

[299]杨慧,李波. 数字普惠金融促进共同富裕的效应与机制——基于地级市面板数据的实证分析[J]. 北方民族大学学报,2023(6):145-156.

后 记

共同富裕是社会主义的本质要求、是中国式现代化的重要特征，是人民群众的共同期盼。党的十八大以来，党中央把握发展阶段新变化，把逐步实现全体人民共同富裕摆在更加重要的位置。习近平总书记在党的十九届中央政治局第二十七次集体学习时强调，进入新发展阶段，完整、准确、全面贯彻新发展理念，必须更加注重共同富裕问题。2022年10月，党的二十大报告将"实现全体人民共同富裕"列为中国式现代化的本质要求之一，更加凸显了实现共同富裕的重大意义。数字普惠金融作为一项关键策略，在推动实现共同富裕的进程中扮演了举足轻重的角色。自普惠金融被正式提出以来，经历了从服务盲区到广泛覆盖，从单一信贷到综合服务，从数字化到数智化的跨越式发展。数字普惠金融的发展不仅有效缓解了小微企业和长尾客户群体的融资难题，更通过数字技术推动了金融服务质效的全面提升。作为数字技术驱动的新型普惠金融模式，数字普惠金融以共享、便捷、低成本、低门槛等特性，与传统金融服务形成有机互补，对我国的经济发展和社会进步产生了积极影响，也为推进共同富裕目标的实现提供了新思路。在此背景下，数字普惠金融对共同富裕的影响效应与影响机制受到学术界的广泛关注。本书旨在研究数字普惠金融对共同富裕的影响，梳理数字普惠金融对共同富裕发展的作用，厘清其作用效果与作用路径，为数字普惠金融助力共同富裕发展相关的政策制定提供更直观的经验证据。

本书是近年来研究团队关于数字普惠金融影响共同富裕研究的总结性成果。本书的出版凝聚着众多人士的心血与智慧，在此衷心感谢团队成员董亚群、简利芳、王乐乐、李宜璞、段喜萍、王晓欢、刘雪、杨欣萍、孙楯等对此

后　记

书做出的努力与贡献，其中董亚群负责第1章，简利芳负责第2章，王乐乐负责第3章，刘雪负责第4章，杨欣萍负责第7章，孙檑负责第8章。同时感谢西北大学经济管理学院以及中国经济出版社对本书出版的大力支持！感谢编辑部工作人员对书稿的辛苦校对订正！感谢本书参考引用的相关研究的作者！

　　当前，数字普惠金融正以前所未有的速度发展演变，其对共同富裕的影响也在持续扩大与深化。衷心期待本书能够为数字普惠金融与共同富裕这一意义深远主题的研究贡献一份微薄而坚实的力量，助力更多的研究者精准把握数字普惠金融与共同富裕之间紧密的内在联系，进一步挖掘那些尚未被充分认知的影响与作用机制。同时，倘若读者在阅读过程中发现任何瑕疵或有不同的见解，恳请不吝赐教。

2024 年 12 月

于西北大学长安校区